W0193759

KARLHEINZ BÖHM

KARLHEINZ BÖHM

Mein Weg

Erinnerungen

Scherz

Erste Auflage 1991
Copyright © 1991 by Scherz Verlag Bern, München, Wien
Aufgezeichnet von Lottemi Doormann
Alle Rechte der Verbreitung, auch durch Übersetzung,
Funk, Fernsehen, fotomechanische Wiedergabe,
Tonträger jeder Art und auszugsweisen
Nachdruck, sind vorbehalten.
Schutzumschlag unter Verwendung eines
Fotos von Andrej Reiter/Bilderberg

Inhalt

Vorwort

Es ist mir, zu diesem Zeitpunkt meines Lebens, alles andere als leichtgefallen, die Erinnerungen an meinen bisherigen Lebensweg aufzuzeichnen. Mein Leben ist auf weiten Strecken im Widerspruch zu herkömmlichen Vorstellungen verlaufen. Als junger Mensch war ich eher konservativ, stets bereit, Kompromisse einzugehen – bis hin zu einem gewissen Opportunismus. Selbstkritik war aus Bequemlichkeit nicht erwünscht. Vieles davon hat sich im Lauf der letzten Jahre gründlich geändert.

Und heute soll ich – mit 63 Jahren – auf Erlebtes wie Gelebtes zurückblicken und dem Publikum interessanten Lesestoff anbieten, womöglich noch Beispielhaftes. Ich weiß nicht, ob ich das kann – noch dazu zu einem Zeitpunkt meines Lebens, wo alles Aufbruch ist, wo die Verantwortung gegenüber einer täglich wachsenden Zahl von Menschen den Gedanken an einen Rückblick in beschaulicher Ruhe geradezu absurd erscheinen läßt.

Manchem Beobachter mag mein Aufbruch Anfang der achtziger Jahre nach Äthiopien und die Gründung der Hilfsorganisation «Menschen für Menschen» als tiefer Einschnitt in mein Leben erscheinen. Dabei war er, genau betrachtet, eine konsequente Weiterentwicklung eines Aufstands gegen mich selbst, der zugleich ein Aufstand war und ist gegen das Wissen um so viel Ungerechtigkeit auf dieser Erde, gegen die wir so gut wie nichts unternehmen.

Mein Vater, der große Musiker und Dirigent Karl Böhm, hat mir auf seine Weise diesen Weg vorgelebt. Fast bis zu seinem Tod im August 1981 hat er gearbeitet, immer auf der Suche nach der Wahrheit in der Kunst. Diese Suche nach Wahrheit, nach Ehrlichkeit mir selbst und meiner Mitwelt gegenüber soll dieses Buch prägen. Viele scheinbare Widersprüche, eigene Fehler und das ständige Fragen nach ihren Ursachen, die Konfrontation mit Menschen, die mein Leben begleitet haben, aber auch die Erinnerung an unvergeßlich Schönes und Erschreckendes – all das mag zu einer gewissen Nachdenklichkeit führen, als Anregung zur Selbstfindung.

Klatsch und Tratsch über andere Menschen, die ihren Niederschlag besonders bei Personen des öffentlichen Lebens in einer bestimmten Presse finden, haben mich immer angewidert. Die Intimsphäre des Menschen ist mir, seit meiner Kindheit, ein leicht verletzbares Gut. Wer hier also Enthüllungen erwartet, den muß ich enttäuschen.

Diese Aufzeichnungen markieren eine Zwischenstation in meinem Leben, den Versuch einer Zwischenbilanz. Wenn ich an Äthiopien denke, dann kann ich nur hoffen, daß mir noch viele Jahre gegeben sein mögen, um dort weiter aufzubauen, zu helfen – und hier, in unserer Welt, so viele Menschen aufzurütteln, wie ich vermag.

Karlheinz Böhm
Äthiopien im August 1991

1 Abschied und Aufbruch 1981

Vielleicht war ich nie zuvor in meinem Leben so aufgeregt wie an jenem Abend des 16. Mai 1981. Es war eine Aufregung, die jede Premierenangst meiner Schauspielerlaufbahn in den Schatten stellte. Als ich neben Frank Elstner und den anderen Teilnehmern ins Wiener ORF-Studio mit seinen vielleicht zweitausend Zuschauern ging, ahnte ich wohl instinktiv, daß die nächsten beiden Stunden mein Leben drastisch verändern würden.

Dabei handelte es sich nur um eine Unterhaltungssendung, die ich beinahe abgesagt hätte. Was sollte ich, Karlheinz Böhm, der damals den «König Lear» und den «Baumeister Solness» am Düsseldorfer Schauspielhaus spielte – was sollte ich in der ZDF-Fernsehshow «Wetten, daß ...?»?

Eine eigenartige Aneinanderreihung von Zufällen hatte mich umgestimmt. Ein paar Monate zuvor, im Oktober 1980, war durch die Erkrankung eines Kollegen eine Theatervorstellung für mich ausgefallen. Da tat ich etwas, das bei mir nur äußerst selten passiert: Ich schaltete den Fernseher ein. Fernsehen als Konsumware interessiert mich nicht.

An diesem Abend lief zufällig ein Film über die Sahelzone. Es war das erste Mal, daß ich diese Bezeichnung für das südliche Randgebiet der Sahara bewußt hörte. Und es war vor allem das erste Mal, daß ich von der unvorstellbaren Armut und dem Sterben dieser Menschen dort erfuhr, ausgelöst durch Dürre, soziale Mißstände und spätkolonialistische Entwicklungen.

Dieser Film hatte mich verstört und erschüttert, ich konnte fast die ganze Nacht nicht schlafen. Am nächsten Morgen fiel wegen des erkrankten Kollegen auch noch eine Probe aus. Wieder stellte ich den Fernseher an und erlebte nun zufällig eine Debatte des deutschen Bundestages. Der damalige Verteidigungsminister Hans Apel beantragte gerade eine Aufstockung seines Etats um hundert Millionen Mark für Flugübungsbenzin.

Fassungslos starrte ich auf den Bildschirm. Nachdem ich abends zuvor gesehen hatte, wie Menschen an Hunger krepieren, wollte es nun einfach nicht in mein Hirn hinein, daß bei uns so viel Steuergelder für Flugübungsbenzin ausgegeben werden.

Ungefähr zu dieser Zeit kam zufällig – scheinbar zufällig, denn bekanntlich gibt es ja im Leben keine Zufälle! – das Angebot des Zweiten Deutschen Fernsehens, in der Sendung «Wetten, daß ...?» von Frank Elstner als Gast mitzutun. Und da hatte ich plötzlich die Idee: Was wäre, wenn ich als sogenannter Prominentengast in diese Show ginge und meine Wette zum Thema «Notleidende Menschen in der Sahelzone» abliefern würde?

Ich rief Frank Elstner an. Er fand die Idee zwar gut, meinte aber, sie würde vom Leiter der Sendung nicht genehmigt werden, weil die Wetten dieser Show ja am selben Abend eingelöst werden müssen. Schließlich gestatteten mir der Sendeleiter und der Talkmaster, meine besondere Wette am Schluß der Show – sozusagen außer Konkurrenz – vorzutragen. Dafür sage ich den ZDF-Gewaltigen und vor allem Frank Elstner hier noch einmal meinen tiefsten Dank und Respekt. Die solidarische Haltung von Frank, die Art, wie er mich vorstellte, hat sicher wesentlich zur Glaubwürdigkeit und zum Erfolg der Aktion beigetragen.

In den kommenden Wochen und Monaten bis zum Tag der Sendung am 16. Mai 1981 verbrachte ich weiterhin die meiste Zeit damit, am Düsseldorfer Schauspielhaus Theater zu spielen. Ich spielte die Titelrolle des Stückes «In der Sache J. Robert Oppenheimer» von Heinar Kipphardt – ein kritisches Stück über den amerikanischen Atomphysiker Oppenheimer, der als «Vater der Atombombe» gilt, und über die Verantwortung des Wissenschaftlers gegenüber der Menschheit.

Natürlich sprach ich mit vielen Kollegen, Freunden und Bekannten über die bevorstehende Sendung: Was könnte ich machen, damit diese Wette wirklich erfolgreich würde? Ich glaube, ehrlich gesagt, daß es nur wenige Menschen gab, die meine Sache überhaupt ernst nahmen. Vielleicht nur meine damalige Lebensgefährtin Eva Hess und einige enge Freunde.

Ich flog allein nach Wien, wo die Show live stattfinden sollte. Und erst im Fernsehstudio, kurz vor meinem Auftritt, fielen mir für diejenigen unter den Zuschauern, die vielleicht meinem Spendenaufruf folgen würden, drei honorige Gewährsmänner ein: die Bundespräsidenten jener drei Länder, in die diese Fernsehsendung ausgestrahlt wurde, nämlich die Schweiz, die Bundesrepublik Deutschland und meine Heimat, die Republik Österreich.

Ich lieferte zuerst im Rahmen des Spiels eine ganz gewöhnliche Wette ab, nämlich, daß Frank Elstner nicht in der Lage wäre, einen französischen Schäferhund der Rasse «Briard» in den nächsten zwei Stunden ins Studio zu bringen. Das ist ein Schäferhund mit langen Haaren, der wie der Käse aus der französischen Grafschaft Brie stammt. Meine Tochter Katharina hatte einmal während den Ferien einen solchen Hund gesehen und wollte unbedingt ein Exemplar.

Und tatsächlich gelang es Talkmaster Elstner nicht, auch nur ein einziges Exemplar aufzutreiben.

Die «Wetten, daß ...?»-Sendung hatte damals noch einen gewissen Charme, den sie inzwischen längst verloren hat. Man durfte noch spontan und unvorbereitet wetten, so daß selbst der Talkmaster nicht wußte, was passierte, während heute alles vorgeplant und kontrolliert wird.

Und dann kam kurz vor Schluß der Sendung meine außergewöhnliche Wette. Ich stand da mit einem freundlich lächelnden Gesicht. Doch man konnte mir leicht anmerken, wie aufgeregt ich war: Ich habe mich andauernd versprochen. Ich habe fast hilflos gestottert und mich verhaspelt und mich fürchterlich umständlich ausgedrückt. Was ich damals gesagt habe, soll hier festgehalten sein – und zwar wortwörtlich:

«Ich hab noch 'ne Bitte, Frank. Der berühmte Filmregisseur Federico Fellini hat mal gesagt: Die schönste Eigenschaft des Menschen ist Nächstenliebe. Aber sie ist sehr schwer in die Tat umzusetzen. Das hat mir die Idee für eine Wette gegeben. Die kann man zwar nur außer Konkurrenz bringen, aber ich mach das trotzdem. An Sie alle Fernsehzuschauer und Sie alle hier im Studio, an uns alle, an Sie, Frank, genauso, vielleicht können Sie diese Wette gewinnen oder auch verlieren, wie dem immer sei. Es gibt das größte Naturschutz-, Naturkatastrophengebiet der Welt, die Sahelzone. Wir sehen jede Woche mindestens einmal im Fernseher, wie viele Kinder dort Hungers sterben, Frauen, Männer, und wir alle werden andauernd zu Spenden aufgerufen, gezwungen, wir werden also, wir müssen irgendwas geben, da was geben, dort. Mir fiel etwas ein: Was wäre denn, wenn jeder von uns eine Summe, die er wirklich entbehren kann, nämlich eine Mark oder sieben Schillinge oder einen Schweizer Franken, am Montag früh, in der Überwindung des eigenen faulen Schweinehundes in uns selber, zur nächsten Post bringt und an den Bundespräsidenten seines Landes, der Bundesrepublik Deutschland, Österreich oder der Schweiz, überweist. Und ich wette, daß nicht einmal ein Drittel von Ihnen Zuschauern, und das sind geschätzt sechs oder sieben Millionen, diese eine Mark einbezahlen. Wenn ich diese Wette verliere, stelle ich mich zur Verfügung, selbst, unter Auslassung aller Organisationen, nach Afrika zu fahren auf meine Kosten, und das würde bedeuten, daß wir mindestens ein Dreivierteljahr oder gar ein Jahr kein Kind Hungers sterben sehen. Und ich wünsche mir jetzt, daß ich diese Wette gegen Sie alle verliere!»

Ich bin vor Aufregung beinahe gestorben. Und vielleicht war es dieses Engagement, live auf den Millionen Bildschirmen, das die Menschen dazu bewogen hat, mir ihr Vertrauen zu schenken. Ein Vertrauen, das ungefähr 1,7 Millionen Mark zusammenbrachte, um anderen Menschen zu helfen.

Ich werde auch nie die Aufregung nach der Sendung vergessen, als ich mit Frank Elstner in seinem Apartment in irgendeinem Hotel saß und wir noch lange über diese Wette sprachen.

Ich wollte etwas tun. Ich wollte etwas in Bewegung setzen. Man hat mir oft Blauäugigkeit vorgeworfen. Daß ich geglaubt hatte, mit sechs Millionen Mark würde ein Dreivierteljahr oder ein Jahr lang kein Kind in der Sahelzone mehr an Hunger sterben müssen, das war natürlich ein schöner Traum. Ganz andere Summen, so lernte ich bald, wären dazu nötig. Aber ich hatte mich entschlossen, wirklich selbst etwas zu tun. Ich wußte allerdings nicht – das muß ich ehrlich gestehen –, was. Und auch über die Konsequenzen war ich mir überhaupt nicht klar. Ich ahnte nicht einmal, daß aus meinem Spendenaufruf sechs Monate später eine eigene Hilfsorganisation, «Menschen für Menschen», entstehen würde.

Am Montag nach der Sendung rief ich die drei Bundespräsidialämter an. Als die Telefonistinnen meinen Namen hörten, klangen ihre Stimmen geradezu entsetzt. Kurz nach der Sendung, sagten sie mir, seien die Telefone bereits heißgelaufen: Die Leute fragten, wohin man denn das Geld schicken sollte. Am schnellsten reagierte dann der damalige deutsche Bundespräsident Dr. Karl Carstens. Er richtete sofort ein Konto mit der Nummer 700 000 beim Postscheckamt in Köln ein. Diese Nummer haben wir für «Menschen für Menschen» bis zum heutigen Tag beibehalten.

Ich begegnete dann allen drei Bundespräsidenten auch persönlich. Sie sprachen mir ihre Anerkennung aus. Am liebenswürdigsten tat dies der österreichische Bundespräsident Dr. Rudolf Kirchschläger. Er sagte einfach: «Also wissen's, lieber Böhm, sagen hätten's ma schon was können vorher!»

Natürlich hätte ich mir das Leben bequem machen und die inzwischen gespendeten 1,7 Millionen Mark, wie mir Bundespräsident Carstens riet, einfach dem Roten Kreuz oder Unicef geben können und ansonsten den Herrgott einen guten Mann sein lassen.

Doch das wollte und konnte ich nicht mehr.

Bei aller scheinbaren und tatsächlichen Naivität, mit der ich in «Wetten, daß ...?» aufgetreten war, darf man jedoch nicht meine gesellschaftspolitische Entwicklung seit Ende der sechziger Jahre vergessen. Besonders das Jahr 1968, dieser erste Ausbruch der jungen Generation aus der Bequemlichkeit des Materialismus der fünfziger und sechziger Jahre, war ein wichtiger Anstoß für mich gewesen.

Aber eigentlich müßte ich noch viel weiter in meinem Leben zurückgehen, um zu erklären, warum ich seit den Sechzigern zu einem immer kritischeren Menschen wurde, mit einem sich ständig vertiefenden politischen Gewissen und einem immer sozialeren Bewußtsein. Normalerweise geht man auf die Straße und protestiert, wenn man ganz jung ist; und je älter man wird, verbunden mit persönlichem Erfolg, paßt man sich gemeinhin mehr und mehr der Gesellschaft und ihren Regeln an. Bei mir war es genau umgekehrt: Ich habe immer weniger begriffen, was an Unrecht auf der Welt passiert. In den siebziger Jahren wurde meine Anteilnahme am politischen Geschehen, besonders in der sogenannten dritten Welt, immer stärker; vermischt allerdings mit einer gewissen altersbedingten Resignation.

Ich sah für mich keinen Weg, mich aktiv am politischen Alltag meiner Heimat Österreich zu beteiligen. Zum Beispiel in einer der alternativen grünen Parteien, die mir als die einzig vernünftigen erschienen, auch wenn sie ein chaotischer Haufen intelligenter, progressiver Menschen waren und sind. Ich konnte mir einfach nicht vorstellen, als älterer Mensch im letzten Drittel seines Lebens tatsächlich tiefgreifende Veränderungen in Bewegung zu setzen.

Vielleicht war es diese gewisse Resignation, weshalb ich mich nicht an irgendwelchen Aktionen in Deutschland und Österreich beteiligte. Andererseits sah ich aber auch, daß es überall Herde von Armut und Not auf der Erde gibt, gegen die keiner etwas tat, für die man sich nicht einmal interessierte.

Das war letzten Endes die wahre Triebfeder für mich, in die Sahelzone zu gehen. Obwohl ich die Wette ja gewonnen hatte, was übrigens die meisten Journalisten bis heute nicht begriffen haben. Doch ich glaubte, auch mit 1,7 Millionen Mark eine Basis zu haben, um dort etwas zu verändern. Ich gebe zu, daß ich anderen Hilfsorganisationen gegenüber sehr kritisch eingestellt war – eine Kritik, die ich in dieser Form heute nicht mehr aufrechterhalte. Aber ich glaube, reinen Herzens sagen zu können, daß meine Entscheidung, selbst zu helfen, sich nach diesen zehn Jahren als richtig erwiesen hat. Trotz aller Fehler, die passiert sein mögen. Denn

«Menschen für Menschen» hat inzwischen Hunderttausenden von Dürreopfern das Überleben ermöglicht und 87 000 Menschen geholfen, wieder ein weitgehend selbständiges Leben zu führen – ein Erfolg unserer «Selbsthilfe»-Idee und unseres Engagements, von dem ich in den letzten beiden Kapiteln dieses Buches noch ausführlich berichten werde.

Als ich mich entschloß, in die Sahelzone zu gehen, war die Hungersnot in Afrika noch nicht in den Schlagzeilen wie später bei der Katastrophe 1984 und 1985. Der tägliche Tod fand vielmehr still und leise statt. Ich bot meine Hilfe dem Tschad, Äthiopien und dem Sudan an. Da ich völlig unwissend war, spielte die Frage, in welchem Land ich helfen wollte, anfangs eine untergeordnete Rolle. Hätte der Tschad schneller reagiert, säße ich heute möglicherweise nicht in Äthiopien.

Nach der «Wetten, daß ...?»-Sendung mußte ich plötzlich sehr viele Interviews absolvieren. Der Widerhall und das Interesse in sämtlichen Medien waren überwältigend. Kistenweise erhielt ich Material über die dritte Welt – von UNO-Organisationen, vom Roten Kreuz, von den Maltesern und so fort. Ich begann zu lesen und zu lernen, und ich traf plötzlich Leute, die mit meinem Beruf als Schauspieler gar nichts zu tun hatten.

Parallel zu all diesem Trubel begann ich in Berlin mit den bereits vorher vertraglich abgeschlossenen Dreharbeiten zu einer Fernsehserie über die Hugenotten – eine der schlechtesten Film- und Fernseharbeiten, die ich, glaube ich, in meinem Leben gemacht habe.

Es gab übrigens Kollegen, die mich verdächtigten, ich wollte nach Afrika gehen, weil ich eine berufliche Krise hätte. Tatsächlich war das Gegenteil der Fall. Zu jener Zeit schwamm ich fast im Erfolg. Ich hatte eine gute Kritik nach der anderen. Ich spielte lang ersehnte Traumrollen, machte zwischendurch Kino und Fernsehen und wurde hervorragend bezahlt. Am Theater erhielt ich die höchste deutsche Schauspielergage – vergleichbar mit Topleuten wie Martin Benrath. Und die Rezensenten schrieben: «Jetzt ist Karlheinz Böhm endlich der große seriöse Schauspieler geworden.»

Was mir damals großen Kummer bereitete und mich tagtäglich beschäftigte, war das allmählich verlöschende Leben meines geliebten Vaters Karl Böhm. Auch die Trennung von meiner dritten Frau Barbara Lass und meiner jüngsten Tochter Katharina machte mir zu schaffen. Ende der siebziger Jahre war meine siebzehnjährige Ehe mit dieser polnischen Schauspielerin, die mit Mädchennamen Barbara Kwiatkowska hieß, endgültig zu Bruch gegangen. Nicht wegen einer anderen Frau, wie bei meinen beiden vorherigen gescheiterten Ehen, sondern wegen unserer Art miteinander zu kommunizieren, die sich grundlegend geändert hatte. Sie führte zu immer schmerzhafteren Auseinandersetzungen. Die Trennung von Barbara bedeutete auch, daß sich meine geliebte Tochter Katharina, wenigstens vorübergehend, von mir abwandte. Das tat mir eigentlich noch mehr weh als der Bruch mit meiner Frau; denn schon wenige Jahre später entwickelte sich mit dieser wunderbaren Persönlichkeit Barbara Lass eine tiefe Freundschaft, die sicher bis zum Ende unseres Lebens bestehen bleiben wird.

In dieses Vakuum nach der Trennung von Barbara Lass fiel die Bekanntschaft mit einer Frau, die als Kostümberaterin am Düsseldorfer Schauspielhaus arbeitete. Eva Hess, damals vierundzwanzig Jahre alt, stammte aus einem kleinen Ort namens Meßstetten im tiefsten Schwabenland. In der Modeschule von Düsseldorf hatte sie eine Karriere als Kostümberaterin begonnen. Ich muß gestehen, daß ich mich, wenn ich ehrlich darüber nachdenke, eigentlich von Beginn an gegen diese Verbindung gewehrt habe: Ich wollte sie zu keiner ständigen Beziehung oder Lebensgemeinschaft werden lassen. Vielleicht, weil mir im Unterbewußtsein immer klar war, daß wir in sehr verschiedenen Welten leben.

Andererseits faszinierte mich an Eva Hess, daß sie das genaue Gegenteil von Barbara Lass war. Durch ihre Ausgeglichenheit und ihre scheinbar vollkommene Ausgewogenheit gab Eva Hess mir die Ruhe, die mir in meiner eigenen unruhigen Entwicklungsphase – geprägt durch die Loslösung von Barbara und Katharina, aber auch durch den Aufbruch in ein neues aufregendes Wirkungsfeld – fehlte. In all der täglichen Hektik saß Eva Hess still da und hörte sich alles mit großer Gelassenheit an. Sie fing an, sich um meine Sachen zu kümmern, meine privaten Angelegenheiten, um Verträge und Finanzen. Mit ihrer manchmal fast unemotionalen Lebenseinstellung wirkte sie unauffällig im Hintergrund. Als Zeichen meines Dankes widmete ich ihr mein Äthiopien-Buch «Nagaya»: «Für Eva, ohne die das alles nicht gekommen wäre.»

Zu diesem Satz stehe ich noch heute, und ich möchte ihr auch an dieser Stelle für die Ruhe danken, die sie mir immer wieder in äußerst erregten Momenten gab.

Im Frühjahr 1987 sagte Eva in Äthiopien zu mir: «Ich halte diese Armut einfach nicht mehr aus! Ich muß hier raus!» Sie ging nach Europa zurück und begann einen eigenwilligen neuen Lebensweg. Damit löste sich Schritt für Schritt auch unsere Beziehung auf eine ganz undramatische Weise.

Heute macht es mich froh, an den liebenswürdigen, stillen und ausgeglichenen Charakter von Eva Hess zu denken. Sie hat mit einem Italiener die Liebe ihres Lebens gefunden, und die beiden haben ein entzückendes kleines Mädchen namens Carolina. Ich glaube auch, daß meine jetzige Beziehung zu der Äthiopierin Almaz Teshome, die mein Leben hoffentlich bis zu meinem letzten Atemzug begleiten wird, ohne diese vorherige Entwicklung nicht möglich gewesen wäre. Doch darüber später mehr.

In dieses Veränderungsjahr 1981, ein Jahr des Aufbruchs und mannigfaltiger Entscheidungen, fiel kurz nacheinander der Tod meiner Eltern.

Mein Vater ist an einem Freitag, mittags um zwölf, in meinen Armen gestorben. Es war der 14. August 1981, ein strahlender Sommertag.

In seinem letzten Lebensjahr hatte mein Vater mehrere Gehirnschläge. Bereits in den Monaten vor «Wetten, daß ...?» hatte ich miterleben müssen, wie er langsam Tag für Tag schwächer wurde. Trotzdem hat er sich mit seinen siebenundachtzig Jahren immer wieder hochgerappelt und buchstäblich bis zu seinem Tod gearbeitet.

Ich begleitete seine letzten Arbeiten noch bis in den April 1981 hinein, sein letztes öffentliches Konzert in Paris, seine letzte Fernsehaufzeichnung – es war übrigens die Oper «Elektra» von Richard Strauss, die wir 1964 in Stuttgart einmal zusammen gemacht hatten.

Dann traf ihn erneut ein Gehirnschlag. Er mußte ins Krankenhaus. Es gelang ihm noch einmal, das Krankenhaus zu verlassen und die letzten Aufnahmesitzungen für «Elektra» zu dirigieren; er war aber bereits so geschwächt, daß er kaum mehr zum Podium kam. Der Zustand meines Vaters hat mein Leben damals ungeheuer beeinflußt und auch meinen Alltag weitgehend beherrscht.

Später dann, nach der Wette, als ich ihm erzählte, daß ich nach Afrika gehen und meinen Beruf aufgeben wollte, begriff er das überhaupt nicht. Aber ich nahm ihm das nicht übel. Er hatte keinerlei Beziehung zu Afrika. Er war in Japan gewesen, in Nord- und Südamerika, in Rußland, fast überall in der Welt. Doch Afrika war für ihn ein weißer Fleck auf der Landkarte, ein Kontinent, wo ich – das war seine große Angst – von mit Speeren bewaffneten Eingeborenen getötet und von Löwen gefressen werden könnte.

Mein Vater hatte sich gewünscht, in Salzburg zu sterben, an jenem Ort, wo er mehr als vier Jahrzehnte Jahr für Jahr bei den Festspielen gewirkt und diese zutiefst geprägt hatte. In seiner Autobiographie «Ich erinnere mich ganz genau» schwärmte er von seinem geliebten Salzburg:

«Je weiter der Sommer fortschreitet, desto größer wird meine Sehnsucht nach Salzburg, und es ist für mich immer von neuem ein Erlebnis, wenn ich die Silhouette der Festung Hohensalzburg und den sie umgebenden Kranz von Bergen wiedersehe. Es kommt mir immer wieder wie ein Wunder vor, daß ich das Glück habe, in der Stadt wirken zu dürfen, in der das für mich größte musikalische Genie der Welt geboren wurde» – Wolfgang Amadeus Mozart.

Als mein Vater merkte, daß er sterben mußte, bat er mich, ihn nach Salzburg zu bringen. Dieser Wunsch hing auch damit zusammen, daß wir beide das Haus in Baldham bei München – «Casa Thea» hieß es nach dem Vornamen meiner Mutter Thea, geborene Linhard – nie besonders mochten, während sie mit ganzem Herzen daran hing. Mit diesem Haus, das ich geerbt habe, kann ich eigentlich bis heute nicht allzuviel anfangen.

Am letzten Montag vor seinem Tod besuchte ich ihn in seinem Salzburger Domizil. Er hatte einen schweren Gehirnschlag gehabt und war sehr, sehr schwach. Aber er konnte noch sprechen, wenn auch wegen der Durchblutungsstörungen in seinen Bronchien nur unter Schwierigkeiten. Immer wieder begann er davon zu sprechen, daß es nun mit ihm zu Ende gehe. Ich tat alles, um ihn vom Tod, von dem Verlöschen seines Lebens, abzulenken.

Ich erzählte ihm von meiner Arbeit, zum Beispiel von den Dreharbeiten zu dieser schrecklichen Fernsehserie über die Hugenotten, die ich gerade in Berlin drehte. Übrigens war auch meine Frau Barbara Lass mitgekommen, und mein Vater erkundigte sich nach Katharina, die er sehr liebte. Die ganze Zeit bemühte ich mich, ihn aufzuheitern und davon abzubringen, von seinem Tod zu sprechen.

Schließlich versprach ich ihm, am Freitag, wenn ich drehfrei haben würde, wiederzukommen. Barbara hatte das Zimmer schon verlassen, als er mich noch einmal zu sich bat. Er fragte mich, zuerst ganz leise, wo denn die Eva sei.

«Sie ist in Düsseldorf geblieben», antwortete ich ihm.

Er flüsterte: «Weißt du, was ich noch einmal gern dirigieren würde?»

«Nein», sagte ich.

Und da krächzte er plötzlich, kaum verständlich, eine Melodie. Es war der Triumphmarsch aus der Oper «Aida» von Giuseppe Verdi.

Zweimal, in Wien und in Berlin, hatte ich die «Aida» von ihm gehört, doch dachte ich nie, daß seine Beziehung zu dieser Oper so tief wäre, daß sie bis an sein Sterbebett reichen würde.

Ich muß gestehen, daß ich in diesem Moment nicht begriffen habe, was er mir damit sagen wollte. So oft ich diese populäre Oper von Verdi schon gehört hatte, so wenig war mir bewußt, daß es sich um ein Stück äthiopischer Geschichte handelte und daß «Aida» ein in Äthiopien häufiger Mädchenname ist. Erst Jahre später, als ich bei einer Familie in Addis eingeladen war, die ein kleines Mädchen namens Aida hatte, wurde mir bewußt, was mir mein Vater sagen wollte. Diese Oper behandelt übrigens den einzigen Aggressionskrieg Äthiopiens gegen seine Nachbarn, bei dem die äthiopische Armee unter der Führung ihres Königs Amonasro in Ägypten eindringt. Seine Tochter Aida wird gefangengenommen und verliebt sich in den ägyptischen Feldherrn Radames.

Später habe ich mir dann vorgenommen, daß, wenn mir von meiner äthiopischen Frau Almaz Teshome eine Tochter geboren würde, sie auf jeden Fall Aida heißen sollte. Nun, es ist ein Sohn geworden, und er hat den Namen Nicolas bekommen.

Am Tag darauf, Dienstag, als ich wieder in Berlin war und drehte, informierte mich ein Anruf meiner Mutter, daß er einen zweiten Gehirnschlag bekommen hatte. Er lag im Koma. Man rechnete stündlich mit seinem Ableben. Ich konnte nicht weg aus Berlin, nicht an diesem Tag und auch nicht am Mittwoch und Donnerstag. Ich sprach immer wieder mit der Krankenschwester, die bei ihm war, und auch mit meiner Mutter. Sein Zustand veränderte sich nicht. Er blieb bewußtlos, doch noch lebte er.

Am Freitag in der Frühe traf ich, wie ihm versprochen, in Salzburg ein. Ich ging sofort in sein Zimmer. Er lag, mit Kissen hochaufgerichtet, in seinem Bett, die Augen geschlossen, schwer atmend. Ich habe alle Leute hinausgeschickt und war nun konfrontiert mit diesem, seinem Tod. Hier, in diesem Zimmer, am Bett meines sterbenden Vaters, überwältigte mich das Gefühl, ihn verlieren zu müssen. Da war kein beruhigender Gedanke mehr an den ewigen Kreislauf der Natur, deren Teil er inzwischen längst geworden ist, sondern es war die Angst, einen Menschen zu verlieren, den man sehr geliebt hat.

In meiner Verzweiflung begann ich, Gedichte zu rezitieren, die in meinem Gedächtnis waren, Verse von Rilke, von Heine, von Goethe. Ich sagte ihm immer wieder, daß er im Himmel sehr bald mit Richard Strauss und Wolfgang Amadeus Mozart zusammensitzen und dort Tarock spielen werde, das österreichische Kartenspiel, das er so sehr geliebt hat. Ich habe gesprochen, gesprochen, gesprochen, bis kurz vor zwölf.

Mein Vater ist sein Leben lang ein äußerst pünktlicher Mensch gewesen, und diese Pünktlichkeit hat er an mich weitergegeben. Wenige Augenblicke vor zwölf bemerkte ich plötzlich, daß sein Atem schneller ging. Ich habe mich neben ihn gesetzt und ihn in meinen Arm genommen. Das Röcheln wurde schwächer. Immer länger wurden die Abstände zwischen den einzelnen Atemzügen. Und als der letzte Atemzug aus seinem Körper gewichen war, sah ich, daß es genau zwölf Uhr mittags war. Ich habe ihn noch einen Moment in meinem Arm behalten, bevor mir aus Verzweiflung, Hilflosigkeit und Trauer die Tränen in die Augen schossen und ich realisierte, daß mein Vater nicht mehr lebte.

Beim Begräbnis meines Vaters auf unserem Grazer Familienfriedhof habe ich eine Stelle aus einem Hofmannsthal-Stück vorgetragen, von diesem großen österreichischen Dichter, der mein Leben später noch in einer ganz unerwarteten Richtung prägen sollte. Es war der Anfang des lyrischen Dramas «Der Tod des Tizian», 1901 aufgeführt als Totenfeier für den Maler Arnold Böcklin in München.

Im Nachlaß meines Vaters hatte ich einen schmalen, abgegriffenen Band von Hofmannsthal mit diesem Stück gefunden. Viele Zeilen waren unterstrichen. Man konnte sehen, daß dieses Bändchen einmal eine große Rolle im Leben meiner Eltern gespielt haben mußte. War es eine Anspielung auf die Beziehung meines Vaters zu seinem Vater? Oder meiner Mutter zu ihrem Vater? Auch von ihr wußte ich, daß der Vater eine dominierende Rolle ihr, dem Einzelkind, gegenüber gespielt hatte.

Es war eine große, feierliche Trauergemeinde, die da gemeinsam des Lebens meines Vaters gedachte – Familie, Musiker.

Und ich las:

«Nun schweig, Musik! Nun ist die Szene mein,
Und ich will klagen, denn mir steht es zu!

Von dieser Zeiten Jugend fließt der Saft
In mir; und er, das Standbild auf mich blickt,
War meiner Seele so geliebter Freund!»

Es war das erste Mal nach langer Zeit, daß ich wieder mit meiner ganzen Grazer Familie zusammentraf. Und natürlich begegnete ich auch meiner Mutter. Nach dem Tod meines Vaters hatte ich die Hoffnung, daß sich der Kontakt zu meiner Mutter nach einer langen Eiszeit wieder verbessern würde. Es hatte nämlich in unserer Beziehung 1964, als ich sechsunddreißig Jahre alt war, einen ganz entscheidenden Bruch gegeben, von dem ich später noch erzählen werde. Jedenfalls hatten wir seither in den letzten siebzehn Jahren nur noch einen äußerst oberflächlichen Kontakt, im Gegensatz zu der früheren sehr liebevollen, zärtlichen Mutter-Sohn-Beziehung.

Nach dem Bruch 1964 verhielt sie sich meinem Leben gegenüber sehr kritisch. Sie hat mein Privatleben nicht länger akzeptiert. Sie hat sich von mir in vielen Punkten distanziert. Besonders störend war für mich, daß sie unser sogenanntes Vertrauensverhältnis, nämlich mich wie früher in bestimmte Dinge wie zum Beispiel Vermögensberatung miteinzubeziehen, radikal aufkündigte. Dieser Abbruch der Beziehungen führte dazu, daß meine Eltern dann leider Gottes von ein paar kriminellen Menschen sehr schlecht beraten wurden und sehr viel Geld verloren.

In den ersten Tagen und Wochen nach dem Begräbnis meines Vaters sah es so aus, als könnten wir wieder Kontakt finden. Ich konnte nicht ahnen, daß der Krebs, der 1961 schon einmal ihren Körper fast zerstört hatte und den sie dann zwanzig Jahre lang besiegt hatte, plötzlich wieder aufbrach. Die Ärzte haben mir später erklärt, daß das Abwehrsystem ihres Körpers durch den Tod meines Vaters völlig zusammenbrach. Sie hat so stark an meinem Vater gehangen, daß durch seinen Tod ihre Widerstandskräfte erloschen und der Krebs sich rasend schnell in ihrem Körper ausbreitete.

Ich brachte sie nach Hamburg in ein spezielles Krebshilfe-Krankenhaus. Dort ist sie zwei Monate nach dem Tod meines Vaters – leider nicht in meinen Armen, ich hatte nicht verschiebbare Proben am Düsseldorfer Schauspielhaus – am 20. 10. 1981 unter fürchterlichen Schmerzen gestorben.

Erst in den letzten zehn Jahren habe ich meine Abhängigkeit von den Eltern wirklich begriffen. Obwohl ich als Junge jahrelang von ihnen getrennt war und als Dreiundzwanzigjähriger endgültig ihr Haus verlassen hatte; obwohl ich einen anderen Beruf als mein Vater gewählt und ein paar Jahre in den USA gelebt hatte, stand ich bis zum Tod meiner Eltern geradezu unheimlich unter ihrem Einfluß. Nicht, daß ich zu Lebzeiten meiner Eltern eine Marionette dieser zwei großen Persönlichkeiten gewesen wäre. Ich hatte eine Eigenpersönlichkeit entwickelt, die nicht nur – wie es billige Zungen wollen – aus den drei «Sissi»-Filmen bestand, sondern aus einer Vielzahl unterschiedlichster Versuche von Kreativität – manchmal im Mittelmaß steckenbleibend, manchmal daraus hervorragend, manchmal ins Negative abrutschend. Doch dies alles meine ich nicht. Ich spreche von inneren Abhängigkeiten, auf deren tiefere Konsequenzen ich eigentlich erst in den letzten Jahren gekommen bin.

Aus dem Testament meiner beiden Eltern habe ich zum Beispiel erfahren, daß sie mich nie ganz für voll genommen haben. Sie haben einen Testamentsvollstrecker eingesetzt, der darauf achtete, daß das Geld von mir auch richtig ausgegeben wurde. Sie haben angeordnet, daß ich nur von den Zinsen leben durfte. Ich war damals immerhin dreiundfünfzig Jahre alt. Sie haben mir in dieser Beziehung nie voll vertraut. Sie haben mich bis zu ihrem Lebensende wie ein Kind behandelt, nicht wie einen erwachsenen Menschen mit vielen Verantwortlichkeiten. Mein Vater ist zwar, wie man immer spöttisch sagte, bis zu jeder Putzfrau in der Oper gegangen und hat von «meinem Sohn, dem berühmten Filmstar» erzählt; aber ich bin sicher, daß er die meisten Filme von mir nie gesehen hat. Während er umgekehrt bis ins hohe Alter tief beleidigt war, wenn ich einmal nicht bei einer Premiere von ihm war.

Erst viel später, als er schon über achtzig war, kam er, wann er konnte, um mich auf der Bühne zu sehen. Zum Beispiel zu einer Aufführung des «König Lear» 1980 im Düsseldorfer Schauspielhaus, obwohl er, sechsundachtzig Jahre alt, kaum noch gehen konnte. Sein Lob war mir mehr wert als das Urteil der Kritiker, die sich teils überschäumend vor Begeisterung, teils vernichtend über meine Auseinandersetzung mit einem der schwierigsten Stücke der Weltliteratur geäußert hatten.

Ich bin davon überzeugt, daß der Tod meiner Eltern, der ja mit der Gründung von «Menschen für Menschen» zusammenfällt, sehr viel mit meiner Entwicklung in diesen letzten zehn Jahren zu tun hat. So sehr ich den Tod meines Vaters – und auf eine ganz andere Weise auch den Tod meiner Mutter – schmerzhaft empfunden habe, so war es für mich zugleich auch – wenn ich heute zurücksehe – der Beginn einer Selbstbefreiung. Der Beginn eines Selbstfindungsprozesses, der mich befähigte, eigene Kräfte zu entdecken und eigene neue Wege zu gehen. Auch wenn dieses Aufbruchjahr 1981 natürlich in die Kontinuität meines Lebens eingebunden bleibt, anknüpfend an andere Aufbrüche lange zuvor, von denen noch die Rede sein wird.

Ich muß gestehen, daß ich bei dem Thema Eltern Angst

vor Mißverständnissen habe. Zuallererst verdächtige ich mich selbst, meine Bekenntnisse könnten so herauskommen, als wollte ich die Verantwortung für mein Leben einfach auf meine Eltern abschieben – wie das so viele Menschen tun. Das Gegenteil ist der Fall. Ich denke heute: Wenn ich stark genug gewesen wäre, hätte ich mich ja von ihrem Einfluß freimachen können. Ich aber habe es auf die falscheste Art und Weise getan, indem ich versucht habe, sie zu kopieren – statt etwas Eigenes zu finden, eine eigene Form. Wie zum Beispiel jetzt, in den letzten zehn Jahren. Im kritischen Rückblick auf mein Leben bin ich mir viel zuwenig kreativ gewesen, habe ich viel zuwenig versucht, eigene Perspektiven zu finden ...

Dennoch wäre es falsch zu glauben, es hätte 1981 plötzlich den Wandel zum großen Menschen Karlheinz Böhm gegeben. Oder ich wäre über Nacht ein ungeheuer religiöser Mensch oder ein Heiliger geworden. Ich hatte vielmehr in meinem Entwicklungsprozeß einen Reifepunkt erreicht, der in das Todesjahr meiner Eltern fiel.

Durch die Erbschaft von meinen Eltern hatte ich die Möglichkeit, die bezahlte Arbeit als Schauspieler aufzugeben und mich der unbezahlten Arbeit in einer Hilfsorganisation zu verschreiben. An jenem Abend bei «Wetten, daß ...?» ahnte ich allerdings von dieser Erbschaft noch nichts. Zu dem Zeitpunkt war meine Mutter noch in guter gesundheitlicher Verfassung. Und ich wußte, daß sie, falls mein Vater sterben würde, Alleinerbin war.

Ende des Jahres mußten Eva und ich dann in das Haus meiner Eltern in Baldham bei München übersiedeln. Obwohl ich es, wie gesagt, nie besonders mochte, ist es heute in der kurzen Zeit, die ich jedes Jahr in München verbringe, meine Bleibe.

Nachdem sich entschieden hatte, daß ich nach Äthiopien

gehen würde, bat ich meinen Anwalt und Vermögensverwalter Dr. Detlef Wunderlich in München, mir dabei zu helfen, so schnell wie möglich eine Organisation zu gründen. Den Namen hatte ich schon. Eine Frau namens Edith Kadelburg aus Erlangen hatte bereits Ende Mai, kurz nach der ZDF-Sendung, einen Brief an den Bundespräsidenten geschrieben. Darin schlug sie vor, daß meine Spendenaktion den Titel «Menschen helfen Menschen» erhalten sollte. Ich habe den Vorschlag dieser Frau dankbar aufgegriffen. Das Wort «helfen» habe ich durch das Wörtchen «für» ersetzt. Wir hätten keinen besseren, treffenderen Namen erfinden können für das, was wir wollen und woran wir arbeiten.

Die Gründung von «Menschen für Menschen» (MFM) als gemeinnütziger Verein fand am 13. November 1981 statt. Dafür brauchten wir sieben Mitglieder. Vielleicht hätte ich damals bei der Auswahl vorsichtiger sein sollen. Ich sprach einige meiner Freunde an und bezog meine Lebensgefährtin ein. Leider versäumte ich es, diese Menschen genauer zu befragen, ob sie bereit seien, hundertprozentig mitzuarbeiten und für die Idee bestimmte Dinge aufzugeben.

Zu den Gründungsmitgliedern gehörten außer mir als Vorsitzendem und Dr. Wunderlich als stellvertretendem Vorsitzenden ein Münchner Freund, Siegfried Rabe, der sich als Produzent von Fernsehfilmen einen Namen gemacht hatte; als vierter kam ein Geschäftsmann aus dem Düsseldorfer Raum dazu, Wolfgang B. Arenhövel, der kurz nach der Gründung starb; der fünfte war einer meiner ältesten und engsten Freunde, der Gynäkologe Dr. Geza Csomos, ein gebürtiger Ungar, der seit mehr als dreißig Jahren in Hamburg lebt; dann der Benediktinerpater Placidus aus Admont in der Steiermark; und als siebter der Münchner Geschäftsmann Udo Scheidt.

Pater Placidus und der Münchner Geschäftsmann sind

inzwischen aus MFM ausgetreten – alle anderen sind, jeder auf seine Art, weiterhin für unsere gemeinsame Idee aktiv tätig.

Ich habe größten Wert darauf gelegt, in den Statuten von «Menschen für Menschen» die radikale Unabhängigkeit unserer Hilfsorganisation von Politik, Religion und Wirtschaft festzulegen.

Ich glaube an den Menschen als Individuum. Die Masse bewirkt nichts. Ich glaube auch nicht, daß Gruppen etwas verändern können. Das war vor zehn Jahren mein Kredo, und so lautet es noch heute.

2 Eine Kindheit im Zeichen der Musik

Von meiner Kindheit ist eigentlich erschreckend wenig in meinem Gedächtnis hängengeblieben. Vielleicht, weil ich ein «Nomadenkind» gewesen bin, ein Einzelkind, das von klein auf immer wieder von seinem Platz losgerissen wurde, ohne Wurzeln schlagen zu können.

Die Stadt, in der ich am 16. März 1928 geboren wurde, Darmstadt, ist mir nie Heimat geworden. Mein Vater Karl Böhm, ein Österreicher aus Graz, war dort seit 1927 Generalmusikdirektor. In Darmstadt machte er sich zum ersten Mal einen Namen als Dirigent, der die musikalische Avantgarde der zwanziger Jahre, Paul Hindemith und Alban Berg, aufführte. Wenig später, 1931, folgte er dem Ruf des Opernintendanten Leopold Sachse nach Hamburg, wo er die Nachfolge von Egon Pollak am Hamburger Staatstheater antrat. Man hat mir erzählt, daß wir in Hamburg in der Isestraße 119 wohnten und daß ich einen Kindergarten besuchte, doch daran erinnere ich mich nicht mehr.

Meine frühesten Erinnerungen beginnen in Dresden, wo mein Vater im Januar 1934 Direktor der Sächsischen Staatsoper wurde. Flüchtige Erinnerungen an immer neue Schulen, deren Namen ich noch weiß, doch sonst fast nichts. Vielleicht entstehen ja gewisse Verdrängungsmechanismen, weil man etwas gar nicht so genau wissen will, weil man Angst hat, sich emotional irgendwie festzulegen. Ich bin fest davon überzeugt, daß ich Teile meiner Kindheit und Jugend verdrängt habe, um sie nicht zu störenden Elementen meiner Entwicklung zu machen.

Manchmal treffe ich Menschen, die mir erzählen, wir wären doch damals in Dresden zusammen in die Schule gegangen. Ich erinnere mich an kaum etwas. Ja, ich weiß noch, daß Rolf Heyne mit mir in der Schule war, der spätere Verleger Heyne, und was für einen Hund er hatte. Das weiß ich vor allem deshalb, weil ich Heyne vor Jahren in München wiederbegegnet bin und dort ein Foto von ihm und mir und dem Hund gesehen habe; und da ist wie aus einem tiefen Traum etwas in mein Gedächtnis zurückgekommen.

Ich frage mich auch, ob man nicht dazu neigt, das wiederzugeben, was einem andere erzählt haben. So weiß ich zum Beispiel von meiner Mutter, daß der Fleischer, der uns in unserem Dresdner Haus belieferte, eines Tages mit einer für die damaligen Verhältnisse ungeheuer hohen Rechnung zu ihr kam. Meine Eltern waren sehr sparsam. Es gab nur einmal in der Woche, und zwar am Sonntag, Fleisch, Schweinsbraten. Meine Mutter war außer sich, daß offenbar so viel Speck gekauft worden war, und befragte zuerst die Köchin. Die wußte von nichts. Natürlich wurden alle im Haus verdächtigt, und schließlich stellte sich heraus, daß ich es war, der immer zu diesem Fleischer ging und heimlich weißen Speck holte und aß.

Wir wohnten in der Angelikastraße nahe dem Waldschlößchen, und wenn Spargelzeit war – Dresden war einmal eine ganz berühmte Spargelgegend –, dann kam ein Händler mit einem zweirädrigen Karren in unsere Straße und verkaufte rohen Spargel. Lößnitzer Spargel hieß der. Und ich bin immer mit einem Heißhunger hingegangen und habe leidenschaftlich gern diesen rohen Spargel gegessen, was ich bis zum heutigen Tag unheimlich gern tue.

Wenn ich versuche, in meiner Kindheit die Grundlagen für das zu finden, was ich heute bin, zu dem ich mich entwikkelt habe, so stoße ich wirklich auf schwarze Löcher. Ich kann mich noch an die Kindermädchen erinnern, die ich in Dresden hatte, aber an meine Mutter nur vage in dieser Zeit. Für mich waren meine Großmutter, die Köchin, die Kindermädchen zuständig. Eine hieß Erna, und ich weiß noch genau, wie diese Erna aussah. Sie trug blonde Zöpfe, die sie im Kranz um den Kopf band. Und dünn und lang war sie. Aber vielleicht erinnere ich mich an Erna noch aus der Froschperspektive des Kindes; wie etwa an die «breite» Angelikastraße, die ich kürzlich wiedersah – und die in Wirklichkeit eine schmale Straße ist.

Mit der Erna hatte ich große Probleme. Wahrscheinlich deswegen, weil sie äußerst autoritär war und mich entsprechend autoritär erzog. Ich habe mich andauernd gegen sie gewehrt und bin ständig zu meiner Mutter gelaufen, um mich zu beschweren. Die hat dann immer versucht auszugleichen. Ich vermute aber, daß ich mich weniger gegen die Person Erna als vielmehr gegen das Faktum Kindermädchen überhaupt wehrte. Ich wollte Eltern haben, eine Mutter, einen Vater, die für mich da sind.

Meine Mutter war damals vollkommen, wie eigentlich ihr ganzes Leben lang, auf meinen Vater fixiert. Für ihn hatte sie ihre Karriere als Opernsängerin aufgegeben, und sie war wesentlich mehr an seiner Entwicklung und seinen künstlerischen Erfolgen interessiert als an mir. Und so geschieht es mir heute, daß, wenn ich aus meiner Erinnerung meine Mutter beschreiben sollte, ich meine Großmutter beschreiben würde. Sie war wirklich eine Mutter zu mir.

Großmutter Anna Linhard aus München, die Mutter meiner Mutter, war eine einfache, wundervolle Frau ohne großen intellektuellen Anspruch. Sie war früh verwitwet und hatte von dem Kolonialwarenladen meines Großvaters in München ein bißchen was geerbt. In den Ferien oder wenn mein Vater auf Tournee ging, fast immer begleitet von meiner Mutter, oder bei vielen anderen Anlässen wurde sie nach Dresden beordert und trat an Mutter Statt.

Und sie hat auch wie eine Mutter agiert. Liebe und Zärtlichkeit, das kam eigentlich eher von ihr als von meiner Mutter. Sie war mein direkter Ansprechpartner, mit ihr konnte ich über alle Probleme reden. Ich hing mehr und mehr an ihr. Und daß ich bis heute eine ganz tiefe Liebe und eine sehr ungetrübte Beziehung zur Natur habe, das verdanke ich meiner Großmutter. Sie war ein Mensch, der mit der Natur ganz ursprünglich und leidenschaftlich verbunden war.

Ich bin zum Beispiel mit ihr durch die Wälder gelaufen, um Beeren und Pilze zu sammeln. Sie machte mich zu einem Pilzexperten, und ich aß wahnsinnig gerne Pilze. Meine Großmutter kochte herrlich bayerisch. Und die Spiele meiner Kindheit, die habe ich mit ihr gespielt. Es gibt einige Kinderfotos von mir, darunter ist eins, auf dem ich als Winnetou verkleidet mit einem Holzgewehr auf einem Hocker sitze und meine Großmutter neben mir steht.

Das war in dem Ferienhäuschen meiner Eltern im Erzgebirge, auf einem wunderschönen Grundstück in einem Örtchen namens Waldidylle, in der Nähe von Dresden. Wir nannten es «Spatzennest». Ganz selten bin ich dort mit meinen Eltern gewesen. Aber wenn meine Großmutter in Dresden war und ich Zeit hatte, bin ich immer mit ihr nach Waldidylle hinausgefahren, sehr oft auch übers Wochenende. Ich gab ihr seltsamerweise den Kosenamen «Weiberl» oder «Weibi». Und sie nannte mich «Mandl».

Meine Mutter hatte übrigens ein sehr zwiespältiges Verhältnis zu ihrer Mutter. Als sie ein junges Mädchen war, soll meine Großmutter sehr hart zu ihr gewesen sein, erzählte sie mir. Und daß sie als Tochter eigentlich nur ihren Vater geliebt hätte. Wahrscheinlich hat ihr meine gute Beziehung zu meiner Großmutter ein bißchen von dem schlechten Gewissen genommen, das sie wegen ihres Mutterhasses hatte. Später ging diese Haßbeziehung zwischen den beiden so weit, daß sich meine Mutter sogar weigerte, die Urne ihrer verstorbenen Mutter beizusetzen.

Meine Großmutter ist in den sechziger Jahren gestorben. Zwei Familienangehörige und ich waren die einzigen, die ihrer Urne folgten. Und als ich die Urne dann auch begraben wollte, brachte ich die beiden begleitenden Totengräber beinahe zur Verzweiflung. Ich erklärte ihnen, daß mir meine Großmutter die Liebe zur Natur so tief eingeprägt hatte, daß ich sie auch gern der Natur wieder zurückgeben wollte.

Ich hatte als Einzelkind extrem große Schwierigkeiten mit der Beziehung zu anderen Kindern. Zwar kann ich mich an gewisse Menschen erinnern, die irgendwann in mein Leben eingebrochen sind, doch das waren nie einfach spielerische Beziehungen.

Mein Vater blieb fast zehn Jahre in Dresden, als Chef der Sächsischen Staatskapelle, dem «Hausorchester» von Richard Strauss. Dort machte er seine ersten Schallplattenaufnahmen. In dieser Zeit begann auch seine Freundschaft mit Richard Strauss, dessen Opern «Die schweigsame Frau» und «Daphne» er uraufführte. 1935 wurde er zum Professor ernannt. Erst 1943, mitten im Krieg, wechselte er als Direktor der Staatsoper nach Wien. Ich selbst wurde 1939 als Elfjähriger mit meiner Großmutter nach Kufstein geschickt und ging dort ins Gymnasium. Doch davon erzähle ich später.

Mein Vater war mir bis zu seinem 70. Geburtstag kein Vater, wie ich ihn mir gewünscht hätte. Er war Vater vom finanziellen Rückhalt, vom Optischen, auch von der Zärtlichkeit her. Es gab den berühmten Satz: «Brille ab, schmusen!» Dann mußte ich auf seinen Schoß, er nahm die Brille ab, und es wurde geschmust. Aber unter «Vater» verstehe ich heute etwas anderes – das, was ich versuche, als alternder Mensch meinen Kindern zu sein: ein Gegenüber, ein Partner für Auseinandersetzungen, für Gespräche und Probleme jeder Art.

Dazu hatte mein Vater keine Zeit, es war gar keine böse Absicht. Sein Leben war voll ausgefüllt von seiner Karriere. Ich kannte ihn nur durch die Musik. Er war mit der Musik verheiratet, mit nichts anderem. Mein Vater, das war für mich klassische Musik. Meine ganze Beziehung zur klassischen Musik wiederum war mein Vater. Es war für mich gar nicht leicht, ein eigenes musikalisches Empfinden zu entwickeln. Eine Liebe zur klassischen Musik, die nicht die seine war, nicht sein Musikgeschmack und seine Lieblingskomponisten. Daß ich eine eigene Liebe zur Musik entwickelte, begann erst, als ich schon über dreißig war.

Mein Vater hat mein Leben in dieser Hinsicht so sehr beeinflußt, daß das manchmal auch negative Auswirkungen haben konnte. Mir fällt ein Erlebnis im Jahre 1938 ein, als mein Vater zum ersten Mal bei den Salzburger Festspielen dirigierte, den «Don Giovanni» von Mozart. Und ich war dort als zehnjähriger Junge zu Besuch. Damals dirigierte der berühmte Hans Knappertsbusch den «Rosenkavalier» seines Freundes Richard Strauss. Diese Oper hätte mein Vater, glaube ich, sehr gern dirigiert. Ich durfte zur Generalprobe, was mir bei anderen Dirigenten sonst eigentlich nie erlaubt wurde. Und in der Pause bin ich dann, wie das bei Künstlerkindern so üblich war, in die Garderobe einer der Sängerinnen gegangen. Es war die berühmte Wiener Sängerin Hilde Konnetzni, die ich durch meine Eltern kannte. Sie kannte mich natürlich auch, wie fast alle Sänger der damaligen Zeit, weil ich immer zu meinem Vater in die Oper ging.

Und bei der Konnetzni in der Garderobe habe ich dann ungeheuer Endgültiges über den ersten Akt des «Rosenkavaliers» von mir gegeben:

«Na ja, es ist ja großartig, wie Sie singen und wie die anderen Frauen singen», redete ich drauflos, «aber der Dirigent, dieser Knappertsbusch, das ist ja unmöglich, was der für langsame Tempi hat, wie der schleppt, da paßt ja nichts zusammen. Das ist ja gar kein Richard Strauss, das klingt ja wie ein Richard Wagner», erzählte ich der Frau – nämlich genau das, was ich vorher von meinem Vater gehört hatte.

Und die Konnetzni hatte natürlich nichts Besseres zu tun, als eiligst zu Knappertsbusch zu gehen: «Bei mir war der Sohn vom Böhm. Der alte Böhm scheint ja eine gute Meinung von dir zu haben», und sie berichtete ihm haarklein von meinen vollmundigen Auslassungen. Der Knappertsbusch hat vor Wut tobend meinen Vater angerufen, und mein Vater hat mich dann mit derselben Wut zu sich bestellt. Und mit einem der größten Zornesausbrüche, die ich je bei ihm erlebt habe, verurteilte er mich dazu, zum Knappertsbusch zu gehen und mich bei ihm zu entschuldigen.

Es war eine meiner tiefsten Erniedrigungen meiner Kindheit, an die ich mich erinnern kann. Das Demütigende war, daß ich mich für etwas entschuldigen mußte, von dem ich tatsächlich geglaubt hatte, daß es die Wahrheit war. Mit meinen zehn Jahren mußte ich also zum Knappertsbusch hin und meinen Kniefall machen.

Ich mußte ihm sagen, daß das nicht die Meinung meines Vaters gewesen wäre, sondern meine eigene. Daß ich ja noch viel zu unreif sei, um das beurteilen zu können, und das täte mir furchtbar leid ... Und der Knappertsbusch hat mich noch ganz sauer angeknurrt und die Entschuldigung ungnädig zur Kenntnis genommen.

Ich erzähle diese Geschichte nicht, um meinem Vater damit etwas Böses anzutun, sondern weil sie präziser als irgend etwas zeigt, wie sehr meine Meinungen über Musik geprägt waren durch meines Vaters Meinungen über Musik.

Solange ich mich zurückerinnern kann, hat mein Vater eine indirekte Dominanz in meinem Leben gehabt, der ich mir lange Zeit gar nicht bewußt war. Eine Dominanz, die auch meine künstlerische Entwicklung zutiefst beeinflußt hat. Ich wollte schon als kleiner Junge immer Pianist werden. Etwas anderes als einen musikalischen Beruf konnte ich mir überhaupt nicht vorstellen. Mein Vater schickte mich mit sechs Jahren zum Klavierunterricht, und ich spielte begeistert Klavier. Allerdings schlich sich von Anfang an ein Fehler ein, den mein Vater nie begriff und der für mich entscheidende Konsequenzen hatte: Ich habe nicht Notenlesen gelernt.

Ich hatte eine Klavierlehrerin, Gott hab sie selig, ich weiß ihren Namen nicht mehr, die war ungeheuer musikalisch. Sie entdeckte auch sehr schnell meine Musikalität und spielte mir kleine Stücke vor, die ich dann nachspielte. Mit sechs fängt man ja auch gerade erst an, die Buchstaben zu lesen. Ich hätte also erst Notenlesen lernen sollen und dann Klavier spielen, aber bei mir passierte genau das Umgekehrte. Es war eine meiner großen Schwierigkeiten, und ich muß sagen, bis zum heutigen Tag. Was fast wie ein Witz klingt bei meiner Beziehung zur Musik. Ich habe das Notenbild immer als etwas Abstraktes empfunden, obwohl ich natürlich später doch noch Notenlesen lernte.

Meine Eltern haben mir immer vorgehalten: «Du übst zu wenig!» Sie hatten recht: Ich war überhaupt kein fleißiger Mensch. Auch in der Schule versuchte ich, mich zu drücken, wo es nur ging. Ich hatte manchmal sehr schlechte Noten, weil ich so stinkfaul war. Meine Eltern versetzten mich von einer Schule auf die andere, damit ich nicht sitzenblieb. Sie redeten sich wohl mit der Behauptung heraus, ich wäre überdurchschnittlich intelligent. Deshalb gaben sie mir übrigens auch den Kosenamen «Alter». Ich habe noch viele Briefe meiner Eltern, die mit «Lieber Alter» beginnen. Sie nannten mich also nicht «Karlheinz», sondern «Alter». So hieß ich bis zu ihrem Tod. Einerseits wohl, weil man mich für altklug hielt, andererseits, weil ich tatsächlich als Kind eine gewisse Frühreife hatte, die dazu führte, daß mir die Schule unendlich langweilig war.

Genauso war es auch mit dem Klavier. Mir fiel es dermaßen leicht, das, was mir meine Klavierlehrerin vorspielte, nachzuvollziehen, daß es mir dann zu langweilig war, noch groß zu üben. Es war vielleicht auch ein Fehler, daß ich zu schnell gelobt wurde. Wenn ich «Alle Vöglein sind schon da» oder später ein kleines Mozart-Stück vortrug, fand man es ganz toll, anstatt den Ehrgeiz in mir zu wecken, mich zu vervollkommnen.

Mein Vater dagegen war sein Leben lang ein unvorstellbar disziplinierter Arbeitsmensch. Er ist die Bestätigung des Goethe-Wortes, daß Genie neunzig Prozent Fleiß und zehn Prozent Begabung ist. Er hatte einen ungeheuer disziplinierten Tagesablauf, in dem für ein Kind extrem wenig Zeit war. Ich kann mich kaum daran erinnern, daß mein Vater mal mit mir gespielt hätte oder mit mir in den Wald gegangen wäre oder sonst etwas mit mir gemacht hätte. Er spielte zum Beispiel relativ gut Tennis und Tischtennis; doch wenn ich als Kind mit ihm spielen wollte, hatte er keine Zeit und lief weg. Weil er eben voll auf die Musik und auf nichts anderes konzentriert war. Für ihn gab es wirklich nur Musik, sein Leben lang.

Wenn mein Vater zu Hause war, durfte keiner einen Ton

von sich geben. Es mußte Totenstille herrschen. Es durfte nicht gespielt werden, es durfte keine Musik gemacht werden, ich durfte nicht Klavier üben, ich durfte überhaupt nichts tun. Weil er seine totale Ruhe haben mußte, wenn er von der Oper nach Hause kam, was ich natürlich voll verstehen kann. Er brauchte seine Konzentrationskraft. Am Abend hatte er meistens Vorstellung, am Vormittag Probe, dann wurde gegessen, dann legte er sich eine Stunde schlafen, und danach setzte er sich hin und arbeitete eine Stunde. Jedenfalls war eine Störung am Nachmittag, wenn er zum Beispiel Partituren auswendig lernte, undenkbar. Obwohl ich nie geschlagen wurde, war mir doch die Angst von meiner Mutter so eingehämmert, daß ich es gar nicht gewagt hätte, ihn zu stören. Das hat auch niemand anders gewagt im ganzen Haus.

Ich habe meinen Vater als Kind sehr bewundert. Schon als kleines Kind wurde ich in Opern und Konzerte mitgenommen, die mein Vater dirigierte. Ich war ununterbrochen konfrontiert mit Musik. Es war das einzige, von dem mein Vater und meine Mutter mir erzählt haben. Das einzige, von dem ich wußte, daß es etwas Schönes ist.

Eine der ersten Opern, in die ich mitgenommen wurde, war «Die Meistersinger von Nürnberg», die mein Vater bei einem Gastspiel in München dirigierte. Mir wurde berichtet, daß sich die Sänger auf der Bühne halbtot gelacht haben, weil ich, in der ersten Reihe sitzend, eingeschlafen war, denn die Oper dauerte sehr lange – fünf Stunden. Ich habe dann in Dresden natürlich noch sehr viele Opern gesehen. Allerdings immer nur den ersten Akt, denn dann mußte ich nach Hause ins Bett.

Auch meine Mutter sang damals noch ab und zu Konzerte. Sie hatte einen wunderschönen Sopran. Manchmal sang sie mir Kinderlieder vor und begleitete sich dabei am Klavier. Ein Lied ist mir unvergeßlich: «Ein Männlein steht im Walde, ganz still und stumm.» In dieser Geschichte eines Pilzes wird das «Männlein» in seiner ganzen Einsamkeit, noch dazu auf einem Beine stehend, geschildert. Wenn meine Mutter dieses Lied sang, fühlte ich immer den Kummer und die Verzweiflung über meine eigene Einsamkeit und fing fürchterlich an zu weinen. Es gibt noch eine Platte von meiner Mutter, die ich mir heute oft vorspiele.

Aber wenn ich versuche, mich in den Dresdner Jahren an sonstige Ereignisse oder Geschichten mit meiner Mutter zu erinnern, sehe ich sie eigentlich weniger im Kontakt mit mir als immer im Zusammenhang mit meinem Vater. Meine Mutter hatte ja von ihrer Hochzeit an ihr Leben für ihn aufgegeben, nachdem sie sich bei der Arbeit kennengelernt hatten; und mein Vater wiederum schloß nur sie wirklich ein in die Absolutheit seiner Liebe zur Musik.

Auch an gemeinsame Ferien mit meinen Eltern kann ich mich nicht erinnern. Es gibt nur sehr wenige Fotos von meinen Eltern und mir als Kind, schon mal welche so im Garten. Wir waren wohl auch mal zusammen an der Ostsee, und zwar in Travemünde. Da sitze ich mit meinen Eltern am Meer, aber erinnern kann ich mich auch daran nicht mehr.

Einmal – ich muß so acht oder neun Jahre alt gewesen sein – besuchte ich mit meinen Eltern in Garmisch-Partenkirchen den berühmten Komponisten Richard Strauss. Mein Vater galt als einer der besten Strauss-Dirigenten seiner Zeit. Strauss schätzte ihn, neben Clemens Krauss und wenigen anderen Dirigenten, besonders hoch und war bis zu seinem Tod sehr gut mit ihm befreundet. Wir besuchten Strauss also in seinem Haus, und mir brachte das ein, daß mich seine Frau Pauline für den nächsten Tag allein zu einer Bergwanderung einlud.

Meine Mutter hatte mir, worauf ich mächtig stolz war, einen Bergstock und eine Sonnenbrille gekauft; schon als Kind hatte ich sehr empfindliche Augen. Und da marschierte ich also neben Frau Pauline, Strauss' gefürchteter Gemahlin, die in der gesamten Musikerwelt das Renommee einer gestrengen Dame aus dem vorigen Jahrhundert hatte. Unzählige Anekdoten kursierten über sie. Und nach einer Weile guckte sie mich so schief von der Seite an und sagte:

«Was brauchst du aa Sonnenbrill, a Bua wie du braucht doch kaa Sonnenbruilln!»

Und wuff, riß sie mir die Brille vom Gesicht.

Ich hab dann wohl gleich zu plärren angefangen, weil ich mir die Sonnenbrille so sehnlichst gewünscht hatte.

Nach einer Weile schaute sie wieder zu mir herüber und sagte dann plötzlich:

«Du bist doch koa alter Mann, was brauchst da an Stock, da gib den Stock her!»

Wusch, war der Stock weg, und ich muß wohl noch fürchterlicher gebrüllt haben. Jedenfalls ist mir das Haus Strauss aus meiner Kindheit – im Gegensatz zu der ganzen Verehrung, die diesem Mann und seiner Familie zukam – eher negativ in Erinnerung geblieben.

Ab dem zehnten Lebensjahr wurden im Großdeutschen Reich die Jungen zu den sogenannten Pimpfen, der Vorstufe der Hitlerjugend, verpflichtet. Bald wunderten sich meine Mutter und unser Hausarzt darüber, daß ich häufig wiederkehrende Fieberanfälle hatte. Stets am Mittwoch, wie sich später herausstellte. Nach ungefähr vier Wochen rief der für die Pimpfe verantwortliche Lehrer bei meinen Eltern an und fragte, warum ich mittwochs nie in die Schule käme. Nun muß ich gestehen, daß ich von klein auf stets Tricks erfand, wenn ich etwas nicht tun wollte. Beispielsweise habe ich das Fieberthermometer gerieben oder an eine Lampe gehalten – schon hatte ich plötzlich 38° bis 40° Fieber. Und meine Eltern fielen prompt darauf herein.

So war es auch diesmal. Erst nach dem Anruf des Lehrers begriffen sie, daß ich wochenlang simuliert hatte.

Am folgenden Mittwoch also mußte ich dann doch zu den verhaßten Pimpfen. Meine Mutter hat mir später erzählt, daß sie just an diesem Tag laute Musik von der Straße hörte und nach draußen lief. Da erblickte sie eine Gruppe von Pimpfen in Dreierreihen, alle in diesen schwarzen Hosen mit weißer Bluse, die im Marschschritt und laut singend die Angelikastraße entlangmarschierten. Und ganz am Schluß des Zuges sah sie einen Knaben mit gesenktem Kopf, der marschierte offenbar bewußt gegen den Tritt. Dieser Knabe war ich. Und auf meine Fußspitzen schaute ich, weil ich mich dafür, daß ich mitmarschieren mußte, furchtbar schämte.

Ich kann mich daran erinnern, daß ich schon als Kind der Masse mißtrauisch gegenüberstand. Nicht, daß ich mit acht, neun oder zehn Jahren die Schandtaten des Nationalsozialismus oder Hitlers Verbrechen begriffen hätte. In den dreißiger Jahren haben, glaube ich, die wenigsten Menschen genau begriffen, was sich da aufbaute.

Ich kann mich auch erinnern, daß ich zum Beispiel nicht in den Religionsunterricht wollte. Das verletzte nach meinem Empfinden die Intimsphäre meines Glaubens. Meine Eltern waren beide in der katholischen Kirche und ließen mich auch taufen. Aber die Kommunion ersparten sie mir, weil ich den gemeinsamen Gottesdienst merkwürdigerweise schon früh als einen fast brutalen Eingriff in meine eigenen Glaubensvorstellungen empfand. Nicht, daß ich irgendeine Form des Glaubens, ganz gleich, welche, ablehne. Ich schätze auch die Kirche als einen Raum, um zu beten, um eine gewisse innere Konzentration zu finden. Aber in dem Moment, wo dieser Raum zu einem Massendienst gebraucht wird, wo in einer Kirche oder einem anderen Rahmen Menschen gezwungen werden, sich in einer bestimmten Weise zu verhalten, bin ich davon zutiefst abgestoßen.

Damals mit acht oder neun Jahren hatte ich noch keine bewußten Vorstellungen vom Glauben oder vom lieben

Gott. Ein bißchen was haben mir meine Eltern erzählt, aber wir haben weder bei Tisch gebetet noch vorm Schlafengehen. Vielleicht habe ich gerade dadurch eine gewisse Neugier entwickelt, das Neue Testament zu lesen. Jedenfalls hat es mich schon als Kind interessiert. Zeitweilig bin ich dann doch in den Religionsunterricht gegangen. Der Besuch war ja zu der Zeit freiwillig – einer der winzigen Vorteile des Nationalsozialismus. Und meine Eltern waren so liberal, es mir freizustellen.

Eines Tages hat der Religionslehrer über die Unbefleckte Empfängnis geredet. Ich war mit seinen Ausführungen nicht einverstanden und meldete mich zu Wort:

«Ich weiß aber von meiner Mutter, daß Kinder durch den Geschlechtsverkehr zwischen Männern und Frauen zustande kommen», sagte ich und brachte ihn damit wohl fürchterlich in die Klemme.

«Wie soll denn der Herr Jesus durch den Heiligen Geist entstanden sein? Das ist doch überhaupt nicht möglich!» ereiferte ich mich. «Das muß doch ein Mann gewesen sein, und ich denke, der Josef, der hat's gemacht!»

In der Klasse war eine ungeheure Aufregung. Ich habe mich immer wieder auf meine Mutter berufen. Schade, daß ich nicht mehr weiß, wie der Religionslehrer reagiert hat. Er muß sehr wütend gewesen sein und meine Mutter angerufen haben, aber ich kann sie leider nicht mehr danach fragen.

Es gab eine Zeit, da habe ich ganz furchtbar unter Ekzemen gelitten, besonders an den Händen. Meine Eltern waren sehr auf meine Gesundheit bedacht. Bei der geringsten Krankheit wurde sofort ein Arzt geholt, ich bekam Salben oder mußte Medikamente schlucken. Ich war allerdings auch ständig krank. Einmal diese Ekzeme; dann hatte ich andauernd eine Empfindlichkeit an den Atmungsorganen und jahrelang ständig Grippe und Fieber.

Es gibt Fotos von mir, wo ich, der Ekzeme wegen, mit verbundenen Händen daliege und meine Mutter daneben sitzt.

Natürlich hatte ich auch Freundschaften in meiner Kindheit, aber die Namen sind mir entfallen, wahrscheinlich, weil sie meist ziemlich bald wieder aus meinem Leben verschwanden. Aber so ein ganzer Haufen, Freunde, eine Gruppe, mit denen man zusammen spielt, wie ich das immer wieder bei meinen Kindern erlebt habe, das kannte ich nicht. Bei mir waren es immer Einzelkinder, die ich an mich zu binden versuchte. Vielleicht aus dem Verlangen, einen Bruder zu haben. Dem Verlangen, jemanden zu haben, mit dem man den ganzen Tag verbringt, mit dem man immer zusammen ist.

Ich weiß noch, daß ich damals, so mit neun, zehn Jahren, ein Karl May-Wahnsinniger war. Ich habe tatsächlich die meisten der vierundsiebzig Karl May-Bücher inklusive seinem Roman «Ich» gelesen und kann bis zum heutigen Tag den verrückten arabischen Namen «Hadschi Halef Omar Ibn Hadschi Abul Abbas Ibn Hadschi Dawud Al Gossara» auswendig aufsagen. Mit diesen edlen Helden, dem Winnetou oder dem Kara Ben Nemsi, konnte ich mich sehr leicht identifizieren. Es waren lauter besondere Einzelgänger, und man wollte ja in dem Alter selbst etwas ganz Besonderes sein.

Erst nach dem Zweiten Weltkrieg habe ich begriffen, warum Karl May auch in der Nazizeit so populär war. Wenn man seinen autobiographischen Roman «Ich» liest, entdeckt man, daß er in Wirklichkeit ein sehr autoritärer Mensch, ein Anti-Demokrat gewesen ist. Mit dem bekannten, inzwischen verstorbenen Tübinger Philosophen Ernst Bloch, einem leidenschaftlichen Karl May-Anhänger, habe ich darüber mal einen Streit gehabt. Ernst Bloch, der linke Denker, war ein Freund von Wieland Wagner und besuchte häufig die Bayreuther Festspiele. Ihm gegenüber habe ich die Meinung vertreten, Karl May sei ein Schriftsteller gewesen, der mit seinem Denken ein autoritäres Regime unterstützt habe, ein Faktum, das letzten Endes in allen seinen Büchern zu finden ist. Diese Entdeckung war zweifellos eine meiner großen literarischen Enttäuschungen nach dem Zweiten Weltkrieg.

Wenn ich darüber nachdenke, was von der Erziehung meiner Eltern geblieben ist, dann würde ich als erstes die absolute Pünktlichkeit meines Vaters hervorheben. Sie wurde auch voll von meiner Mutter adaptiert. Als zweites würde ich einen gewissen, fast extremen Ordnungssinn nennen. Ich habe immer viel Wert darauf gelegt, daß auch die unsichtbaren Dinge in Schränken oder Schreibtischen aufgeräumt werden. Das hat bei meiner Tochter Katharina dazu geführt, daß sie aus Opposition ins Gegenteil gegangen, nämlich vollkommen chaotisch geworden ist. Übrigens sagt man ja nicht zu Unrecht, daß Menschen, die nach außen hin chaotisch wirken, sehr in sich ruhen und gefestigt sind. Auf meinen Vater bezogen, kann ich nicht beurteilen, was der Ordnungssinn bei ihm bedeutete; dazu habe ich ihn in dieser Beziehung zu wenig gekannt. Als drittes muß ich immer wieder nennen: die Liebe zur Natur, wenn auch bei meinen Eltern nicht ganz so ursprünglich wie bei meiner Großmutter. Und schließlich vor allem das, was meine ganze Jugend dominierte: die Liebe zur Musik.

Strafen gab es eigentlich bei uns zu Hause nicht. Ich würde sogar sagen, daß meine Eltern, was Strafen betrifft, wesentlich zu lax und zu desinteressiert waren. Soweit ich mich erinnern kann, wurde ich fast nie bestraft, höchstens mal von meiner Großmutter, aber diese Strafen waren eher milde. Ich glaube, mein Vater hat mich nur ein einziges Mal – und das war leider Gottes viel zu spät – als etwa zwanzigjährigen jungen Mann ins Gesicht geschlagen. Und da war es aus falschem Anlaß. Ansonsten bin ich in meiner ganzen Kindheit von meinem Vater und meiner Mutter nie geschlagen worden. Ich erinnere mich nicht daran, je eine gesunde Tracht Prügel gekriegt zu haben, was ja bei einem Kind durchaus etwas Positives sein kann. Die einzigen Strafen in meinem Elternhaus waren die der Mißachtung und des Liebesentzugs. Das ging dann einmal so weit, daß die Androhung des totalen Liebesentzugs bei mir 1947 zu einem Selbstmordversuch geführt hat.

Es hat in meinem Elternhaus auch bestimmt nicht an Zärtlichkeiten gefehlt, weder bei meinem Vater mit dem schon erwähnten berühmten Spruch «Brille ab – schmusen!» noch bei meiner Mutter. An was es mir vielleicht gefehlt hat, war eine tatsächliche Beziehung, eine, bei der ich in meinen Eltern wirkliche Bezugspersonen gehabt hätte, die sich mit meinen Problemen auseinandersetzten und mir mit Rat und Tat zur Seite standen.

Allerdings bin ich selbst als Vater in einer schlechten Position, meine Eltern im nachhinein zu kritisieren. Vor ein paar Wochen ist mein jüngster Sohn geboren worden. Mein sechstes Kind, Nicolas, von meiner äthiopischen Frau Almaz, die, bis dieses Buch erscheint, meine vierte Ehefrau sein wird. Ich bin heute dreiundsechzig Jahre alt, und wenn ich daran denke, wie ich versuche, diesem Kind Vater zu sein und mich um seine Bedürfnisse zu kümmern – und ich hoffe, ich werde es tun, solange ich atme, solange ich existiere auf der Welt –, dann merke ich erst, wieviel ich meinen anderen fünf Kindern nicht gegeben habe. Selbst meiner jüngsten Tochter Katharina nicht, die jetzt schon eine junge Frau von siebenundzwanzig Jahren ist. Und gerade ihr habe ich ja versucht, mehr zu geben als den vier anderen Kindern, denen ich durch das Scheitern meiner beiden ersten Ehen kein wirklicher Vater gewesen bin. Doch in den letzten Jahren habe ich zu meinen Kindern – bis auf meine älteste Tochter – eine sehr enge Beziehung entwickelt, über die ich sehr glücklich bin.

Katharina allerdings hatte eigentlich eine ungetrübte Kindheit, da ich damals eine sehr glückliche Ehe mit ihrer Mutter Barbara Lass führte. Bei Katharina versuchte ich auch, die Fehler, die ich in der Beziehung zwischen meinen Eltern und mir erkannt hatte, in das Gegenteil umzusetzen. So hatten Barbara und ich von Anfang an ein bewußt antiautoritäres Verhältnis zu ihr. Katharina war von vornherein aufgefordert, sich ihrer Mutter und mir gegenüber völlig frei zu verhalten. Das werde ich bei meinem Sohn Nicolas versuchen weiterzuführen.

Katharina habe ich immer gesagt: «Du darfst nie etwas glauben, was du nicht voll mittragen kannst. Du mußt immer kritisch hinterfragen, und erst, wenn du selbst überzeugt bist, darfst du etwas annehmen.» Das ging so weit, daß Katharina dadurch Schwierigkeiten in der Schule hatte.

Wenn ich zurückblicke, muß ich aber gestehen, daß ich in der Praxis viel zuwenig ein Vater gewesen bin. Ich kann also nur sagen, daß das, was ich gemacht habe, bestimmt nicht besser war als das, was meine Eltern mit mir gemacht haben – wenn es nicht vielleicht sogar schlechter war.

1940 wurde ich mit meiner Großmutter nach Kufstein in die bayerischen Alpen geschickt. Es war mein zweites Gymnasiumjahr. Da passierte eine Geschichte, die mir meine Großmutter später öfters erzählt und die mich jedesmal zum Lachen gebracht hat. Offenbar muß ich als Schüler recht einfallsreich gewesen sein, wenn es darum ging, mich vorm Arbeiten zu drücken. Eines Tages also kam der Professor zu ihr und teilte ihr mit, ich hätte in Mathematik eine Fünf, damals die schlechteste Note. Die bekäme ich, weil ich das ganze Jahr über keine Hausaufgaben gemacht hätte.

Meine Großmutter war fassungslos. Ich hatte ihr nämlich eingeredet, daß dieses Gymnasium in Kufstein eine ganz phantastische Schule wäre. In der gäbe es in Mathematik – dem mir verhaßtesten Fach – nie Hausaufgaben. Und zwar deshalb nicht, weil man bei dem tollen Professor schon alles im Unterricht lernen würde. Meine ahnungslose Großmutter hatte mir geglaubt. Am Ende des Schuljahres entging ich dem Sitzenbleiben nur deshalb, weil mich meine Eltern in einem Schweizer Internat anmeldeten.

Das war 1942. Da der Krieg immer weiter um sich griff, hatte mein Vater beschlossen, mich außer Landes zu bringen. Meine Eltern hatten wohl von diesem Internat im Kanton Graubünden gehört, nicht weit von Davos entfernt, wo es bekanntlich ein Tuberkulosezentrum gibt. Sie besorgten also etliche gefälschte Atteste, die mir bescheinigten, ich wäre tuberkulosekrank. Und damit gelang es, mich in die Schweiz zu schicken. Geld genug verdiente mein Vater ja als Direktor der Dresdner Staatsoper. Er hatte mir mal erzählt, es wären etwa dreitausendfünfhundert Reichsmark im Monat gewesen. Dieses Internat in Zuoz im Engadin, in einer der schönsten Landschaften der Schweiz, kostete ihn monatlich fünfhundert Reichsmark, also ein Siebtel seines Einkommens.

Und als mich schließlich meine Mutter mit dem Zug in dieses «Lyceum Alpinum» in Zuoz brachte, da, glaube ich, ging meine Kindheit äußerst schmerzhaft zu Ende. Ich war vierzehn Jahre alt.

3 Zeit der Trennung

Der Eintritt in die neue Welt des Internats war ein Schock für mich. Ein Schock, den ich bis ans Ende der Lyceumzeit und auch noch lange danach kaum überwand. Ich, das verwöhnte Einzelkind, sollte plötzlich mit Gleichaltrigen in einer Gemeinschaft zusammenleben. Darauf war ich nicht vorbereitet. Zu Hause hatte ich mein eigenes Zimmer gehabt und mein Kindermädchen, das sich um mich kümmerte. In Kufstein war meine Großmutter bei mir gewesen, die für mich sorgte. Und ein Familienleben mit mehreren Geschwistern hatte ich ja nie kennengelernt. Nun wohnte ich auf einmal mit zwei fremden Buben in einem Dreibettzimmer zusammen. Und statt meines Kindermädchens und meiner Großmutter, die nur für mich dagewesen waren, gab es jetzt Lehrer, zuständig für bestimmte Klassen und Zimmer.

Ich war also von einem Tag auf den anderen, in einer mir unvertrauten Gemeinschaft, völlig auf mich allein gestellt. Damit wurde ich überhaupt nicht fertig.

Ich litt unsäglich unter der Trennung von meinen Eltern. Vielleicht spürte ich besonders in dieser Entwicklungsphase, der beginnenden Pubertät, wie sehr ich meine Eltern vermißte und wie sehr ich sie gebraucht hätte. Diesen Schmerz habe ich in meiner Einsamkeit tief in mir vergraben. In Nächten voller Tränen erlebte ich es so, als hätten mich meine Eltern in meiner ganzen Hilflosigkeit in diesem Internat allein gelassen. Ich war unfähig, mit anderen zu kommunizieren, unfähig, mit einer Gruppe umzugehen. Unfähig, mich an den üblichen Beschäftigungen zu beteiligen. Ich fühlte mich vollkommen wehrlos. Mir war, als hinge ich in der Luft.

Aus dieser totalen Unsicherheit heraus tat ich etwas, für das ich mich jahrzehntelang schämen sollte. In der allerersten Zeit habe ich ein- oder zweimal Mitschüler bei Lehrern angeschwärzt. Wenn ich anfangs sah, daß etwas nicht korrekt gemacht wurde, meldete ich das sofort dem Lehrer. Oder wenn ich merkte, daß die anderen etwas taten, was man nicht tut, jedenfalls nicht tun durfte, wie man es mir zu Hause beigebracht hatte, dann ging ich zum Lehrer und sagte es ihm. Ich weiß nicht mehr, um was es ging – wahrscheinlich um Bagatellen.

Das haben mir die Schüler bitter übelgenommen. Dabei wollte ich gar nicht petzen oder jemanden schlechtmachen. Sondern ich meldete die «Verfehlungen» nur aus meiner Korrektheit heraus, zu der ich von meinen Eltern erzogen worden war. Und das brachte mir nun einen schlimmen Ruf ein. «Das ist so 'n Petzer, so 'n mieser Typ, den muß man bestrafen», hörte ich von den anderen.

Aus diesem Grund gewöhnte ich mir das bald ab, aber auch aus der Erkenntnis, daß ich mich genau gegenteilig hätte verhalten müssen, wollte ich mich in die Gemeinschaft integrieren und akzeptiert werden.

Die Reaktion meiner Mitschüler kann ich heute natürlich verstehen. Auf der anderen Seite begriff ich aber später, daß ich mit dem Anschwärzen eines «bösen» Schülers gar nichts Schlechtes tat: Ich versuchte nur, mir bei demjenigen, der die Ordnung repräsentierte, nämlich dem Lehrer, Rückhalt zu verschaffen. Das Ergebnis indes waren Feindschaften von Anfang an.

An ganz bestimmte Quälereien kann ich mich nicht mehr erinnern. Doch fällt mir vage ein, daß ich einmal eine Stunde unter der Dusche stehen und dann vor den anderen nackt herumlaufen mußte. Andere Beispiele habe ich gottlob verdrängt. Ich erinnere mich nicht einmal mehr an einzelne Figuren im Internat, die mich malträtierten.

Seltsam, daß mir plötzlich schemenhaft wieder eine Geschichte einfällt, die mit Quälerei zu tun hat. Ich war einmal als kleiner Junge in einem Kinderheim in Garmisch-Partenkirchen. Ich muß nicht älter als fünf Jahre alt gewesen sein. Da hat mich ein anderer Junge furchtbar mit einem Stift gemartert, mit einem Bleistift, bis ich am Finger eine blutende Wunde hatte. Die Narbe sieht man noch heute.

Ich blieb während der vier Jahre im Internat immer ein Außenseiter, obwohl ich mich zwischendurch auch mal mit einzelnen Schülern gut verstand. Aber dann war es wieder wie in meiner frühen Kindheit: Ich versuchte, einen anderen Jungen, gewissermaßen an Bruder Statt, total zu okkupieren und in mein Leben zu integrieren. Ein Streit hatte, bei einer derart auf Bedingungslosigkeit angelegten Beziehung, immer sofort katastrophale Folgen – nämlich den völligen Kontaktabbruch.

Ein großes Problem bestand für mich auch darin, daß ich mit den anderen Schülern überhaupt nur über Musik reden konnte, genauer gesagt über klassische Musik. Etwas anderes existierte ja für mich nicht, weder Unterhaltungsmusik noch Jazz – beides lehnte mein Vater radikal ab. Ich erzählte den anderen, daß mein Vater das größte musikalische Genie Europas, wenn nicht sogar der Welt sei. Wenn mir meine Mitschüler entgegenhielten, es gebe doch noch den Furtwängler, den Toscanini und diesen und jenen, wurde ich sehr wütend und sagte:

«Gut, das sind auch Dirigenten. Aber mein Vater, der ist der größte Dirigent!»

So hatte ich es zu Hause gelernt. Das war meine Grundeinstellung. Und so verfolgten mich mein Vater und die klassische Musik auch in der Schweiz, trotz der Jahre der Trennung.

Einmal noch konnte ich die Schweiz während des Krieges verlassen, um in den Ferien zu meinen Eltern zu fahren. Das muß 1942 gewesen sein. Ich fuhr nach Wien, wo mein Vater seit 1941 sowohl an der Staatsoper als auch im Konzerthaus immer häufiger dirigierte, neben seiner Tätigkeit als Chef der Staatskapelle von Dresden. 1943 wurde er dann Direktor der Wiener Staatsoper – für mich der Höhepunkt in seiner Karriere. Die Wiener Oper galt in der ersten Hälfte dieses Jahrhunderts als das beste Opernhaus der Welt.

In diesen beiden Monaten meiner Internatsferien verging kein Tag, an dem ich nicht mindestens einmal in der Oper gewesen wäre, häufig schon nachmittags. Mein Vater hatte eine Freiloge, so daß ich in die Oper gehen konnte, wann immer ich wollte. Dadurch wurde meine Beziehung zu meinem Vater und zur Musik noch tiefer geprägt.

Für mich stand nach wie vor fest, daß ich Pianist werden würde. Natürlich hatte ich im Internat von Zuoz weiter Klavierunterricht. Mein Klavierlehrer trug den schönen Namen Felix Humm. Ich weiß noch, daß er aus Chur in Graubünden kam. Nachdem dieser Humm begriffen hatte, daß ich nicht gern und nicht gut Noten las, spielte er mir Stücke vor, und ich spielte sie – wie schon als Kind – nach. Meistens sehr gut, manchmal vielleicht sogar besser als der Klavierlehrer selbst, weil ich ein ausgeprägtes musikalisches Empfinden habe. Während der Internatszeit vervollkommnete ich mein Klavierspiel so weit, wie man das ohne Notenlesen überhaupt kann. Zum Beispiel spielte ich Klavierkonzerte von Beethoven und Schumann.

Ich besitze sogar noch das Programm eines öffentlichen Konzerts, das ich während meiner Internatszeit gab. Es war am 28. Juli 1945 in Zuoz. Zu Beginn spielte ich die «Pathetique» von Ludwig van Beethoven. Dann vier Walzer von Johannes Brahms und zum Abschluß die g-Moll-Rhapsodie von Brahms. Unter dem Programm steht: «Die Bevölkerung von Zuoz und Kurgäste sind herzlich eingeladen! Der Reinerlös wird zur Aeufnung (Beitrag) zu einer Theaterkasse der Schüler verwendet.»

Mein Vater hat mir von frühester Kindheit an einen Satz eingehämmert, den ich nie vergessen werde. Wahrscheinlich hat er eine große Rolle in meinem Wertanspruch an mich selbst und in meiner Einstellung zur Musik überhaupt gespielt. Er hat gesagt: «Es gibt nichts Schlimmeres als das Schicksal eines Klavierlehrers in der Provinz.» Nämlich das Mittelmaß eines vor sich hin dämmernden Musikers in irgendeiner mittleren Stadt, der es nicht geschafft hat, etwas Großes zu leisten. «Entweder du wirst Top», hat mein Vater zigmal gesagt, «du wirst Spitze, du wirst das Allerbeste, oder du wirst es lieber überhaupt nicht.»

Im Jahre 1942, als ich vierzehn Jahre alt war, besuchte mich meine Mutter in den Ferien. Soweit ich mich erinnere, war es ihr letzter Besuch in der Schweiz. Und da meinte sie, ich sollte doch mal vor meiner weiteren Ausbildung zum Musiker dem berühmten Pianisten Wilhelm Backhaus vorspielen. Der sollte dann sagen, was er davon hielt.

Wilhelm Backhaus, der aus Leipzig stammte, lebte mit seiner Frau Alma in Lugano. Meine Eltern waren mit dem Ehepaar befreundet. So fuhren meine Mutter und ich nach Lugano, um dort ein paar Ferienwochen miteinander zu verbringen. Und ich sollte dem Backhaus, einem der großen Pianisten in der ersten Hälfte dieses Jahrhunderts, bei diesem Besuch vorspielen.

Ich wählte den ersten Satz aus Beethovens Klavierkonzert Nr. 3 in c-Moll, nicht gerade das leichteste. Es waren zwei Flügel in diesem Haus. An einem saß Backhaus und spielte den Orchesterpart. An dem anderen ich. Meine Mutter saß irgendwo im Hintergrund in größter Erwartung.

Wie immer spielte ich auswendig. Und als ich den Satz zu Ende gespielt hatte, gab es eine lange, lange Stille. Ich kann mich daran erinnern, als ob es gestern gewesen wäre. Keiner sagte ein Wort. Man hätte eine Stecknadel fallen hören. Endlich sagte Backhaus in seinem unverwechselbaren sächsischen Tonfall:

«Na ja, für 'n Sohn vom Böhm isses vielleicht 'n bißchen wenig, nich?»

Das war für mich das «Todesurteil» als Musiker. Ein Todesurteil, das mir gleichzeitig den Weg für jede spätere Entwicklung versagt hat. Backhaus verehrte ich wie den «lieben Gott des Klavierspielens». Von dem Moment an wußte ich: Pianist wirst du keiner, Schluß, aus.

Vielleicht hatte Backhaus ja recht. Ein vierzehnjähriger Junge, der Konzert-Pianist werden will, müßte eigentlich, auch nach heutigem Maßstab, bereits konzertreif spielen. Er müßte zumindest besser Noten lesen als in einem Buch lesen können. Das ist die Grundvoraussetzung, wenn man Pianist werden will. Daß Backhaus' Technik, verglichen mit heutigen Pianisten, so exzellent nicht war, steht auf einem anderen Blatt. Als ich in späteren Jahren Konzerte von ihm hörte, stellte ich fest, daß er nicht unbedingt zu meinen Lieblingspianisten zählt.

Aber damals war er, wie gesagt, für mich der «liebe Gott des Klavierspielens» und sein Urteil unanfechtbar und unwiderruflich. Ich war völlig am Boden zerstört und verlor jegliches Interesse. Zwar spielte ich noch weiter Klavier, bis in die sechziger Jahre, und auch die Liebe zur Musik war noch da. Aber jetzt hatte es mit «Berufung» nichts mehr zu tun. Es lief halt nebenbei.

Ich habe nie daran gedacht, statt Pianist nun wie mein Vater Dirigent zu werden. Mir war so sehr eingeredet worden, daß mein Vater der größte Dirigent aller Zeiten sei, daß eine Möglichkeit, neben ihm zu existieren, für mich nicht erkennbar war. Nachdem er keinen anderen Dirigenten neben sich akzeptiert hatte, außer Bruno Walter, sondern auch für sich selbst der größte war und daran bis zu seinem Tod festhielt, hätte er bestimmt ablehnend reagiert, wenn ich nun auch Dirigent hätte werden wollen. Mag sein, daß ich ihm mit dieser Einschätzung post mortem Unrecht tue.

Jedenfalls brachte ich nicht die Kraft auf, als Musiker neben meinem Vater bestehen zu wollen. Die Kraft eines Carlos Kleiber zum Beispiel, der den Spuren seines berühmten Vaters Erich Kleiber folgte und heute vielleicht ein noch größerer Dirigent ist, als sein Vater es war.

Mein Vater hat oft gesagt: «Entweder man kann es, oder man kann es nicht.» Auch er hatte ursprünglich Pianist werden wollen. Doch sein Vater, ein angesehener Rechtsanwalt in Graz, bestand darauf, daß er vorher einen soliden Beruf erlernen sollte. Schon während seines Jurastudiums arbeitete mein Vater dann als Korrepetitor am Grazer Theater. Und über diesen Bühnendienst kam er als Autodidakt zum Dirigieren. Regulären Kapellmeisterunterricht hatte er nur kurz bei Eusebius Mandiszewsky, einem Freund von Johannes Brahms, in Wien. Er hatte diesen göttlichen Funken und machte sehr schnell eine steile Karriere als Dirigent.

Im Sommer 1943 kamen meine Eltern zum vorletzten Mal während des Krieges in die Schweiz, allerdings nicht direkt, um mich zu besuchen, sondern zu den Zürcher Festwochen, wo mein Vater «Tristan und Isolde» von Richard Wagner dirigierte. Diese Oper liebe ich besonders. Als ich während dieses Aufenthaltes mit meiner Mutter in der Straßenbahn durch die Zürcher Bahnhofstraße fuhr und wir hochdeutsch miteinander sprachen, standen die Leute um uns herum auf – aus Protest gegen uns Deutsche. So war das plötzlich in der Schweiz, nach Stalingrad.

Die Schweiz war ja bekanntlich ein neutrales Land. Aber sie war bis an die Zähne gerüstet, aus Angst vor Hitler, der das Land von allen Seiten bedrohte. In den Straßen gab es Betonlöcher mit Sprengladungen, und es hieß, daß sie von Bern aus zentral in die Luft gejagt werden konnten. In den Bergen sollte es so große Tunnels geben, daß sich die gesamte Schweizer Bevölkerung bei einem Angriff Hitlers darin hätte zurückziehen können. Jeder fünfte Schweizer war Soldat, bestens ausgebildet und ausgerüstet.

Bis 1943 nahmen die Schweizer an, daß Hitler den Krieg gewinnen würde. In den Schweizer Zeitungen und im Radio wurden nur deutsche Nachrichten über das Kriegsgeschehen in Europa und Afrika gebracht. Bis Stalingrad. Danach rechnete man mit einer deutschen Niederlage. Und von nun an konnte man nur noch amerikanische, französische, englische und russische Nachrichten hören. So schnell drehten auch die Schweizer ihr Fähnchen. Dieses Verhalten haben übrigens in den letzten Jahrzehnten einige Politiker und Schriftsteller, wie z. B. Dürrenmatt und Frisch, scharf kritisiert. Für ein gewisses Maß an Opportunismus in den vierziger Jahren habe ich durchaus Verständnis. Die Bedrohung der Schweiz, ein Teil Großdeutschlands zu werden à la Österreich, war mehr als gegeben. Doch die Verteidigung dieser Freiheit um fast jeden Preis war zumindest manchmal fragwürdig.

Zurück nach Zürich. Im Sommer 1943, beim Abschied auf dem Zürcher Hauptbahnhof, hat mir mein Vater einen Schwur abgenommen. Einen feierlichen Schwur auf sein Augenlicht. Ich mußte schwören, daß ich mich niemals politisch betätige oder in eine politische Partei eintrete.

Dieses Ritual war sicherlich geprägt von Kriegsangst. Gleichzeitig drückte es die Einstellung meines Vaters zum

Nationalsozialismus aus. Natürlich auch seine Erfahrungen als Direktor der Staatsoper in Dresden und Wien während des «tausendjährigen Reiches». Er war als Dirigent in der Öffentlichkeit exponiert. Nazigrößen besuchten seine Konzerte. Er aber hat sich immer dann, wenn er vor politische Fragen gestellt wurde, in die Kunst, in die Musik gerettet. «Ein Künstler hat mit Politik nichts zu tun!» – das war immer sein Kredo.

Aber ich glaube, daß die Wurzeln seiner Einstellung letztlich viel tiefer liegen – nämlich in seinem Elternhaus. Er selbst hat diesen Schwur auch seinem Vater leisten müssen. Mein Vater war ein typisches Produkt des Großbürgertums und des späten österreichisch-ungarischen Kaiserreichs. Ein Produkt auch des Zusammenbruchs dieser Welt und dessen, was von ihr übrigblieb. Er wurde 1894, noch zur Zeit Kaiser Franz Josefs, in eine wohlhabende Grazer Anwaltfamilie hineingeboren. Er wuchs in einer autoritären Gesellschaft auf und wurde von klein auf zu einem apolitischen Menschen erzogen. Nicht zu einem Demokraten, der teilnimmt an der Entwicklung des Staates, für den er Steuern zahlt und bis zu einem gewissen Grad auch Verantwortung mitträgt. Sondern er war Teil eines Großbürgertums, das zwar viel Geld verdiente, aber absolut obrigkeitshörig war. Kritik war nicht nur nicht verlangt, sondern sogar geradezu verboten. Nur auf dem Fundament dieser Weltanschauung in Deutschland und Österreich wird der Nationalsozialismus überhaupt verständlich. Hitler hat das, was er vorfand, nur ins Extreme und Kriminelle gesteigert.

Andererseits war mein Vater aber alles andere als ein überzeugter Nazi. Zwar war er in den ersten Jahren des Dritten Reiches bis zu einem gewissen Grad von dem Umwandlungsprozeß beeindruckt, da er das soziale Elend der zwanziger Jahre miterlebt hatte. Doch er ging dann sehr schnell auf Distanz, wie er mir in späteren Gesprächen immer wieder versicherte.

Daß er Hitler und den Faschismus ablehnte, war ja auch

darin zum Ausdruck gekommen, daß er mich gleich zu Beginn des Krieges ganz bewußt außer Landes bringen wollte – in die neutrale Schweiz. Nicht etwa, um mich als Einzelkind loszuwerden, wie das ja viele Eltern tun, sondern er schickte mich in ein sehr gutes Internat, um mich dort erstens weiterbilden zu lassen und zweitens, weil er in weiter Voraussicht erkannte, daß es kein Krieg von Wochen oder Monaten werden würde. Bereits am 1. September 1939 begriff er sehr genau, daß ein schreckliches Geschehen über Europa hereinbrach. Und aus diesem Grund hatte er mich ins «Lyceum Alpinum» geschickt, damit ich später nicht eingezogen werden würde. So hat er mir vorausschauend wahrscheinlich das Leben gerettet.

Meine Mutter war übrigens noch stärker gegen die Nazis als mein Vater. Doch mir als Jungen gegenüber äußerten sich meine beiden Eltern nur vorsichtig. Sie hatten die berechtigte Angst, daß ich mir kritische Bemerkungen meiner Eltern zu eigen machen und weitererzählen könnte.

Deshalb schärften sie mir bei den wenigen persönlichen Treffen während des Krieges ein, mich grundsätzlich nicht politisch zu äußern, auch nicht in der Schweiz. «Sonst schikken sie uns in ein KZ», sagte mein Vater.

Ihm hat dieser Rückzug in die Musik während der Nazizeit letztlich auch seinen Kopf gerettet. Andererseits hat er mich mit seiner Einstellung zu Politik und Gesellschaft so stark geprägt, daß ich mir gar nichts anderes vorstellen konnte.

Es gab während der vier Jahre im Internat auch schöne Erfahrungen. Ich habe zum Beispiel sehr viel Sport getrieben. Obwohl ich eigentlich kein besonders sportlicher Mensch bin, machte mir gerade der Wintersport in den Bergen des Engadins großen Spaß. Ich lief gern Schlittschuh und spielte Eishockey. Im Skilaufen war ich so gut, daß ich sogar einige Schülerwettbewerbe gewann. Meine Leidenschaft aber waren die beiden englischen Sportarten Kricket und Fives, die im «Lyceum Alpinum» gelehrt wurden und die ich, wie ich glaube, ziemlich gut beherrschte. Auch ein wenig Tennis habe ich gespielt.

Und dann entdeckte ich natürlich, dank meiner Großmutter, meine Liebe zu dieser herrlichen Natur des Engadins. Wir hatten einen Lehrer namens «Mister» Spencer, der unterrichtete die englische Sprache und englische Sportarten. Und diesen Lehrer mochte ich sehr. Daß ich mich mit ihm angefreundet und auch mal privat unterhalten hätte, wäre schon zuviel gesagt. Das gab es eigentlich nicht mit den Lehrern vom Internat. Dieser Spencer jedenfalls unternahm häufig Bergtouren, richtige Klettertouren auf schwierige Berge wie zum Beispiel den 4100 Meter hohen Piz Palü. In Seilschaften sind wir auf die schwierigsten und schönsten Berge gestiegen. Es gab im Internat eigens Kurse dafür. Eine der schönsten Touren, an die ich mich erinnern kann, war auf den Piz Kesch. Zweimal war ich oben; ich müßte dort im Gipfelbuch verzeichnet sein, wenn es dieses Buch noch gibt.

Das waren für mich unvergeßliche Erlebnisse. Sicherlich spielte dabei auch eine Rolle, daß ich in solchen Situationen eine gewisse Bedeutung in der Gemeinschaft bekam. Wenn man im Sport etwas konnte, war man wer. Das wurde geachtet, mochte man auch sonst nicht beliebt sein.

Nachdem Wilhelm Backhaus meinen Traum vom großen Konzertpianisten zunichte gemacht hatte, begann ich, mich für das Theater zu interessieren. Wahrscheinlich beeinflußt durch meinen Deutschunterricht und die Literatur, die wir dort lasen. Ich wollte versuchen, Goethes «Urfaust» zu inszenieren, als Regisseur und Hauptdarsteller. Der Schüler, der den Mephisto spielte, hieß Fritz Staudenmann, heute übrigens ein Druckereibesitzer. Und weil es auf unserer Schule ja keine Mädchen gab, übernahm ein anderer Junge, ein Bulgare namens Diman Dimanov, lustigerweise die

Rolle des Gretchens; er leitet heute einen großen Mineralölkonzern. Es klappte ganz gut mit unseren Proben und der Aufführung. Bei meinem ersten Stück durfte ich allerdings noch nicht auf die große Bühne im Konzertsaal des «Lyceum Alpinum», sondern nur in den Aufenthaltsraum des sogenannten «Kleinen Hauses». Aber beim nächsten Stück konnte ich schon auf die richtige Bühne, und von dem Moment an wußte ich, daß ich Schauspieler werden wollte.

Ich war fünfzehn Jahre alt.

In den Sommerferien 1943 fuhr ich für zwei Monate nach Zürich. Außer mit den Backhaus' waren meine Eltern noch mit einem anderen Ehepaar in der Schweiz befreundet: mit Dr. Willi Schuh und seiner Frau Nelly, die in Zürich lebten. Schuh war einer der bedeutendsten Musikwissenschaftler und -schriftsteller seiner Zeit. Er schrieb für die «Neue Zürcher Zeitung». Berühmt geworden war er vor allem als Biograph von Richard Strauss, mit dem mein Vater ja eng befreundet war. Als es seit 1942 immer schwieriger wurde, mit der Eisenbahn über die Grenze nach Deutschland zu reisen oder auch nur ein Visum für einen Besuch zu bekommen, wurde ich öfters eingeladen, meine Schulferien – und davon gab es ja Wochen und Monate im Jahr – bei diesen beiden Ehepaaren zu verbringen.

In diesen Sommerferien gab ich mein gesamtes Taschengeld fürs Kino aus. Wie ich in den Ferien zuvor in Wien zwei Monate lang jeden Tag in die Oper gegangen war, so ging ich nun jeden Tag, an manchen Tagen bis zu dreimal, ins Kino. Ich hatte das Glück, all die amerikanischen und englischen Filme jener Zeit in der Schweiz sehen zu können. Zum Beispiel die Uraufführung des grandiosen Films «Vom Winde verweht». Und von dieser Zeit an wollte ich Filmregisseur werden. Die Schauspielerei interessierte mich eigentlich nur noch sekundär.

Ich hörte nicht mehr viel von meinen Eltern; es wurde

immer schwieriger, Kontakt zu halten. Wir konnten nicht zusammen telefonieren, und Briefe kamen selten. Ab und zu schickten mir meine Eltern ein Paket mit Brot und Zucker. Auch in der Schweiz wurden die Lebensmittel knapper. Es gab zum Beispiel keinen Zucker mehr, nur noch Süßstoff, da man im Gegensatz zu Deutschland keine Zuckerrüben angebaut hatte.

Im Januar 1945, als ich sechzehn Jahre und zehn Monate alt war, wurde ich von der deutschen Botschaft in Bern aufgefordert, mich mustern zu lassen. Damals wurde man mit siebzehn Jahren als Soldat in die Wehrmacht eingezogen. Ich war verzweifelt. Was sollte ich tun? Mich bei den Schweizer Behörden als Deserteur melden? Ich hatte ein paar Deserteure getroffen, die von Deutschland aus oder auf dem Rückzug von Italien in die Schweiz geflüchtet waren. Sie wurden von der Schweizer Regierung in Lagern interniert und menschenunwürdig schlecht behandelt. Diese Möglichkeit fiel also aus.

Ich entschloß mich in meiner Not, zu einem mir gut bekannten Schweizer Arzt im Engadin zu gehen und mich ihm anzuvertrauen. Noch heute bin ich diesem Mann, der nicht mehr lebt, unendlich dankbar für seine Hilfe. Er hatte die Idee, mir eine hohe Eiweißdosis zu injizieren.

«Hör zu, mein Junge, du wirst eine Reaktion darauf kriegen, hohes Fieber. Aber der Militärarzt wird feststellen, daß du Insulin im Blut hast, und es könnte sein, daß sie dich deshalb zurückstellen werden.»

Nach dieser «Behandlung» bin ich dann mit vier Gleichaltrigen aus dem Internat nach Davos zu dem deutschen Kriegerheim gefahren, wo die Musterung stattfinden sollte. Ein deutscher Militärarzt untersuchte mich gründlichst. Auch eine Blutsenkung gehörte dazu. Als ich schließlich gerufen wurde, um das Resultat entgegenzunehmen, fragte mich der Militärarzt:

«Wissen Sie, daß Sie hochgradig zuckerkrank sind?»

Und als wäre es meine erste Schauspielprüfung, antwortete ich ihm total erschrocken: «Um Gottes willen, nein, ich habe keine Ahnung!»

Der Militärarzt: «Ich muß Ihnen sagen, daß Sie nicht verwendungsfähig sind.»

Ich mimte Enttäuschung.

Er schrieb mir noch Medikamente auf, die ich in Zukunft zu nehmen hätte, und schickte mich nach Hause.

Wir fuhren mit dem Zug von Davos nach Zuoz zurück. Die Strecke geht durch zwei Täler in Graubünden und dauert ungefähr zwei Stunden. Noch während der Fahrt bekam ich sehr hohes Fieber und wurde richtig krank, wie es mir der Arzt prophezeit hatte. Er behandelte mich dann ein paar Tage, bis alles wieder in Ordnung war.

Die groteske Pointe ist, daß mir die Insulin-Geschichte nichts mehr nützte. Gegen Ende des Krieges wurden ja beinahe sogar Einarmige und Einbeinige eingezogen. Und so bekam ich mit diesen vier Mitschülern, die mit mir gemustert worden waren, kurz vor Hitlers Tod im April die offizielle Einberufung zugestellt. Meine vorgebliche Zuckerkrankheit wurde also nicht mehr als Untauglichkeit anerkannt.

Daraufhin gingen wir fünf Jungs in den Raucherpavillon im Garten der Schule. Wir rauchten und berieten. Klar war uns, daß der Krieg in ein paar Tagen aus sein würde. Aus all den Informationen in der Schweiz wußten wir genauestens Bescheid. Also beschlossen wir, unsere fünf Gestellungsbefehle zu zerreißen. Als wir sie zerrissen hatten, steckten wir die Schnipsel fein säuberlich in ein Couvert des «Lyceum Alpinum», schrieben unseren Absender darauf und adressierten ihn an die deutsche Botschaft in Bern.

Das war eine klare Wehrdienstverweigerung. Wir taten es nur, weil wir wußten, daß es keine schlimmen Auswirkungen mehr haben konnte. Das Ende des Großdeutschen Reiches stand unmittelbar bevor.

Zu dieser Zeit war der Kontakt zu meinen Eltern völlig abgerissen. Es gab keine reguläre Postverbindung mehr. Wir hörten monatelang nichts voneinander. Zu allem Übel hatte eine Schlagzeile der «Basler Nationalzeitung» im Februar 1945 verkündet, daß mein Vater bei dem furchtbaren Bombenangriff auf Dresden ums Leben gekommen sei. Das war Gott sei Dank nicht wahr. Aber ich wußte lange nicht, wo meine Eltern waren.

Später erst erfuhr ich, daß sie gerade noch aus Wien herausgekommen waren, bevor die Russen einmarschierten. In seiner Autobiographie «Ich erinnere mich ganz genau» schildert mein Vater ihre letzten Tage in Wien:

«An einem Tag, der vielleicht für einen Zahlenmystiker ein ganz interessantes Datum sein mag, nämlich am 12. 3. 45, fielen die Bomben auf die innere Stadt von Wien und trafen neben anderen Gebäuden und Häusern auch die Wiener Oper.

Ich lag damals mit einer Gehirnerschütterung zu Hause, die ich bei einem schweren Sturz erlitten hatte; da ich das erbetene «Katastrophenbenzin» für meinen alten DKW nicht erhielt, hatte ich zu Fuß zur Oper gehen müssen, und dabei war ich auf dem blanken Eis ausgeglitten. – Meine Frau, die Einkäufe machte, teilte mir telefonisch mit, es sei Bombenalarm gegeben worden. Ich bat sie daraufhin, im Keller der Wiener Oper Schutz zu suchen, weil ich diesen wegen seiner Tiefe für einen der sichersten der ganzen Innenstadt hielt. Tatsächlich ging an diesem Tag ein wahres Inferno auf die Innenstadt nieder, übrigens bei prachtvollem Wetter – die spätere Ausrede, man habe nicht die Oper, sondern den Nordwestbahnhof treffen wollen, kann wohl nicht so ganz gestimmt haben. [. . .]

Als ich dann von Personen, die aus der Innenstadt kamen, hörte, daß die Oper brannte, ging ich trotz meines Zustands zu Fuß durch ein Verkehrschaos und durch brennende Trümmer zur Oper. Dort stand ich: ich glaube, fünf oder sechs Stunden, bis zum Einbruch der vollkommenen Dunkelheit – der Angriff hatte mittags stattgefunden – vor dem Gebäude und weinte wie so viele Menschen, Mitbürger Wiens, Menschen, die vielleicht nie in ihrem Leben in der Oper gewesen waren und denen sie als Wahrzeichen trotzdem so viel bedeutete. [...]

Die Vernichtung der Wiener Oper bedeutete für mich unter anderem die Aussichtslosigkeit, weitere Veranstaltungen konzertanter Art in der Oper abzuhalten; ich glaube aber, daß trotzdem – der Tag der Auflösung rückte ja immer näher – von dem Personal niemand mehr zur Rüstungsindustrie kam, höchstens noch zum Volkssturm.

Die Russen rückten immer näher, und ich wollte mit meiner Frau – mein Sohn war ja in der Schweiz – absolut nicht in der Stadt bleiben. Erstens: weil ich überhaupt keine Heldennatur bin, und zweitens: weil ich ja hier keinerlei Aufgaben künstlerischer Natur mehr hatte.

Ich floh also mit meiner Frau nach Traun bei Linz, wo ich einen lieben Freund hatte, der uns für vierzehn Tage aufnahm, und dann später zu Käthe Dorsch an den Attersee.

Für mich begann damit eine schreckliche Zeit. Ich hatte überhaupt keine Noten bei mir, auch ein Klavier stand mir nicht zur Verfügung ...»

Von alledem hatte ich keine Ahnung. Meine Mutter hatte noch versucht, mir im März 1945 von Wien aus einen letzten Brief zu schreiben. Bei einem Brief ins Ausland mußte man mit dem Paß auf die Post, die Paßnummer wurde registriert, der Brief wurde geöffnet und gelesen und dann mit dem Stempel der Zensur weggeschickt. Diesen Brief habe ich nie bekommen.

Etwas höchst Seltsames passierte mit diesem Brief, das wir nie haben aufklären können. Erst später, ein paar Monate nach dem Krieg, habe ich die merkwürdige Geschichte erfahren:

Es war Mai im österreichischen Salzkammergut, in Kammer am Attersee, wo meine Eltern eine Zeitlang bei der berühmten Schauspielerin Käthe Dorsch untergekommen waren. Die Dorsch war eine gute Bekannte von ihnen. Übrigens sollte ich ein paar Jahre später mit ihr zusammen auf der Bühne des Wiener Burgtheaters stehen. Damals bei Kriegsende war Kammer noch ein kleines Dorf mit einsamer Umgebung – kein Touristenzentrum wie heute.

Und eines Tages gingen meine Eltern im Wald spazieren. Mitten im Wald überquerten sie eine verwilderte Wiese. Am Rande der Lichtung, die so wirkte, als hätte sie schon lange niemand mehr betreten, stießen sie auf eine verwitterte Bank. Sie ließen sich darauf nieder, um ein wenig auszuruhen. Da bemerkte meine Mutter auf einmal etwas Helles vor sich im ungemähten Gras. Papierschnipsel. Sie betrachtete diese Papierschnipsel gedankenverloren und schreckte plötzlich hoch: «Das ist ja meine Schrift!»

Sie begann, die Schnipsel einzusammeln. Und fand Stück um Stück jenen Brief samt Kuvert, den sie mir vor zwei Monaten von Wien aus geschrieben hatte. Wie ein Puzzle konnte sie die Teile zu ihrem Brief an mich in der Schweiz zusammenfügen. Und dieser Brief lag hier also verstreut auf einer üppigen Frühlingswiese im Wald. Ungefähr neunzig Minuten Fußweg von dem Haus entfernt, in dem meine Eltern wohnten. Dreihundert Kilometer von Wien entfernt. Und noch mal dreihundert Kilometer von Zuoz in der Schweiz.

Wir haben nie herausgefunden, wie der Brief auf diese Wiese kam. Es wird ewig ein Geheimnis bleiben.

Ich aber befand mich, nach dem Zusammenbruch des Nazireiches, weiterhin in Zuoz im Internat, zusammen mit vielen anderen deutschen Schülern. Es kamen die Sommerferien. Und weil unsere Eltern zu dieser Zeit natürlich nicht bezahlen konnten, mußten wir, die sogenannten Ferienschüler, an den Dienstbotentischen essen. Wir mußten den Schweizer Ferienschülern die Tische decken, an denen sie dann hochnäsig saßen. Auch die Tennisplätze mußten wir ihnen richten und im Winter die Eisplätze spritzen. Als wären wir ihre Dienstboten. Diesen demütigenden Umgang der Schweizer mit uns deutschen Schülern habe ich als besonders abstoßend empfunden.

Ich erfuhr den Aufenthaltsort meiner Eltern nach dem Krieg auf Umwegen über einen amerikanischen Kulturoffizier namens Pasetti in Salzburg. Er arbeitete in einer sogenannten Entnazifizierungskommission und war beauftragt, den «Fall» Böhm und den anderer prominenter Dirigenten während des Dritten Reiches zu untersuchen. Dieser Pasetti, ein gebürtiger österreichischer Jude, war mit der berühmten Sängerin Maria Cebotari befreundet, die wiederum mit meinen Eltern sehr gut bekannt war. Und über die Cebotari, die damals kurz zu Besuch in die Schweiz kam, ließ mir Pasetti also die Nachricht meiner Eltern zukommen.

Sie lautete sinngemäß so: Meine Eltern seien in Salzburg beziehungsweise in Kammer am Attersee. Sie würden nun nach Graz gehen. Ich solle versuchen, mit ihnen Kontakt aufzunehmen und zurückzukommen.

Ich wußte nicht, wie ich das anstellen sollte. Ich war siebzehn Jahre alt und hatte kein Geld. Als erstes habe ich allerlei Anträge gestellt und mir einen Ausweis des provisorischen österreichischen Konsulats in Zürich geben lassen. Ich habe versucht, in der Schule ein bißchen Geld zusammenzukratzen, damit ich fahren konnte. Aber es existierten ja überhaupt keine regulären Zugverbindungen von einem Land zum anderen mehr.

Gegen Ende des Jahres erfuhr ich schließlich, daß es einen Heimkehrertransport geben würde. Daß er hauptsächlich für jüdische Remigranten, die in die Schweiz geflüchtet waren und dort überlebt hatten, bestimmt war, davon hatte ich keine Ahnung. Ich wußte nur, daß sich in dem Schweizer Ort Buchs, auf der anderen Seite von Feldkirch in Österreich, ein Auffanglager befinden sollte.

An einem verschneiten Wintertag bin ich vom «Lyceum Alpinum» aus mit einem Paar Skier, einem Rucksack und einem großen, schweren Koffer aufgebrochen. Ich schleppte die Sachen zum Bahnhof von Zuoz und fuhr mit dem Zug drei Stunden nach Buchs. Es war der 19. Dezember 1945.

Im Lager von Buchs wurde ich registriert und untersucht. Ich übernachtete, glaube ich, in einem Zelt. Am Tag darauf wurde ich in einen von den Schweizer Behörden plombierten Zug gesteckt. Der Zug sollte durch die französische und englische Zone Österreichs nach Salzburg fahren.

Ich saß mit fünf oder sechs Leuten im Abteil und stellte mich ihnen vor. Sie machten sich ihrerseits bekannt, aber ich verstand ihre Namen nicht. Erst später erfuhr ich, daß in meinem Abteil auch der große österreichische Schauspieler und Regisseur Karl Paryla gewesen war. Er war seinerzeit nach Zürich emigriert und kehrte nun zurück, in diesem Zug mit mir.

Wir standen noch immer im Bahnhof von Buchs. Und bevor der Zug endlich losfuhr, sah ich plötzlich draußen auf dem Bahnsteig einen Rabbiner in traditioneller Tracht, mit langem Rauschebart und Schläfenlocken an unserem Fenster vorbeigehen, und ich meinte ganz unbefangen, wie man das halt so sagt:

«Ach, guck mal da draußen, ein jüdischer Rabbiner!»

Und in dem Augenblick herrschte plötzlich eine eisige Stille im Abteil. Einer der Männer schaute mich an und sagte ernst:

«Ich möchte dich nur darauf aufmerksam machen: Die meisten von uns sind Juden!»

Daraufhin entgegnete ich, und daran erinnere ich mich noch ganz genau: «Na und?»

Weil es für mich halt ganz normal war. In mein Internat waren auch jüdische Mitschüler gegangen. Für mich war ein Jude nichts Außergewöhnliches. Allenfalls deshalb, weil ich natürlich auch in der Schweiz von diesem fürchterlichen Leid gehört hatte, das dem jüdischen Volk durch den Nationalsozialismus widerfahren war. Aber ansonsten war der Jude für mich ein Mensch wie jeder andere.

In den folgenden zwei, drei Jahren sollte sich dieses Bild dann doch wesentlich verändern. Nun begriff auch ich, in welch ungeheurem Maß die Juden zu Märtyrern geworden waren, worüber ich ein tiefes Schuldgefühl empfand. Das ging so weit, daß ich Juden grundsätzlich als außerordentliche Menschen betrachtete, egal, wer es war, wo es war und wie ich sie getroffen habe.

Erst 1964, als ich in Israel einen französisch-israelischen Film mit dem Titel «L'heure de la verité» (Stunde der Wahrheit) drehte, in dem ich die Hauptrolle spielte, hat sich durch den Aufenthalt in Israel mein Bild von den Juden normalisiert. Sie wurden für mich wieder zu Menschen eines Volkes, wie die Deutschen, die Chinesen, die Amerikaner, die Russen – mit Guten und Bösen darunter wie in allen Ländern der Welt. Seitdem habe ich dieses normale Verhältnis zu dem Volk der Juden, bis zum heutigen Tag.

Damals, in diesem Remigrantenzug, fuhren wir dann achtzehn oder zwanzig Stunden lang auf einer Strecke, für die man heute höchstens vier Stunden braucht. Wir fuhren den ganzen Tag hindurch. Und irgendwann nachts kamen wir in Salzburg an. Ich hatte dieses Salzburg noch 1938 als eine wunderschöne Stadt kennengelernt. Nun war der Bahnhof zerstört, zum Teil abgebrannt. Es war dunkel und eisig kalt. Ich hatte zwar meine Skikleidung an und fror nicht so wie viele andere, die dort wartend im Bahnhof standen. Doch ich wußte nicht, wo ich hin sollte. Man hatte mir ausgerichtet, daß ich mich bei diesem amerikanischen Kulturoffizier Pasetti im Mozarteum, dem Salzburger Konservatorium, melden sollte. Um ein oder zwei Uhr morgens war das unmöglich.

Ich ging in den Wartesaal. Alles machte einen ungeheuer ärmlichen und zerstörten Eindruck, wie ich das von der Schweiz nicht gewohnt war. Ich fand eine Bank, auf die ich mich mit meinen Skiern, meinem Rucksack und meinem Koffer setzte.

Neben mir saß ein ungefähr fünfzehnjähriges Mädchen. Wir kamen miteinander ins Gespräch. Sie trug einen schmutzigweißen Pullover und Keilhosen. Nach einer Weile erzählte sie mir, daß sie mit ihrer Mutter aus Wien geflüchtet war, als die Russen einmarschierten. Die beiden hatten versucht, sich in Österreich durchzuschlagen. Sie wurden mehrmals von Russen vergewaltigt und wie Prostituierte behandelt. In einem Zimmer hätten sie nebeneinander auf zwei Betten liegen müssen; und während ein Soldat mit Maschinenpistole dastand, hätten die anderen Soldaten die beiden Frauen mißbraucht.

Dann durchquerten Mutter und Tochter die amerikanische Zone. Doch auch dort war es ihnen offenbar nicht viel anders ergangen. Irgendwann in den letzten Monaten muß die Mutter dann umgekommen sein. Das Mädchen versuchte nun, durch Prostitution mit Amerikanern zu überleben.

Das alles erzählte mir das Mädchen in den Wartestunden dieser Nacht, mit einer leidenschaftslosen und sehr spröden

Stimme, an die ich mich noch genau erinnern kann. Für einen Jungen wie mich, der aus der heilen Schweizer Welt kam, verkörperte ihr Schicksal schockierend und wie im Zeitraffer all das Grauen in diesem zerbombten Nachkriegs-Europa.

Diese Fünfzehnjährige war von einer totalen Lethargie. Das bißchen Energie, das ihr geblieben war, reduzierte sich auf die Fragen: «Wie kriege ich etwas zu essen?» und «Wo finde ich einen Platz zum Schlafen?»

Endlich dämmerte der Morgen. Als mir die Zeit gekommen schien, nahm ich mein Gepäck und marschierte zum Mozarteum, das ja nicht weit vom Bahnhof entfernt ist. Ich fand auch prompt diesen amerikanischen Kulturoffizier Pasetti, der aus Innsbruck stammte und sehr nett zu mir war. Ich hatte wohl vierzig Stunden oder noch länger nicht geschlafen und war so todmüde, daß ich ihn bat, mich irgendwo hinlegen zu dürfen.

Auf einer Couch im Nebenraum schlief ich den ganzen Tag und die Nacht. Ahnungslos, daß an diesem Nachmittag mein Vater nach Salzburg kommen würde, um ein sogenanntes Entnazifizierungsverfahren zu beginnen. Und da er mich bei Pasetti so tief schlafend fand, weckte er mich nicht.

Am nächsten Morgen fand dann das Wiedersehen statt. Es war der 22. Dezember 1945. Wir hatten uns seit dem Abschied auf dem Zürcher Hauptbahnhof vor eineinhalb Jahren nicht mehr gesehen. Pasetti verschaffte uns bei den Amerikanern einen offenen Jeep, damit wir am Heiligen Abend von Salzburg nach Graz fahren konnten. Es hatte geschneit, und in dem offenen Wagen war es bitter kalt. Als wir gegen Abend blaugefroren und mit klappernden Zähnen in Graz bei meiner Mutter ankamen, waren für mich die Jahre der Trennung endlich vorbei.

4 In der Stadt meines Vaters

Ich kannte Graz so gut wie nicht. Als Kind war ich nur ein- oder zweimal für ein paar Tage in der Heimatstadt meines Vaters gewesen. Und das Zusammensein mit meinen Eltern war mir fremd geworden; nach den langen Jahren der Trennung mußte ich erst wieder eine Beziehung zu ihnen finden. Ich war noch ein Kind gewesen, als der Krieg begann und ich mit meiner Großmutter nach Kufstein und ein Jahr später ins Internat geschickt wurde. Jetzt war ich siebzehn und sollte plötzlich auf engstem Raum mit meinen Eltern zusammenleben.

Vielleicht habe ich hier, in meiner Vaterstadt, die schwierigsten zweieinhalb Jahre meines Lebens verbracht.

Anfangs lebten wir zu dritt in einem Mietzimmer. Es gehörte einer entfernten Kusine meines Vaters in Graz. Meine Eltern, die es ihr Leben lang gewohnt waren, getrennt zu schlafen, mußten nun ein Bett miteinander teilen. Und ich lag auf einer Matratze am Boden.

Nach ein paar Wochen erhielten wir in der Kerblergasse 36 eine Dreieinhalb-Zimmer-Wohnung. Es gab ein Schlafzimmer für meine Mutter, ein Schlafzimmer für meinen Vater, ein Wohnzimmer und eine kleine Küche. Hinter der Küche befand sich eine Vorrats- oder Angestelltenkammer von dreieinhalb mal eineinhalb Metern. In diesem Kämmerlein mit einem kleinen Bett und einem Tisch hauste ich. Es sollte etwas später der Ort einer schrecklichen Begebenheit werden.

Graz lag in der englischen Besatzungszone. Zu essen gab es wenig. Die Hauptnahrung nannte sich Polenta, ein italienisch-österreichischer Ausdruck für alles, was man aus Mais oder Maismehl zubereiten kann. Wir aßen Polenta zum Frühstück, zum Mittag- und Abendessen, als Brot, als Kuchen zum Nachtisch und sogar als Brotaufstrich. Fleisch und Gemüse gab es kaum. Trotzdem zählt Polenta heute zu meinen Lieblingsspeisen. Man bekommt es besonders lecker zubereitet in der Steiermark. Wann immer ich zu Besuch in meiner Heimat bin, bestelle ich mir leidenschaftlich gern Polenta.

In meiner Heimat? Das muß ich wohl erklären. Tatsächlich sollte gleich nach dem Krieg die Geburtsstadt meines Vaters auch meine legale Heimatstadt werden. 1946 oder 1947 erhielt ich das Heimatrecht der Stadt Graz, die «Heimatrolle», wie man das bei uns nennt. Mein Vater hat sie mir vermacht, ebenso wie die österreichische Staatsbürgerschaft. So wurde ich, obwohl ich als Deutscher geboren und in Deutschland aufgewachsen war, auf einmal Österreicher wie mein Vater. Zuerst war mein Verhältnis zu Österreich ziemlich unausgeprägt und meine Einstellung zu diesem Land eher kritisch. Doch im Laufe der Zeit wurde ich so etwas wie ein «gelernter Österreicher». Ich spreche – wenn ich will – einen Mischmasch aus vielen österreichischen Dialekten. Erst in den letzten Jahren allerdings habe ich zu meiner österreichischen Heimat eine tiefere Beziehung bekommen.

Zurück ins Jahr 1946. Damals bekamen wir Lebensmittelmarken. Doch ging es uns ein bißchen besser als den anderen, da mein Onkel, der Bruder meines Vaters, schräg gegenüber unserer Wohnung ein Sanatorium besaß. Als Arzt und Inhaber des Sanatoriums «Hansa» war er natürlich besser dran als die meisten Leute. Und davon profitierten auch wir.

Lebensmittelmarken bekam man nur, wenn man nachweisen konnte, gewisse Filme über die Greuel der Nazis gesehen zu haben. Filme über Konzentrationslager und, merkwürdigerweise, über Geschlechtskrankheiten. Ich habe das in schrecklichster Erinnerung. Ein Film hieß zum Beispiel «Das schleichende Gift». Er zeigte zerfressene männliche und weibliche Geschlechtsorgane und die allerscheußlichsten Dinge, um die Leute dazu zu bringen, Präservative zu benutzen. Für mich, der ich noch nie Geschlechtsverkehr gehabt hatte, war dieser Film ein Schock. Aber ein noch größerer Schock war der KZ-Film, eine Gemeinschaftsproduktion von Amerikanern und Russen, die bei Kriegsende in Konzentrationslagern halbverhungerte Überlebende gefilmt hatten. Es waren grauenhafte Bilder, die meinen Haß und meinen Abscheu gegen den Nationalsozialismus entscheidend vertieften.

Ich hätte im «Lyceum Alpinum» noch zwei Jahre bis zur Matura gehabt. Also mußte ich in Graz nochmals eingeschult werden. In Österreich war das alte Schulsystem aus der Zeit vor 1938 wieder eingeführt worden, mit geringfügigen Änderungen. Man lernte Fächer wie Philosophie und Ethik, die es in der Schweiz nicht gegeben hatte. Meine Eltern meldeten mich im Kepler-Gymnasium als Externen für die Abiturprüfung an und schickten mich zum Privatunterricht in eine vorbereitende Matura-Schule. In einer eineinhalbjährigen Gewaltkur versuchte ich, mich dem österreichischen Schulsystem anzupassen und das Pensum der letzten beiden Klassen bis zum Abitur aufzuholen. Ich hatte das Glück, einen komischen Professor zu bekommen – einen kleinen, buckligen, asthmatischen Mann, den ich von allen Lehrern meiner Schulzeit eigentlich am liebsten mochte.

Mein Vater war in dieser Zeit voll mit seinem Entnazifizierungsverfahren beschäftigt. Gleich anderen Künstlern und exponierten Dirigenten wie Wilhelm Furtwängler, Herbert von Karajan oder Clemens Krauss erhielt mein Vater nach dem Krieg wegen seiner angeblichen Identifikation mit Nazideutschland Auftrittsverbot. Man hat ihm immer wieder vorgeworfen, daß er nicht emigriert sei, wie zum Beispiel die beiden großen Dirigenten Bruno Walter und Otto Klemperer, zwei verfolgte jüdische Musiker, die im Ausland ihre Karriere fortsetzten.

Übrigens versuchte mein Vater noch gegen Ende des Krieges, außer Landes zu kommen. Im Sommer 1944 hatten ihm bei den Zürcher Festwochen seine Schweizer Freunde Wilhelm Backhaus, Dr. Willi Schuh und ein alter Schulkamerad namens Gustav Hussnigg, der nun in Lugano lebte, angeboten, für seinen Lebensunterhalt aufzukommen, falls er in der Schweiz bleiben wollte. In seiner Autobiographie schreibt mein Vater:

«Als ich daraufhin wegen eines Schweizer Aufenthaltes schüchtern in Wien anfragte, erhielt ich die verbrämte Antwort: ‹Sie haben ja eine alte Mutter und zwei Brüder in Graz, an die werden wir uns eben halten.› Da wußte ich, daß dann die ‹Sippenhaftung› in Kraft treten würde, und konnte es mit meinem Gewissen nicht vereinbaren, Mutter und Brüder den Nazis auszuliefern. Es war der 2. August. Bald danach kam die Sperrung der Theater und die Verkündigung des totalen Krieges, die Goebbels ja mit seiner Rede im Sportpalast zu Berlin so ‹großartig› inszeniert hatte. Trotzdem tat ich in Wien alles, um mein Personal vor dem Einrücken zum Militär oder zur Rüstungsindustrie zu bewahren.»

Es war absurd, meinen Vater als Nazi zu verdächtigen, auch wenn er den Eindruck erweckt haben mag, ein Opportunist gewesen zu sein. Ich habe im vorigen Kapitel von seiner großbürgerlichen Herkunft und seiner Erziehung zu einer gewissen Obrigkeitshörigkeit erzählt. Daß sich aus dieser Prägung sein unpolitisches Verhalten erklärt und sein Versuch, sich in seine Kunst zu retten. Er ist nie Mitglied der Nazipartei gewesen. In seiner Autobiographie erzählt er, wie sich ein Hamburger Rechtsanwalt 1932 bemühte, ihn für die NSDAP anzuwerben. Mein Vater ließ den Mann ein wenig zappeln und erklärte ihm dann zu seiner Überraschung: «Ich gehöre nur *einer* Partei an: der musikalischen.»

Mein Vater ist auch stets, wie schon sein eigener Vater, ein großer Kriegsgegner und Antimilitarist gewesen. Das hat er an mich weitergegeben. Ihm habe ich es zu verdanken, daß ich ein grundsätzlicher und entschiedener Gegner alles Militärischen geworden bin. Ich selbst bin nie in der Armee gewesen und habe nie eine Uniform getragen – im Unterschied zu meinem Vater. Nachdem 1914 der Erste Weltkrieg ausgebrochen war, wurde er als kerngesunder junger Mann eingezogen. Mit seinem Pferd Nepomuk ging er zur sogenannten Traindivision in Graz, die für den Nachschub zu sorgen hatte. Wie es ihm gelang, sich dem Felddienst zu entziehen, hat er gern und oft erzählt – eine Geschichte, die ich immer sehr lustig fand:

«Bald wurde ich Korporal, dann Zugführer; als solcher mußte ich die Stallwache überprüfen. Beim Train hatten wir außer Pferden für die Offiziere auch Zugpferde. Ich kam eines Nachts um zwölf Uhr in den Stall. Der Wachtposten war total betrunken, und ich mußte ihn vorschriftsmäßig anbrüllen: ‹Du betrunkener Kerl . . .›, wie das beim Militär so üblich ist. Davon wachte so ein Pinzgauer Pferd auf und schlug aus. Es traf mich, ich stürzte bewußtlos zusammen –

und bin erst in meinem eigenen Bett in der Schulgasse 17 wieder aufgewacht. Der Arzt stellte einen schweren Bluterguß fest und eine nicht ungefährliche Blasenquetschung. Ich bin mit einem Eisbeutel dagelegen und dachte die ganze Zeit, während mir besser und besser wurde: ‹Es wäre schade, den Heldentod zu sterben; wie kann ich nach dem Aufstehen tachinieren, das heißt: wie drücke ich mich am besten vom Militär?›

Ich hatte einen Engel als Regimentsarzt – einen Privatarzt Dr. Mitterer ... Auf Grund meines Unfalls bekam ich einen C-Befund – heimattauglich. Ich war also nur im ‹Ernstfall› verwendbar und mußte in der Schreibstube kleine Dienste versehen ...

Die Kriegslage wurde immer schwieriger und schwieriger. Da bekam ich eine Bronchitis, und der Arzt, mit dem ich sehr befreundet war und dem ich immer Klavier vorgespielt hatte, stellte mir den Befund aus: Tbc-verdächtig. Es war natürlich ein völlig übertriebenes Attest. Man fragte mich sogar: ‹Beanspruchen Sie eine Abfindung?› Denn für Leiden, die man sich beim Militär geholt hatte, konnte man eine Abfindung bekommen. Ich habe natürlich darauf verzichtet und bin dann mit diesem Befund als völlig untauglich ohne Abfindung aus dem Heer ausgeschieden. Das war 1916.»

Es sollte noch zwei Jahre dauern, bis das Entnazifizierungsverfahren meines Vaters endlich abgeschlossen war und er als Dirigent wieder zugelassen wurde. Dieser maßlos fleißige Mensch litt unvorstellbar unter dem Arbeitsverbot. Er war viel zu Hause oder mit seinen beiden Brüdern zusammen. Ich erinnere mich daran, als wäre es gestern gewesen. Unser Familienleben war natürlich sehr angespannt. Wir mußten uns von der Arbeit meiner Mutter ernähren. Sie gab Gesangsunterricht und entdeckte damals ihre herrliche Stimme und damit den Beruf wieder, den sie für meinen Vater aufgegeben hatte. Das Klavier stammte übrigens, wie die meisten Möbel, noch aus Wien. Meine Eltern hatten sie, als sie 1945 ihr Haus verließen, ausgelagert.

Wenn meine Mutter Unterricht gab, mußte man zu Hause wieder sehr leise sein. Und wenn sie keinen Unterricht gab, setzte sich mein Vater vor seine Partituren. Er las Partituren, er arbeitete an Partituren, er lernte Partituren auswendig – ununterbrochen eigentlich. Und dann durfte man ihn wieder nicht stören.

Aber ich war sowieso nicht viel zu Hause, weil ich unendlich viel büffeln mußte. Jeden Tag saß ich an die sieben oder acht Stunden in der Matura-Schule, so daß mir wenig Zeit für anderes blieb. Manchmal spielte ich ein wenig Tennis. Und ich hatte meine ersten harmlosen Flirts.

Ich war ein Spätentwickler, auch was meine Beziehung zu Frauen betraf. Meinen ersten körperlichen Kontakt zu einer Frau hatte ich erst nach unserem Umzug nach Wien, 1948. Da war ich zwanzig und die Frau genauso alt. Sie hatte eine schreckliche Vergangenheit. Wie das Mädchen im Wartesaal des Salzburger Bahnhofs war auch diese Frau mit ihrer Mutter von den Russen vergewaltigt worden. Übrigens treffen wir uns heute immer mal wieder.

Meine erste Liebe in Graz hieß, ausgerechnet, Sissi. Eine platonische Liebe übrigens. Nach ihr habe ich später meine erste Tochter Sissi benannt, und nicht, wie man mir nachher immer anhängen wollte, nach den erfolgreichen «Sissi»-Filmen.

Meine Mutter hat meine Kontakte zu Mädchen sehr gefördert. Sie fand es fabelhaft, wenn ich verabredet war. Ich habe dieses Thema bisher bewußt nicht erwähnt, weil es nie ein Problem für mich gewesen ist. Meine Mutter war mir gegenüber sehr aufklärerisch und hat mir viel erzählt – wie der Geschlechtsverkehr funktioniert und daß er etwas ganz Normales sei. Bei mir gab es nie irgendwelche Fragen wie bei anderen Kindern, die dann zu Heimlichkeiten gezwungen werden. So war es eigentlich während meiner ganzen Jugend.

An einem zauberhaften warmen Sommerabend, es war kurz vor meiner Matura-Prüfung, wollte ich mit diesem Mädchen Sissi an der Mur spazierengehen. An jenem Fluß, der durch Graz fließt, mit seinen wunderschönen Auen, wo man auch ungestört schmusen konnte. An diesem Abend hatten meine Eltern vor auszugehen, in eine Kinovorstellung. Da ich nach ihnen die Wohnung verließ, gaben sie mir unseren einzigen Haustürschlüssel, damit ich zusperrte. Sie sagten mir, daß sie um halb zehn zurückkämen, und ermahnten mich, Punkt halb zehn mit dem Schlüssel unten vor der Haustür zu stehen.

Ich traf mich dann mit der Sissi und hatte mit ihr eine wunderschöne Zeit. Wir saßen auf einer Bank und schmusten, in einer herrlichen Vollmondnacht. Plötzlich durchzuckte es mich: «Wie spät ist es eigentlich?»

Ich blickte auf meine Uhr und stellte fest, daß es etwa zwanzig Minuten über der vereinbarten Zeit war.

In panischem Schrecken sprang ich auf und rannte los. Das Mädchen schaffte es kaum, mir zu folgen. Ich drehte mich um und rief ihr zu, sie solle mit der Straßenbahn nach Hause fahren oder sonstwie. Und das, obwohl es doch Nacht war! Ich rannte allein weiter. Unsere Wohnung war ganz schön weit von der Mur entfernt. Hinter den Auen sprang ich in eine Straßenbahn, mußte dann wieder ein Stück laufen und kam schließlich völlig außer Atem zu Hause an, etwa eine Dreiviertelstunde zu spät.

Vor der Haustüre standen meine äußerst zornigen Eltern. Mein Vater schaute mich überhaupt nicht an. Meine Mutter sagte nur, ich solle aufsperren. Vor Aufregung zitterte ich dermaßen, daß ich den Schlüssel nicht in das Schlüsselloch brachte. Doch sie zwangen mich aufzuschließen. Ich sagte immer wieder: «Bitte verzeiht mir doch! Bitte verzeiht mir doch!»

Doch keiner von beiden sagte mir ein einziges Wort.

Als wir oben in der Wohnung angekommen waren, flehte ich noch einmal meine Mutter an: «Bitte, bitte, verzeiht mir doch! Es tut mir so wahnsinnig leid!»

Und da kam hart die Antwort: «Das verzeihen wir dir nie!» Punkt.

Dann schlug sie die Tür zu und verschwand mit meinem Vater in seinem Schlafzimmer.

Ich ging in meine winzige Kammer und schloß mich ein. Ich war so abgrundtief verzweifelt, daß ich fast besinnungslos handelte. Ich holte eine Rasierklinge und einen Zirkel aus meinem Schulbesteck.

Zuerst schnitt ich mir mit der Rasierklinge das Handgelenk auf. Dann holte ich mit dem Zirkel die Schlagader heraus und schnitt die Ader auf. Ich gab keinen Ton von mir, denn ich spürte keinen Schmerz. Als hätte ich in diesem Verzweiflungsmoment meinen Verstand, mein Bewußtsein so sehr verloren, daß meine Schmerzempfindungen ausgelöscht waren.

Ich bin nur durch einen Zufall am Leben geblieben. Nachdem ich schon etwa eineinhalb Liter Blut verloren hatte, bin ich sehr geschwächt und schwindlig aufgestanden. Plötzlich wollte ich mich doch noch retten. Ich wollte nach meiner Mutter rufen. Aber dazu reichten offenbar meine Kräfte nicht mehr. Es gelang mir noch, die Kammertür aufzustoßen, doch dann stürzte ich vornüber auf den Küchenboden, einen Steinboden. Ich fiel flach aufs Gesicht und schlug mir die beiden Vorderzähne heraus. Ich habe noch versucht zu rufen. Dann habe ich das Bewußtsein verloren.

Und nur, weil ich durch den Sturz so auf den Arm fiel, daß ich die Schlagader abklemmte, habe ich überlebt.

Sechs oder sieben Stunden habe ich dort am Boden gelegen, bis in der Frühe unsere Reinemachefrau, ein junges Mädchen, kam. Sie öffnete die Küchentür und sah mich bewußtlos in einer Blutlache liegen. Als ich wieder zu mir kam, brachten mich meine Eltern in das Sanatorium «Hansa» meines Onkels schräg gegenüber. Und als Strafe dafür, daß ich einen Selbstmordversuch begangen hatte, nähte mir mein Onkel die Wunde am linken Handgelenk ohne Betäubung zusammen. So wenig ich irgend etwas gespürt hatte, als ich die Schlagader aufschnitt, so heftig fühlte ich den Schmerz jetzt – eine der schlimmsten Schmerzempfindungen meines Lebens.

Der Versuch, auf diese Weise mein Leben auszulöschen, blieb Gott sei Dank der einzige in meinem Leben. Es ist ein Schritt, dessen schreckliche Konsequenzen man erst begreift, wenn man ihn überlebt. Ich hatte nicht einmal einen Abschiedsbrief hinterlassen.

Mein Vater mußte kurz darauf nach Wien zu seinem Entnazifizierungsprozeß fahren, so daß ich wenig Gelegenheit hatte, mit ihm über die Sache zu sprechen. Ein paarmal versuchte ich, mit meiner Mutter zu reden und ihr meine Verzweiflung zu erklären. Doch meine Eltern hatten für meine Handlung überhaupt kein Verständnis. Sie konnten nicht begreifen, daß ich wegen ihrer augenblicklichen Wutreaktion gleich einen Selbstmordversuch unternehmen mußte. Ich kann ihnen das nicht einmal übelnehmen. Es wäre auch falsch, meinen Eltern die Schuld zuzuschieben oder ihnen meinen Verzweiflungsschritt anzulasten.

Heute begreife ich mein Tun vielmehr als Folge meines verwirrten seelischen Zustandes seit 1945; eines spätpubertären Verwirrungszustandes, der mit dem Aufstoßen der Tür ins Sexualleben zu tun hatte. Sicher auch mit dieser neuen Welt, in der ich nun in Graz lebte und mit der ich nur schwer zurechtkam. Wenn auch der Zorn meiner Eltern über mein Zuspätkommen zweifellos der Auslöser für meinen Selbstmordversuch gewesen war, so gab es doch viele Ursachen mehr als nur den Ausspruch meiner Mutter: «Das verzeihen wir dir nie!» Meine Eltern haben dann übrigens nie wieder von dieser Angelegenheit gesprochen.

Ich bin meinem Vater zutiefst dankbar dafür, daß er mich zur Pünktlichkeit erzog. Es ist sein Verdienst, daß ich dank seines natürlichen Zeitverständnisses den Begriff «Streß» gar nicht kenne. Er lehrte mich, daß der Umgang mit der Zeit eine Frage der Einteilung sei und daß es darauf ankomme, sich die Zeit gewissermaßen untertan zu machen. So habe ich es später in meinem Leben gehalten. Diese Einstellung meines Vaters hat mir in den letzten zwanzig, fünfundzwanzig Jahren jeglichen Streß erspart, ungeachtet der Tatsache, daß ich viel gearbeitet habe – sei es als Schauspieler oder später bei «Menschen für Menschen». Wenn man sich die Zeit richtig einteilt, ist man erstens automatisch pünktlich, und dann gibt es zweitens keinen Streß. Es gibt keinen Druck mehr, und für diese Erfahrung bin ich meinem Vater unendlich dankbar. Übrigens hat meine Tochter Katharina dieses Pünktlichkeitssystem dann von mir übernommen.

Im Kepler-Gymnasium unten an der Mur habe ich dann mit Ach und Krach mein Abitur geschafft. Das kommt mir noch heute kaum glaubhaft vor. Ich bin mir auch nicht darüber im klaren, inwieweit mein Vater mit liebevollem Nachdruck beim Herrn Direktor dazu beitrug, daß ich in Mathematik durchkam. Lustigerweise habe ich 1990 im Kepler-Gymnasium einen Vortrag vor Schülern und Lehrern über «Menschen für Menschen» gehalten.

Nach dem Abitur verlangte mein Vater fast autoritär von mir, daß ich auf die Universität ging und studierte, obwohl ich Schauspieler oder Regisseur werden wollte. Es erinnerte mich an das Verhalten seines eigenen Vaters ihm selbst gegenüber. Genau wie er selbst in seiner Jugend, so sollte auch ich zuerst etwas Ordentliches lernen, bevor ich mich der Kunst widmen konnte. Ich belegte an der Philosophischen Fakultät die Fächer Germanistik und Anglistik, was mein Vater akzeptierte. Wenigstens brauchte ich nicht Jura zu studieren und zum Doktor der Rechte zu promovieren wie einst er.

In den beiden Grazer Jahren bekam ich auch etwas mehr Kontakt zur Familie meines Vaters, die ich vor dem Krieg nur allzu selten zu Gesicht bekommen hatte, meistens nur bei Aufführungen meines Vaters. Nun lernte ich meinen Vater von einer ganz neuen Seite kennen – in seiner wunderbaren Anhänglichkeit zu seiner Familie in Graz!

Doch diese traditionsreiche Steiermärker Bürger- und Beamtenstadt, die ein Zentrum des Nationalsozialismus gewesen war, repräsentierte für mich auch immer eine ausgeprägte rechtsnationalistische Gesinnung. Obwohl ich durch meinen Vater und meine Familie in meinem politischen Denken eher konservativ beeinflußt wurde, habe ich rechtsextreme Parteien schon immer zutiefst verabscheut. Auch bei Linksgruppierungen lehne ich den Extremismus immer stärker ab. Das ist eine Art politischer Grundeinstellung von mir.

Mein Vater hat im übrigen nicht nur von mir verlangt, daß ich keiner Partei angehören, sondern auch, daß ich an keiner Wahl teilnehmen dürfte. Er empfand es als dem Künstlerstand nicht angemessen zu wählen. Als es 1955 in Österreich die ersten freien Wahlen gab, hatte ich meinen Wohnsitz allerdings bereits im Ausland. Erst 1990, nach Änderung des österreichischen Wahlgesetzes, nahm ich als zweiundsechzigjähriger Mann zum ersten Mal an einer

Wahl teil – als Auslandsösterreicher in Äthiopien. Da ich meinen Wohnsitz immer außerhalb von Österreich hatte, in der Bundesrepublik oder in der Schweiz, konnte ich meine Stimme als Demokrat vorher nie abgeben.

Doch zurück ins Jahr 1947. Nun war ich also Student und entdeckte an der Universität Graz sehr schnell das Studententheater. Es gab damals in Österreich viele zerstörte Theaterhäuser. Und in dieser ersten Nachkriegszeit entwickelte sich eine sehr lebendige, junge Theaterszene. Zum Beispiel das Studententheater an der Wiener Universität, mit Dependancen in Graz und Innsbruck. Ich war von dieser aufregenden, kreativen Theaterszenerie völlig fasziniert und schmiedete bereits erste Inszenierungspläne.

Leider bekam ich ziemlich bald eine schwere Rippenfellentzündung. Nachdem sie einigermaßen abgeklungen war, empfahlen mir die Ärzte, eine Weile in den Süden zu gehen. Und so nahm ich die Gelegenheit wahr, ein Semester lang an der Universität Rom Kunstgeschichte zu studieren.

Rom, Italien – das waren bisher für mich Cicero und Cäsar, besser gesagt: Geschichte. An die Fahrt nach Bologna, eine Nachtfahrt ohne Schlaf, erinnere ich mich noch gern. Der D-Zug 3. Klasse war noch viel mehr als heute ein Treffpunkt für Menschen. Fast jedes Wort meines bißchen Italienisch, das noch von der Schule in der Schweiz hängengeblieben war, wurde von meinen italienischen Mitreisenden mit großem Hallo begrüßt. Diese herzliche, spontane Kommunikation, in unserer nördlichen Welt so fremd, begeisterte mich. Und jeder erzählte seine Geschichte.

Übernächtigt kam ich in Bologna an. Auf dem Bahnhofsplatz frühstückte ich mit ein paar Mitreisenden, die auch weiter nach Rom fuhren. Wenn ich an spätere Reisen mit dem Flugzeug oder mit dem Auto durch diese wirklich herrliche Apennin-Halbinsel denke, so werde ich wehmütig. Rasen statt Reisen. Von der Bereitschaft der Menschen, miteinander zu sprechen, ist im Taumel des heutigen Massentourismus nicht viel übriggeblieben.

Und dann Rom. Auch da erinnere ich mich wehmütig an meinen letzten Rom-Besuch vor ein paar Jahren. Diese Stadt, eine der herrlichsten der Welt, droht am Verkehr, am Tourismus zu ersticken. Wie Paris, London, Tokio. Hier wird uns demonstriert, wie hilflos wir unseren eigenen Erfindungen gegenüberstehen. Wie sie uns zu vernichten drohen.

Es war meine erste Begegnung mit dem römisch-katholischen Christentum. So ganz anders als die feierlich-dunkle Strenge unserer Kultur. Hier viel Verspieltes, fröhlich Theatralisches, und alles weit und hell. Obwohl ich kaum Menschen kannte, kam in dieser Riesenstadt nie das Gefühl der Einsamkeit auf.

Und welch eine überwältigende Anhäufung von Kunstwerken, Überresten der geschichtlichen Entwicklungsstufen! Zum ersten Mal erlebte ich italienische Oper «in Originalsprache». Heute lacht man vielleicht darüber; aber in meiner Jugend hatte ich auch Mozarts italienische Opern bisher immer nur auf deutsch gehört. Und dann die Konzerte in den «Terme di Caracalla» mit dem darüberhängenden Vollmond! Es waren diese fünf Monate in Rom, die meinen Horizont erweiterten. Und nie mehr später bei Filmaufenthalten in dieser Stadt – sei es für Außenaufnahmen bei dem Film «Die Hexe» mit Anita Björg, unter dem Regisseur Gustav Ucicky; oder bei «Martha» mit Rainer Werner Fassbinder; oder bei meinem letzten amerikanischen Film in Venedig (oder gar in den pompösen Momenten beim dritten Teil der «Sissi»-Filme) – berührte mich die italienische Mentalität, diese nach außen sprühende Lebensfreude so sehr wie bei dieser ersten Begegnung Ende der vierziger Jahre.

5 Vom «Schlattenschammes» zum Schauspieler am Burgtheater

Mein eigentliches Traumziel war, ein großer Filmregisseur zu werden. 1948, als ich wieder in Graz an der Universität studierte, probierte ich am Studententheater meine erste Theaterregie. Ich hatte das Stück «Chitra» des indischen Dichters Rabīndranāth Tagore ausgewählt. Später wurde mir erzählt, daß Tagore während der Nazizeit in Deutschland gewesen war und dort mit seinen traditionellen weißen Gewändern und mit seinem langen weißen Bart eine merkwürdige Rolle gespielt haben soll. Sein Stück «Chitra» war jedenfalls von nationalsozialistischem Gedankengut weit entfernt. Ich inszenierte diesen Einakter mit einer Schauspielerin namens Franziska Sommer. Sie ist inzwischen leider gestorben.

Die Kritiken, die ich für mein Debut erhielt, waren ermutigend und so gut, daß ich vom Wiener Studententheater das Angebot bekam, ein anderes Stück von Tagore zu inszenieren: nämlich sein bekanntes und bestes Schauspiel «Das Postamt». Ich nahm natürlich voller Freude an.

Mein Vater hatte 1948 endlich die Erlaubnis erhalten, wieder zu dirigieren. Sofort lud ihn Egon Hilbert, Leiter der Bundestheaterverwaltung, der sich auch intensiv um den Wiederaufbau der Wiener Staatsoper kümmerte, nach Wien ein. Mein Vater wählte für seine erste Aufführung nach dem Krieg Beethovens «Fidelio». So kam es, daß wir zusammen nach Wien gingen. Trotzdem war mein Vater irgendwie enttäuscht, daß ich das Germanistikstudium abbrach, um nun als Regisseur zu arbeiten.

Einer der Mitbegründer dieses Studententheaters in Wien, das schon damals ein sehr gutes Renommee hatte, war Helmut Qualtinger. Als ich den später so berühmten massigen Schauspieler, Schriftsteller und Kabarettisten kennenlernte, war er noch sehr jung und so dünn, wie ich heute gern wäre.

Es war sehr interessant, was mir Qualtinger über seine Jugend erzählte. Sein Vater war ein großer Nazi gewesen, und aus diesem Grund, erklärte er mir, sei er ein leidenschaftlicher Antifaschist geworden. Wir verstanden uns in diesem Studententheater alle sehr gut, nicht zuletzt wohl deshalb, weil wir dieselben Wunden und denselben Haß gegen den Nationalsozialismus hatten. Zu unserer Theatergruppe gehörten auch Alexander Kerst und Michael Kehlmann, die später ebenso wie Qualtinger als Schauspieler beziehungsweise Regisseur eine bedeutende Karriere machen sollten.

Parallel zu dieser Regiearbeit an dem Stück «Das Postamt», das übrigens ebenfalls recht gute Kritiken bei der Premiere hatte, bemühte ich mich intensiv darum, meinem Traumziel Filmregisseur näherzukommen. Ich lief also ununterbrochen ins Kino – wie während des Krieges in der Schweiz – und sah mir vor allem originalsprachige englische Filme an, oft zu wiederholten Malen. Damals gab es erst wenige schüchterne Anfänge im österreichischen und deutschen Film – Versuchsfilme eigentlich nur, die kaum nennenswert waren.

Ich hatte mir in den Kopf gesetzt, irgendwo in einem Filmatelier als Regieassistent unterzukommen. Glücklicherweise lernte ich durch meine Eltern die beiden Schauspieler

Paula Wessely und Attila Hörbiger kennen, die gerade mit den Dreharbeiten zu dem ersten österreichischen Nachkriegsfilm beginnen sollten. Der Film hieß «Der Engel mit der Posaune», nach dem Roman des österreichisch-jüdischen Schriftstellers Ernst Lothar. Ich bat den Hörbiger und die Wessely darum, im Studio für mich ein gutes Wort einzulegen.

«Als Schlattenschammes könnten wir dir vielleicht eine Stelle besorgen», versprachen sie mir. «Schlattenschammes» nennt man auf jiddisch ein «Mädchen für alles».

Und es klappte. Ich sollte, sozusagen als dritter Assistent, für den organisatorischen Kleinkram zuständig sein. Mir war alles recht, wenn ich nur in die Atmosphäre eines Filmateliers hineinschnuppern und ein wenig Geld verdienen konnte. Das Geld war mir damals wichtig – nicht nur wegen meines Vaters, der nach dem Krieg wenig verdiente, sondern auch, weil ich auf eigenen Beinen stehen, von meinen Eltern unabhängig werden wollte.

Im Filmatelier Wien-Hietzing bezog ich am Anfang ein lächerlich geringes Gehalt von hundertzwanzig Mark. Doch es war immerhin selbstverdient und zugleich der Einbruch in eine ganz neue Welt, die mich vom ersten Moment an faszinierte.

Meine erste Filmarbeit war vor allem damit ausgefüllt, daß ich für den Regisseur Karl Hartl Bier und Würstchen zu holen, in die Kopieranstalt zu laufen, in den Schneideraum zu rennen, in die Aufnahmeleitung zu rasen, dann wieder Kaffee zu besorgen hatte ... und so fort. Allerdings wurde diese Lauferei ab und zu durch erfolgreiche Versuche der gesamten Belegschaft unterbrochen, den «Benjamin», diesen verwöhnten Jungen aus reichem Hause, liebevoll auf den Arm zu nehmen. Eines Tages erklärte man mir zum Beispiel, ein echter dritter Regieassistent habe immer ein halbes Kilo Nägel, einen Hammer, eine Schere, Kreide, zehn

Meter Schnur, eine Zange und noch anderen Kleinkram bei sich zu tragen. Am nächsten Morgen hatte ich alles bei mir. Meine ausgebeulten Taschen sahen aus, als trüge ich meine Monatsgage in Schillingstücken mit mir herum, und natürlich haben sich die Leute im Filmatelier halbtot gelacht.

Dieser Regisseur Hartl hatte während der Nazi- und Kriegszeit weitergearbeitet, wie mein Vater und viele andere Künstler auch, aber er hatte sich kaum exponiert. Meistens hatte er Abenteuerfilme mit altösterreichischem Flair fürs breite Publikum gedreht.

Im «Engel mit der Posaune» gelang es ihm, ein glanzvolles Aufgebot an Stars zusammenzubringen. Neben Paula Wessely, Attila und Paul Hörbiger spielten Hans Holt, Curd Jürgens, Hedwig Bleibtreu und viele erstklassige österreichische Schauspieler vom Burgtheater und vom Theater in der Josefstadt, meiner späteren künstlerischen Heimat. Es war der Debutfilm von Oscar Werner und von Erni Mangold, einer wunderbaren Wiener Schauspielerin, und es war – last not least – der Debutfilm einer jungen unbekannten Schauspielerin, die später zum Weltstar aufsteigen sollte: Maria Schell. Man merkte schon damals, daß eine starke Begabung in ihr steckt. Sie war eine Frau, die mit ungeheurer Konzentration arbeitete und mit einer unvorstellbaren Besessenheit bei der Sache war.

Während der Dreharbeiten hatte ich, der ich Regisseur werden wollte, das Glück, daß der erste Assistent krank wurde. Also stieg der zweite Assistent, ein Ungar, zum ersten auf, und auch ich rückte nach. Dann wurde auch noch dieser Ungar krank, und so passierte es, daß ich in den beiden letzten Drehwochen des Films plötzlich der einzige Regieassistent war und als völlig unerfahrener Neuling wichtige Aufgaben übernehmen mußte.

Der Film, der erst kürzlich wieder im Fernsehen gezeigt wurde, erzählt die Geschichte einer Wiener Klavierbauerfamilie von 1888 bis zum Ende des Zweiten Weltkriegs. Einen Engel mit Posaune führt diese Familie in ihrem Wappen. Sie muß erleben, wie ihre traditionsreiche Klavierfabrik im Krieg zerstört wird. Doch der Film endet mit der Hoffnung auf einen neuen Anfang. Als wir zur Schlußszene des Films kamen, in der das Liebespaar Hans Holt und Maria Schell inzwischen ein altes Ehepaar mit zwei erwachsenen Kindern geworden ist, merkte Regisseur Hartl, daß ihm für diese Einstellung ein junger Mann fehlte. Da schaute mich dieser behäbige Mann plötzlich mit seinen kleinen Schweinsäuglein an und sagte:

«Dann stellst halt du dich eben vor die Kamera!»

«Aber ich kann doch gar nicht schauspielern!»

«Geh, red nicht so blöd, stell dich hin und schau g'scheit aus, Schluß!»

Dann zogen sie mir eine komische Arbeitermontur an und stellten mich zusammen mit einer jungen Statistin zwischen Maria Schell und Hans Holt. Das war mein erster Auftritt als Schauspieler vor einer Kamera.

Später sah der berühmte österreichische Regisseur und Filmemacher Willy Forst diesen Ausschnitt und bot mir eine Hauptrolle in seinem geplanten Film «Klavierspielereien» an. Aber leider kam dieses Projekt nicht zustande.

Gleich im Anschluß an den «Engel mit der Posaune» war ich zweimal Regieassistent bei Geza von Cziffra in Wien, diesmal schon ziemlich professionell als zweiter Assistent. Doch ich war mit dieser Arbeit nicht sehr glücklich, weil es eher seichte Unterhaltungsfilme waren.

Als nun dieser dritte Film abgedreht war, traf ich zufällig diese herrliche Wiener Schauspielerin Erni Mangold wieder, die ich in «Der Engel mit der Posaune» näher kennengelernt hatte. Ich fragte sie:

«Sag mal, wo hast du eigentlich Schauspiel studiert? War das nicht in der Weihburggasse?»

«Ja, beim Helmuth Krauß.»

«Da werde ich mich mal anmelden!»

Diese Schauspielschule war nach dem Krieg von zwei Schauspielern des Burgtheaters gegründet worden – von dem berühmten Albin Skoda und dem Helmuth Krauß, der zwar nicht ganz so berühmt, dafür aber der bessere Lehrer war. Krauß hatte im Krieg einen Arm verloren und trug eine Prothese; aber das hinderte ihn nicht daran, als Schauspieler weiterzuarbeiten. In Wien gab es natürlich auch das berühmte Reinhardt-Seminar, eine staatliche Schauspielschule, zu der nur sehr begabte Menschen nach einer extrem kritischen Auswahl Zugang hatten und ein Stipendium erhielten. Beim Krauß dagegen mußte man bezahlen, und – das sage ich jetzt durchaus selbstkritisch – er nahm jeden, der Schauspielunterricht wollte und bezahlen konnte, denn davon lebte er.

Obwohl mein Vater von mir verlangt hatte, zuvor ein Universitätsstudium zu absolvieren, hatte er nun gegen meine Anmeldung an der Schauspielschule nichts mehr einzuwenden. Ich bat ihn, mir finanziell zu helfen. Meine Eltern zahlten damals noch zwei Drittel meines Lebensunterhalts – ein Drittel konnte ich schon selbst decken. Doch die Schauspielschule kostete nicht allzuviel. Und so fing ich auch gleich beim Krauß in der Weihburggasse an – aber nicht etwa, weil ich nun Schauspieler werden wollte, sondern weil ich mir dachte, daß ich als Regisseur auch etwas von der Schauspielerei verstehen müßte.

Damals dauerte der Unterricht normalerweise zwei Jahre. Die Ausbildung war wahrscheinlich nicht so gründlich und vielseitig wie heutzutage. Mein Lehrer war Albin Skoda. Wir studierten viele Rollen ein und veranstalteten regelmäßig Schulaufführungen.

Nachdem ich die Schule ungefähr sechs Monate besucht hatte, präsentierten wir vor Publikum das Stück «Ingeborg» von Curt Goetz. Bei dieser Vorstellung schaute auch der Burgtheaterdirektor Josef Gielen zu. Ich spielte die Rolle des Peter Peter, und das muß ihm gefallen haben. Vielleicht glaubte er ja, in mir, dem Sohn des Dirigenten, ein Talent entdeckt zu haben. Jedenfalls bot er mir, obwohl ich erst seit so kurzer Zeit Schauspielunterricht hatte, einen Stückvertrag für das Burgtheater an.

Es ging nur um eine kleine Rolle als sogenannter «jugendlicher Liebhaber» in dem Stück «Der junge Herr von vierzig Jahren», das in diesem Sommer 1949 im Akademietheater uraufgeführt werden sollte. Das Burgtheater besteht eigentlich aus zwei Theatern: dem Akademietheater, einem der schönsten kleineren Theater in Wien, in dem damals hauptsächlich Konversationsstücke gespielt wurden, und dem Burgtheater am Wiener Ring, in dessen Repertoire die Klassiker dominieren. Leider war das Burgtheater im Zweiten Weltkrieg zerstört worden und hatte daher damals – bis zu seiner Wiedereröffnung 1955 – seinen Sitz im Operettentheater im Ronacher.

Vor dem ersten Engagement mußte man bei der Bühnengenossenschaft Österreichs eine Aufnahmeprüfung ablegen, normalerweise als Abschluß eines zweijährigen Schauspielstudiums. Ich wurde nun schon nach sechs Monaten geprüft und erinnere mich noch, daß ich zum Beispiel Shakespeares Lieblingsblumen nicht kannte. Es sind übrigens Rosen, wie ich später erfuhr. Da aber Burgtheaterdirektor Josef Gielen meinen Stückvertrag bereits unterschrieben hatte, konnte mir – sehr zum Ärger der Prüfer – die Aufnahme in die Bühnengenossenschaft nicht verweigert werden.

Und dann fing ich also als junger, ziemlich unbedarfter und hilfloser Schauspieler mit den Proben zu «Der junge Herr von vierzig Jahren» an. Es war eine recht gut geschriebene Komödie des österreichischen Autors Bruno Schuppler, in der O. W. Fischer die Hauptrolle spielte. Nach ein paar Proben beschwerte sich ein alter Schauspieler namens Wilhelm Heim bei mir, ich hätte es sträflicherweise unterlassen, mich bei allen Burgtheatermimen korrekt vorzustellen.

«Wieso, das habe ich doch!» entgegnete ich verblüfft.

Da erklärte er mir, es wäre im Burgtheater seit alters der Brauch, daß ein Neuankömmling mit einem Fiaker bei den Häusern sämtlicher Schauspieler vorführe, um ihnen mit seiner Visitenkarte eine Aufwartung zu machen. Dieser Heim war ein herrlicher, wenn auch etwas schrulliger Bühnenkomödiant. Ich teilte mit ihm die Garderobe. Ungeachtet seines Alters stieg er jedesmal auf einen Stuhl, um unter größten Schwierigkeiten in sein Kostüm zu schlüpfen. Er hatte Angst vor vermeintlichem Schmutz am Boden. Niemandem gab er die Hand – es sei denn mit Glacéhandschuhen.

In dieser so erfolgreichen Komödie spielten damals eine Reihe großartiger Bühnendarsteller wie zum Beispiel Susi Nicoletti, Alma Seidler, Maria Kramer, Maria Eis. Dort spielte wirklich die Elite der ganz Großen. Und ich war halt der kleine Nachwuchsschauspieler mit recht netten kleinen Kritiken, ermutigend, ermunternd, auf mein gutes Aussehen anspielend – wofür ich ja nun wirklich nichts konnte.

Übrigens war «Der junge Herr von vierzig Jahren» so erfolgreich, daß nach fünfzig Vorstellungen, als O. W. Fischer eine Filmverpflichtung hatte, der damals schon nicht ganz unbekannte Curd Jürgens die Hauptrolle für die nächsten fünfzig Vorstellungen übernahm.

Im Anschluß an dieses Theaterstück erhielt ich vom Burgtheater einen Jahresvertrag. Als erstes hatte ich eine winzige Rolle zu spielen, und zwar einen der beiden Pagen im «Faust II». Den zweiten Pagen spielte ein anderer junger Anfänger, Heinrich Schweiger, der später ein großer Schauspieler werden sollte. Es war eine Inszenierung des Burgtheaterdirektors Josef Gielen, damals ein sehr bekannter und angesehener Mann, der 1938 nach Südamerika emigriert war, ebenso wie der Dirigent Erich Kleiber und andere bedeutende Künstler.

Eines Tages passierte es, daß der Gärtner ausfiel, nämlich der dänische Schauspieler Erland Erlandsen, der im «Faust II» den Gärtner im sogenannten Kaisertrakt spielte. Erlandsen wurde plötzlich krank. Um zwölf Uhr mittags erhielt ich zu meiner Überraschung einen Anruf von Burgtheaterdirektor Gielen. Ich wohnte damals noch bei meinen Eltern, die sehr viel unterwegs waren. Unsere Wohnung lag am Schwarzenbergplatz, der damals Stalinplatz hieß, direkt neben dem russischen Denkmal des «Unbekannten Soldaten». Die Wiener und auch wir Zugezogenen nannten es das «Denkmal des unbekannten Vergewaltigers». Dieses Denkmal steht dort noch heute. Um zwölf klingelte also das Telefon, und Burgtheaterdirektor Gielen sagte:

«Böhm, ich schicke Ihnen jetzt ein Manuskript hinüber. Sie müssen den Gärtner übernehmen, weil der Erlandsen krank geworden ist. Um sechs bekommen Sie eine Probe. Ich erkläre Ihnen dann die Szene, das ist überhaupt kein Problem. Also machen Sie das!»

«Das kann ich nicht übernehmen», sagte ich erschrocken. «Jedenfalls nicht so schnell, da bin ich ganz schlecht.»

Gielen: «Keine Ausrede! Sie sind hier schließlich engagiert und haben durch Ihren Vertrag gewisse Verpflichtungen. Also, Sie kriegen den Text.»

Und so geschah es. Es war genau eine Seite Text in Versform, eine ganze Seite, und ich mußte das alles auswendig lernen bis zum Abend. Ich lernte wie ein Verzweifelter. Um sechs Uhr abends wußte ich nicht einmal mehr, wie ich hieß und wo ich wohnte, und ich rannte total verwirrt ins Burgtheater.

Zuerst mußte ich meinen Pagen spielen, und dann, zwei

Bilder später, hatte ich schnell zur Garderobe zu laufen, mich als Gärtner umzuziehen und auf die Bühne zurückzukommen. Das Stück war so inszeniert, daß der Gärtner aus dem Proszenium trat. Er sollte vorm Souffleurkasten stehen, mit einem Korb Blumen in der Hand, die er überall verstreute, auch auf das Orchester hinunter, und während er dann seinen Goethe-Text aufsagte:

> «Blumen sehet ruhig sprießen;
> Reizend euer Haupt umzieren;
> Früchte wollen nicht verführen,
> Kostend mag man sie genießen . . .»

sollte im Hintergrund das Ballett tanzen.

Schon während der Probe um sechs sagten mir der Inspizient und der Regieassistent und auch der Gielen, ich sollte mich nicht so aufregen wegen dieser einen Seite Text. Das sei doch gar kein Problem. Man würde mir von der Seite ein Zeichen geben, dann ginge ich vor, zum Souffleurkasten, sagte meinen Text und ginge wieder ab – Schluß, aus.

Dann begann die Vorstellung. Ich spielte meinen Auftritt als Page des Kaisers schon mit einer ungeheuren Aufregung, rannte dann in die Garderobe, zog mich um. Das Gärtnerkostüm, das wir vorher nur rasch vorgehalten hatten, war mir viel zu groß, weil der Erland Erlandsen viel größer und dicker war als ich. Doch der Inspizient gab mir einen liebevollen Klaps auf die Schulter und sagte: «Karlheinz, du wirst's schon machen!»

Ich stolperte auf die Bühne. Allein schon dieser Anblick muß für das Publikum eine unglaublich komische Darbietung gewesen sein. Da stand verlegen ein junger Mann mit einem Strohhut, der ihm über die Ohren rutschte, mit einer viel zu weiten grünen Schürze und einem Blumenkorb in der Hand, als sei er einer Posse entsprungen. Nur ein einziges Mal wohl nahm ich eine Blume aus dem Korb und warf sie irgendwohin, stand dann stumm und fassungslos da und starrte ins Publikum. Die Souffleuse muß so gebrüllt haben, daß man es bis in die letzte Reihe hörte. Aber kein Ton kam aus meinem Mund. Hinter mir tanzte das Ballett, und die Musik spielte geheimnisvoll, doch ich hörte nichts.

Plötzlich brüllte der Inspizient: «Abgehen, abgehen!»

Es war das einzige Wort, das ich mitbekam. Mir sauste das Blut in den Ohren. Ich stolperte auf der linken Seite von der Bühne ab und war weg. Und während das Stück wohl wie üblich weiterging, bewegte ich mich wie in Trance in meine Garderobe.

Ich war total durcheinander, fix und fertig. Apathisch zog ich mich um. In meiner Verzweiflung fiel mir plötzlich wieder eine Szene mit meiner jungen Schweizer Kollegin Annemarie Düringer ein. Ein paar Wochen zuvor hatte die Düringer beim «Jungen Herrn von vierzig Jahren» für Susi Nicoletti einspringen müssen, als diese plötzlich am Blinddarm operiert werden mußte. Es war sogar eine ziemlich große Rolle als «junge Liebhaberin», wie es damals hieß, und die Arme hatte dafür nur einen Vormittag Zeit.

Eine Szene spielte vorn an der Rampe, etwa drei Meter von der ersten Zuschauerreihe entfernt. Ich mußte mit ihr an einem kleinen runden Tischchen sitzen und mich mit ihr unterhalten. Unser Dialog dauerte mindestens sieben oder acht Minuten. Am ersten Abend, an dem Annemarie Düringer die Rolle übernommen hatte, stand sie plötzlich auf, strich mir freundlich über die Haare und sagte schnippisch:

«Ach, ich weiß nicht.»

Dann spannte sie einen kleinen Sonnenschirm auf und verzog sich in den Hintergrund der Bühne. Offensichtlich wußte sie mit dem Text nicht mehr weiter.

Da saß ich nun allein an der Rampe, und vor lauter Aufregung hörte ich auch diesmal die Souffleuse nicht. Bis mir endlich ein Satz vom Schluß dieser Szene einfiel und ich mit hochrotem Kopf von der Bühne abging.

Die Düringer, erst seit kurzem am Burgtheater wie ich, hatte also auch ihren Text vergessen, und ich war darüber ziemlich durcheinander geraten. Ein doppeltes Mißgeschick, so beruhigte ich mich gerade, das doch auch keine schlimmen Folgen gehabt hatte.

Da hörte ich auf einmal eine Durchsage aus der Lautsprecheranlage, die mit allen Garderoben verbunden war. Ich vernahm einen Satz, der mir in die Glieder fuhr: «Herr Karlheinz Böhm, bitte zu Herrn Direktor Gielen!»

Natürlich schwante mir nichts Gutes. Ich war schon abgeschminkt und trug meine private Kleidung, als ich zur Direktionskanzlei hinaufging. Einen Moment lang blieb ich vor der Tür stehen, bevor ich anklopfte.

«Herein!» trompetete Gielen.

Er saß hinter seinem pompösen Schreibtisch. Ich konnte kaum sein Gesicht sehen, weil er die Tischlampe von sich weggedreht und auf mich gerichtet hatte. Wie aus weiter Ferne hörte ich seine Stimme:

«Nun, was haben Sie mir zu sagen?»

Ich stotterte ziemlich hilflos: «Ich habe schon heute mittag gesagt, daß ich nicht gut im Übernehmen einer Rolle bin.»

Eisiges Schweigen. Ich blickte unsicher zum Schreibtisch. Dann hörte ich Gielen eiskalt sagen:

«Sie werden von mir hören!»

Ich hörte ziemlich schnell von ihm. Am nächsten Mittag um zwölf brachte mir ein Bote den ominösen und gefürchteten «blauen Brief» – zur gleichen Stunde wie tags zuvor den Gärtnertext aus «Faust II». Es war ein Brief in einem blauen Umschlag, der die Kündigung bedeutete. Eine Kündigung zum Ende der Spielzeit. Für mich hieß das ganz klar: Es geht nach dem Jahresvertrag im Theater nicht weiter – mit meiner Schauspielerlaufbahn ist es aus.

Ich war unbeschreiblich verzweifelt. So verzweifelt, daß ich es nur mit dem Zustand bei meinem Selbstmordversuch in Graz vergleichen kann. Ich muß gestehen, daß es der zweite Moment in meinem Leben war, in dem ich dachte, ich würde in die Donau springen, oder sonst etwas. Am Abend nach der Vorstellung des «Jungen Herrn von vierzig Jahren» im Akademietheater marschierte ich auf dem Wiener Ring herum und wußte vor Verzweiflung nicht wohin.

An diesem Abend begegnete ich zufällig der berühmten Schauspielerin Käthe Dorsch, bei der mein Vater am Kriegsende Unterschlupf und Asyl gefunden hatte. Ich muß wohl auf sie einen völlig zerknirschten und erschöpften Eindruck gemacht haben, denn sie sagte fürsorglich:

«Was ist denn mit dir los?»

Da schossen mir die Tränen aus den Augen, und ich erzählte ihr spontan die Geschichte mit Gielen und dem «Faust II». Sie konnte sich kaum das Lachen verkneifen – gleich vielen anderen Kollegen von mir, die von der Geschichte hörten und darüber lachen mußten. Ganz im Gegensatz zu Direktor Gielen, der über die Panne so wütend geworden war.

«Komm doch morgen mal zu mir in meine Wohnung», sagte Käthe Dorsch.

Sie wohnte in einem Mietshaus am Rathausplatz, einem der schönsten Plätze in Wien. Von ihrer Wohnung im dritten Stock aus hatte man einen wunderschönen Blick auf das Burgtheater, das ja damals leider eine Ruine war.

Als ich sie am nächsten Tag besuchte, bot sie mir Tee an. Der wurde auf einem Teewagen von einer Dame mit Spitzenhalskrause in den Salon gefahren und zusammen mit feinen Kuchen serviert. Es war eine Szene wie aus dem letzten Jahrhundert. Währenddessen fragte mich die Dorsch:

«Was könntest du mir denn mal vorsprechen?»

Sie nippte an ihrem Teeglas und sah mich aufmerksam an.

«Welche Stücke hast du denn schon gespielt? Was kennst du denn so, das du vorsprechen könntest?»

Ich überlegte nicht lange.

«Ich habe ‹Ingeborg› von Kurt Goetz in der Schauspielschule gespielt.»

Sie ging ins Nebenzimmer und holte aus ihrer Bibliothek dieses Stück von Kurt Goetz, das sie natürlich im Laufe ihrer langen Karriere schon mal irgendwann gespielt hatte. Und so geschah es, daß ich im Salon der Käthe Dorsch als junger Mensch von Anfang zwanzig mit dieser großen Schauspielerin eine Liebesszene aus «Ingeborg» spielen mußte.

Ich war vollkommen verschüchtert. Doch glücklicherweise entsprach das eigentlich genau der Rolle des Peter Peter in dieser Szene mit Ingeborg. Jedenfalls muß Käthe Dorsch einen recht guten Eindruck von mir gehabt haben. Sie verabschiedete sich sehr liebenswürdig von mir. Als ich durch die Straßen nach Hause schlenderte, schöpfte ich wieder Hoffnung.

Ein paar Tage nach meinem Besuch bei der großen Aktrice erhielt ich einen Anruf von der Dramaturgie des Burgtheaters. Man teilte mir mit, daß die Proben zu einem Stück mit Käthe Dorsch beginnen würden und daß ich darin eine Rolle bekäme. Es war ein modernes Lustspiel mit dem Titel «Die Kinder Eduards» von einem französischen Autor. Wir spielten wieder – wie beim «Jungen Herrn von vierzig Jahren» – im Akademietheater.

Es war eine Aufführung, die mir viel Spaß machte. Ich trat als frecher Rotzjunge auf, eine Rolle, die mir sehr lag. Mit der Käthe Dorsch, die mich übrigens mit ihrer strengen Disziplin an meinen Vater erinnerte, verstand ich mich ausgezeichnet. Auch mit dem Regisseur Adolf Rott, der später als Gielens Nachfolger Burgtheaterdirektor wurde, kam ich gut aus. Wir hatten einen riesigen Erfolg und sehr gute Kritiken. Und so kam es wohl, daß mir Käthe Dorsch in einem Stück von Somerset Maugham die Rolle eines jungen Schauspielers anbot, der krank geworden war.

Das Stück hieß «Theater». Ich mußte darin den Sohn der Dorsch spielen und diese Rolle mit sechs oder sieben Proben übernehmen. Sie beschäftigte sich intensiv mit mir, probierte höchstpersönlich mit mir die Szenen. In einer Szene, an die ich mich gut erinnern kann, wird die Frau, also die Dorsch als meine Mutter, von ihrem Mann verlassen. Sie ist sehr unglücklich und erzählt es ihrem Sohn. Dieser wird so traurig über das Unglück der Mutter, daß er weint.

Es war das erste Mal, daß ich auf der Bühne zu weinen hatte. Und bei der Generalprobe, bevor ich die Rolle in der Abendvorstellung übernahm, weinte ich tatsächlich bittere Tränen auf der Bühne. Ich war so beeindruckt von mir und fand mich so toll, daß ich zur Dorsch ging und sie stolz fragte:

«Na, wie fanden Sie mich denn heute in der Szene?»

Die Dorsch guckte mich von oben bis unten an und antwortete kühl:

«Ganz nett. Heute abend wird es schon werden», drehte sich um und verschwand.

Ich fühlte mich vor den Kopf gestoßen und lief ihr hinterher. Ich lief bis zu ihrer Garderobe, was ziemlich frech war, da man früher als junger Mensch großen Schauspielern gegenüber einen gewissen Respekt zu zeigen hatte, und klopfte an ihre Tür.

«Ja?» sagte sie streng.

Ich ging hinein und platzte los: «Wieso meinten Sie, es wäre nur ganz nett gewesen? Ich hatte das Gefühl, es ist mir sehr gut geglückt!»

Die Dorsch schaute mich einen Moment lang an, lächelte dann und sagte sehr bestimmt:

«Weißt du, mein Lieber, merk dir mal eines: Die unten müssen weinen, nicht du!»

Das war für mich die vielleicht wichtigste Schauspiel-Lektion, die ich in meiner Jugend erhielt.

Das Theater ist ja ein jahrelanger Lernprozeß – weit über die Schauspielschule hinaus. Und diese Frau, Käthe Dorsch, hat mich in das Geheimnis der Schauspielerei eingeweiht: Es geht darum, daß man auf der Bühne oder vor der Kamera etwas tut, das bei den Zuschauern den Eindruck erweckt, sie selbst lachen, weinen – ganz gleich, was es ist. Den Zuschauer muß ich dazu bringen, Schmerz zu empfinden, Lachen oder Liebe nachzuvollziehen – ganz gleich, in welcher Stimmung ich als Schauspieler wirklich bin. Das war für mich ein schwerer Lernprozeß. In den ersten zehn, fünfzehn Jahren meiner Karriere ist es mir immer wieder passiert, daß ich mich in bestimmte Situationen emotional verstrickt habe. Zum Beispiel bei Liebesszenen mit Frauen – ohne jetzt Namen nennen zu wollen. Situationen, in denen es besser gewesen wäre, ich hätte an Käthe Dorsch und an ihren großen Lehrsatz der Schauspielerei gedacht.

Eines Tages kündigte mir die Dorsch an – es war, glaube ich, bei der Generalprobe von «Die Kinder Eduards» –, daß sie in der nächsten Saison das Stück «Cherie» spielen würde – die Geschichte einer Liebesbeziehung zwischen einer älteren Frau und einem jungen Mann. Es war ein Stück, das damals groß in Mode war und in Frankreich mit Jean Marais verfilmt wurde. Und Käthe Dorsch fragte mich nun, ob ich Lust hätte, mit ihr zusammen diese Liebesgeschichte zu spielen – in einem Münchner Theater. Ohne nachzudenken, erklärte ich spontan, das wäre geradezu ein Traum von mir.

In der Nacht nach der erfolgreichen Premiere von «Die Kinder Eduards» gab es eine Feier. Wir saßen in der Kantine, und auf einmal kam der Direktor des Theaters in der Josefstadt, Rudolf Steinböck, ein wunderbarer Regisseur und Theatermacher, auf mich zu. Er rückte seinen Stuhl heran:

«Sagen Sie, Böhm, haben's nicht Lust, bei uns am Theater in der Josefstadt zu spielen ab der nächsten Saison?»

Ich war hellauf begeistert. Die Josefstadt war für mich das Traumziel überhaupt. Noch dazu, weil ich mich mit dem Direktor des Burgtheaters ja nicht so gut verstand.

Und dann kritzelte der Steinböck tatsächlich noch bei dieser Premierenfeier einen Vertrag für die nächste Spielzeit auf eine Papierserviette und unterschrieb. Mit dem Gehalt von tausendeinhundert Schillingen (das entsprach etwa hundertachtzig Mark) – das war damals für einen jungen Schauspieler gar nicht so schlecht, wenn auch zum Leben ziemlich knapp. Heute ärgere ich mich, daß ich diese Papierserviette nicht aufgehoben habe.

Am nächsten Tag mittags um zwölf klingelte bei mir das Telefon. Direktor Gielen war am Apparat – immer zu dieser Uhrzeit, das war ganz typisch für ihn.

«Also Böhm, die Kündigung ist zurückgenommen. Sie sind in der nächsten Saison weiter engagiert.»

Eine Sekunde stockte ich, bevor ich patzig entgegnete:

«Herr Direktor, ich habe diese Kündigung angenommen und dabei bleibe ich.»

Ich dachte an den Vertrag, den ich seit gestern nacht in der Tasche hatte, und fügte hochmütig hinzu:

«Ich gehe ans Theater in der Josefstadt, vielen Dank!»

Und damit knallte ich den Hörer auf. Mit einer Arroganz, zu der vielleicht nur ein junger Mensch imstande ist.

Doch es war eine Entscheidung, die ich nie in meinem Leben bereut habe.

Ich sage das trotz all der Komplikationen, die dieser Entschluß zunächst mit sich brachte. Ich wußte nämlich nicht, daß eine Konkurrentin der Käthe Dorsch, die berühmte Wiener Schauspielerin Christl Mardayn, «Cherie» in der Josefstadt spielen sollte, und der Steinböck wollte mich für die männliche Hauptrolle haben.

Das brockte mir später ein, daß die Käthe Dorsch, soweit ich mich erinnere, drei oder vier Jahre nicht mehr mit mir sprach. Weil sie beleidigt war, daß ich ihr eine andere Schauspielerin vorgezogen hatte. Dabei zerschlugen sich diese Pläne bald, und das Stück «Cherie» kam dann aus Krankheitsgründen gar nicht mehr zur Aufführung.

6 Die Josefstadt, «Alraune» und die Anfänge des Filmruhms

Das Theater in der Josefstadt habe ich – trotz des vorherigen Jahres am Burgtheater – eigentlich immer als den eigentlichen Beginn meiner schauspielerischen Laufbahn betrachtet – dieses Theater, das mit dem Namen des Dichters Hugo von Hofmannsthal verknüpft ist und mit dem Namen Max Reinhardts, des großen österreichischen Theaterleiters und Mitbegründers der Salzburger Festspiele; dieses Barocktheater mit dem vielleicht schönsten Theaterraum, den ich in meinem Leben überhaupt gesehen habe und der gottlob während des Zweiten Weltkriegs unzerstört geblieben ist; dieses Theater mit einer unvorstellbaren Akustik: Man konnte auf der Bühne flüstern und hörte es noch in der letzten Ecke des Zuschauerraums, obwohl er mehr als tausend Menschen faßte, über deren Häuptern jener geheimnisvolle Lüster hing, der sich, wenn es dunkel wurde, langsam nach oben zu verflüchtigen schien, als ob er in die Wolken entschwebte ...

Die Josefstadt ist meine künstlerische Heimat geworden und eigentlich bis zum heutigen Tag geblieben. Ihr Haus beherbergte ein Ensemble, das wie eine Familie war und mich vom ersten Tag an wie eine Familie aufnahm. In den sechziger Jahren, als es mir nicht gutging, und auch in den siebziger Jahren bin ich dorthin zurückgekehrt. In der Josefstadt habe ich noch vor kurzem eine Dichterlesung gehabt, mit Texten von Hofmannsthal und Erich Fried.

Das letzte Stück, das ich in meinem Leben auf einer Bühne in Kostüm und Maske gespielt habe, das Stück «Der Schwierige» von Hugo von Hofmannsthal, das war in jenem Haus. Als für mich zum letzten Mal der Vorhang fiel, am 30. Oktober 1983, war es dort, im Theater in der Josefstadt, an dem ich mit einer tiefen Liebe und Dankbarkeit hänge.

In den zweieinhalb Jahren vom Herbst 1950 bis zum Frühjahr 1953, die ich in der Josefstadt blieb, spielte ich in vielen Stücken, es müssen achtzehn oder zwanzig gewesen sein. Es fällt mir schwer, mich noch an all die Titel zu erinnern, Boulevardstücke zumeist, auch ernsthafte Stücke, aber keine Klassiker. Damals probte man nicht wie heute zwei bis drei Monate, sondern maximal vier Wochen, manchmal auch nur drei, bevor ein Stück herauskam. Das Theater in der Josefstadt bespielte drei verschiedene Bühnen: die Kammerspiele, das Raimundtheater und die Josefstadt selbst. Manchmal spielte ich an einem Abend zwei Stücke gleichzeitig und raste von einem Theater zum anderen.

Ich hatte Erfolge und Mißerfolge, wie es in der Schauspielerei so ist. In dieser Zeit entwickelte ich wunderbare Beziehungen zu Kollegen, ob das der Kurt Heintl war oder diese herrliche Vilma Degischer, eine der großartigsten Schauspielerinnen in der Josefstadt – und wie sie alle heißen, zu denen ich auch heute noch eine tiefe Beziehung habe.

Mit Vilma Degischer spielte ich in dem Stück «Lustspiel in Moll» meine erste Liebhaberrolle in der Josefstadt. Kurz darauf war ich ihr Neffe in einem Stück über die große Friedenskämpferin Bertha von Suttner. Später spielte Vilma

Degischer in den drei «Sissi»-Filmen meine Mutter. Sie war zu meiner großen Freude auch eine Partnerin in meinem letzten Stück «Der Schwierige».

Im Ensemble waren wir damals drei junge Schauspieler: Franz Messner, Kurt Sowinetz und ich. Franz Messner beging später tragischerweise Selbstmord; auch Kurt Sowinetz, der bis vor kurzem am Burgtheater spielte, ist zu meiner tiefen Trauer im Februar 1991 gestorben. Man nannte uns «die drei Jungen von der Josefstadt». Wir bekamen alle drei dasselbe Gehalt von 1100 Schillingen. Bis Mitte des Monats konnten wir gut essen, aber dann wurde es dünn. Wenn wir keine Proben hatten, setzten wir uns vormittags immer ins Café Josefstadt gleich neben dem Theater. Wir bestellten Brötchen und Kaffee, der traditionell mit einem Glas Wasser serviert wurde. Und solange wir dort saßen, mochten es auch drei oder fünf Stunden sein, konnten wir ein Glas Wasser nach dem anderen bekommen, während wir Zeitung lasen oder Schach spielten oder diskutierten. Es war eine wunderschöne Zeit, die ich in meiner Erinnerung nicht missen möchte.

Mit einem der letzten Stücke, das ich in den frühen fünfziger Jahren in der Josefstadt spielte, erlebte ich meinen ersten wirklich großen Erfolg. Es war «Spiel im Schloß» des ungarischen Dramatikers Franz Molnár, inszeniert von dem Wiener Schauspieler und Regisseur Hans Jaray. In diesem Stück, das über hundertfünfzigmal aufgeführt wurde, spielte die weibliche Hauptrolle eine Schauspielerin namens Jane Tilden. Sie ist heute über achtzig – achtzehn Jahre älter als ich – und hat sich in der Film- und Theaterwelt einen großen Namen erobert. Zu dieser Schauspielerin hatte ich eine ganz wunderbare Beziehung. Sie mochte mich wohl besonders und war mir bei den Proben eine echte Lehrmeisterin, die mir ungeheuer viel beibrachte. Eines Tages sagte sie zu mir:

«Sag mal, wie kannst du denn noch immer bei deinen Eltern wohnen? Dein Vater ist doch Künstler – belastet dich das nicht?»

Zuerst wehrte ich ab. Warum ausziehen, wenn meine Eltern doch ständig unterwegs waren? Mein Vater befand sich damals gerade in Südamerika, dirigierte viel in Buenos Aires und begann sich, nach Aufhebung seines Arbeitsverbotes, allmählich eine internationale Karriere aufzubauen.

Jane Tilden war die Antriebsfeder für mich, über meine Wohnsituation nachzudenken. Auch über die grundsätzliche Beziehung zu meinen Eltern. Schließlich war sie diejenige, die mich dazu brachte, daß ich mich noch während der Abwesenheit meiner Eltern in ein Untermietzimmer absetzte. Das war 1951, als ich immerhin schon dreiundzwanzig Jahre alt war.

Meine Eltern haben mir diesen Auszug sehr übelgenommen. Sie waren so verbittert darüber, daß sie ein oder zwei Jahre kaum mit mir sprachen. Aber später normalisierte sich unsere Beziehung wieder. Außerdem war ich mit meiner Arbeit beschäftigt, mit dem Aufbau meiner eigenen Karriere. Damals begann ich gerade, mir einen bescheidenen Namen als Schauspieler in Wien zu machen. Es gab inzwischen einen gewissen Publikumskreis, der mich kannte.

Es ist oft behauptet worden, es sei kein Kunststück gewesen, bei einem so berühmten Vater Karriere zu machen. Aber ich habe durch meinen Vater keine Hilfe erhalten. Das einzige war, daß er mir keine Steine in den Weg gelegt hat. Es war auch mein Stolz, nichts von ihm zu bekommen. Mein Ziel ging dahin, daß ich mir die Bezeichnung Künstler aus eigener Kraft verdienen wollte.

Eines Tages im frühen Sommer 1952 dirigierte mein Vater ein Konzert der Wiener Philharmoniker bei den Wiesbadener Maifestspielen. Da ich in der Josefstadt gerade ein paar Tage frei hatte und mir die Konzerte meines Vaters immer viel Freude machten, fuhr ich zu ihm nach Wiesbaden. Spätabends nach dem Konzert kam ein Anruf aus München. Regisseur Karl Hartl war am Telefon – der Regisseur, bei dem ich als «Schlattenschammes» angefangen hatte. Unter großen Schwierigkeiten hatte er mich endlich erreicht. Er kam sofort zur Sache:

«Hast du Lust, eine Filmrolle zu übernehmen?»

«Warum nicht!»

«Also dann kommst?» fragte Hartl.

«Wie heißt denn der Film? Und was ist es überhaupt für eine Rolle?» fragte ich zurück.

Hartl klärte mich auf, daß der Film in einer Gebärklinik in Garmisch-Partenkirchen spielen würde und daß ich einen Reporter mit Pullmannmütze und Hornbrille spielen sollte, dessen Frau Zwillinge bekommt. Der Film nannte sich «Haus des Lebens», und meine Partner sollten Gustav Fröhlich, Cornell Borchers und Judith Holzmeister sein.

«Also kommst?» fragte Hartl noch einmal.

Ich stieg noch in der Nacht in den Zug und fuhr nach München. Am nächsten Morgen kam ich todmüde dort an und mußte sofort ins Bavaria-Studio hinausfahren, weil Hartl schon auf meinen Auftritt wartete.

Genaugenommen war es das dritte Mal, daß ich vor einer Kamera stand. Abgesehen von der zufälligen Minirolle als Sohn der Maria Schell hatte ich während meines Engagements in der Josefstadt in dem Episoden-Film «Wienerinnen im Schatten der Großstadt» eine kleine Rolle übernommen. Auch diesmal ging es nur um einen unbedeutenden Part von drei Drehtagen, der vielleicht fünf bis sieben Minuten auf der Leinwand ergab. Trotzdem geschah bei dieser Arbeit etwas, das ganz entscheidend in mein Leben eingreifen sollte.

Ich traf auf dem Gelände von Geiselgasteig, jener Filmstudios außerhalb von München, einen sehr bekannten

Filmregisseur. Bekannt vielleicht weniger für seine künstlerischen als vielmehr für seine großen kommerziellen Erfolge: Es war der Regisseur Arthur Maria Rabenalt. Heute lebt er in Tegernsee bei München.

Dieser Rabenalt kam auf mich zu und fragte mich, was ich denn hier in den Filmstudios machte. Und fragte mich dies und das und erkundigte sich:

«Wie heißen Sie?»

«Mein Name ist Karlheinz Böhm.»

«Böhm, Böhm – sind Sie denn verwandt mit dem Dirigenten Böhm?»

«Ja, das ist mein Vater.»

«Also, das gibt es ja nicht! Dann kenne ich Sie ja schon seit Ihrer Geburt!»

«Seit meiner Geburt?»

«Ja, ich habe als junger Regisseur in Darmstadt Ihren Vater kennengelernt, als er dort Generalmusikdirektor war. Wir arbeiteten damals öfters zusammen. Ich wohnte im selben Haus wie Ihre Eltern, und ich weiß noch, wie Sie als Baby immerzu gebrüllt haben.»

Er erzählte, daß er dort auch den damaligen Darmstädter Intendanten Carl Ebert und den österreichischen Schauspieler und Regisseur Karl Paryla kennengelernt hätte. Und auf einmal gab es lauter Verbindungen Rabenalts mit meinem Leben.

«Rabi», wie man ihn nannte, war in den zwanziger Jahren ein erfolgreicher avantgardistischer Theatermacher gewesen. Unter den Nazis hatte er einige Jahre Regieverbot erhalten. Doch schon während des Krieges begann er, unpolitische Unterhaltungsfilme zu drehen, und wurde dann in den Nachkriegsjahren bald zu einem der meistbeschäftigten Regisseure des deutschen Films. Er drehte drei bis vier Filme im Jahr oder auch mehr, darunter so bekannte wie «Eine Frau, die weiß, was sie will» mit Lilli Palmer.

Wir tranken in der Kantine ein Bier zusammen. Rabenalt erzählte mir, daß er gerade ein Remake des berühmten Films «Alraune» plante, nach dem phantastisch-erotischen Kolportageroman des Fin-de-siècle-Autors Hanns Heinz Ewers.

Gleichzeitig sollte es das Comeback des international bekannten Filmschauspielers und Regisseurs Erich von Stroheim werden, der in Rabenalts Film die männliche Hauptrolle spielte. Für die Titelrolle der betörenden Alraune hatte er Hildegard Knef verpflichtet, seit dem Film «Die Sünderin» ein ebenso umstrittener wie gefeierter Star. Ich erfuhr, daß er noch einen jungen Schauspieler für die Rolle des Liebhabers suchte – für eine zwielichtige Figur namens Frank Braun. Er bestellte mich zu Probeaufnahmen. Ich war einer von zwanzig Kandidaten.

Zuerst mußte ich eine kurze Szene mit der Hildegard Knef spielen. Dann fragte mich Rabenalt, ob ich irgendeine Rolle vorspielen könnte.

Das lag mir überhaupt nicht, und deshalb sagte ich:

«Nein, mir fällt jetzt nichts ein.»

«Können Sie denn nicht irgend etwas sprechen, das Sie am Theater gespielt haben?» meinte Rabenalt.

Da fiel mir ein Monolog aus dem Stück «Armut» von Anton Wildgans ein. Dieser Monolog, in dem ein Junge aus einer schrecklich armen Familie von seinem Leben erzählt, beginnt damit, daß er Algebra lernen muß. Er schildert also, daß zwei Züge von A nach B fahren. Die Geschwindigkeit des einen ist X, die des anderen X mit dem Index 1. Dann wird die rein rechnerische Frage gestellt, welcher Zug zuerst ankommt. Der Junge kann sich nicht konzentrieren, und daraus entwickeln sich Gedanken über seine Probleme innerhalb seiner Familie.

Das habe ich also vorgetragen. Ich merkte überhaupt nicht, daß sich die Leute hinter der Kamera halb totlachten, während ich diesen Monolog rezitierte und mit großem Ernst zu Ende führte. Dann verabschiedeten sie sich von mir:

«Danke schön, Sie hören von uns.»

Ich saß im Hotel «Sonnenhof» in München in einem kleinen Zimmer, bezahlt von der Bavaria Film AG, und wartete. Ich wartete tagelang, bis endlich der ersehnte Anruf kam:

«Böhm, Sie bekommen die Rolle.»

Im Studio traf ich Hildegard Knef, die mich beglückwünschte und sich mit mir über meinen Erfolg freute.

«Ich hoffe, die Rolle wird dir viel Spaß machen!» sagte sie.

Sie drückte mir die Hand und meinte dann neugierig:

«Jetzt sag mir mal eins: Wie bist du bloß auf die Idee gekommen, bei einer Probeaufnahme vor der Kamera eine algebraische Gleichung aufzusagen? Das war ja Wahnsinn!»

«Was für eine algebraische Gleichung?» fragte ich erstaunt. «Wie kommst du denn darauf?»

«Nun, du hast doch etwas von zwei Zügen erzählt, die von A nach B fahren!»

Ich fing an zu lachen. Offensichtlich hatten diese Menschen hinter der Kamera nicht begriffen, daß es ein Stück von Wildgans war, aus dem ich vorgetragen hatte. Sie glaubten tatsächlich, es wäre mir eingefallen, einfach eine algebraische Gleichung zu zitieren. Und alle, die hinter der Kamera standen, betrachteten mein Verhalten als so ungewöhnlich, daß sie entschieden: «Den nehmen wir, das ist ein Spinner. Ist ja irre, was der vor der Kamera treibt!»

Und wegen dieses seltsamen Zufalls hatte ich das Glück, die Rolle in «Alraune» zu bekommen.

Die Dreharbeiten begannen am 20. Juli 1952. Mit Hildegard Knef verstand ich mich von Anfang an sehr gut. Sie war ja etwas älter als ich. Mit ihr hatte ich auch die erste Liebesszene meines Lebens vor einer Kamera. Sie lag auf einer Couch, und ich mußte meinen Kopf in ihren Schoß legen – eine für mich als Mann recht unbequeme Stellung, während sie keß zu mir sagte:

«Mensch, du liegst mir auf der Brust wie 'n Stein. Ich kann ja gar nicht atmen.»

Jedenfalls lag ich sehr unbequem da. Dann mußten wir uns vor der Kamera küssen. Ich war wahrscheinlich sehr ungeschickt, weil ich ja so gut wie keine Erfahrung hatte. Schon gar nicht mit einer Filmdiva, die gerade als «Sünderin» berühmt geworden war. Da hat sie mir eine Lektion erteilt, die mich an Käthe Dorsch erinnerte: Wie man vor der Kamera so tut, als ob man küßt, und es trotzdem wie ein echter Zungenkuß aussieht. Die Kunst lag darin, das Küssen so vorzutäuschen, daß die Leute es auch wirklich glaubten. Ganz im Gegensatz zu heutigen Filmen, in denen die Schauspieler bei Liebesszenen oft nackt sind und völlig hemmungslos agieren. So haben sich die Zeiten geändert.

Mit Hildegard Knef entwickelte sich aus den Dreharbeiten zu «Alraune» eine sehr nette Freundschaft. Auch mit dem Regisseur Arthur Maria Rabenalt sollte mich eine langjährige berufliche und bis ins Private gehende Freundschaft verbinden. Aber eine ganz besondere Beziehung entstand zu Erich von Stroheim, diesem österreichischen Schauspieler und Regisseur, der bereits ein Stummfilmstar gewesen war – einer der größten Kinostars überhaupt. Ein Mann, der, obwohl kein Jude, bewußt ins Exil gegangen war, weil er das nationalsozialistische Regime ablehnte.

Stroheim hatte vom ersten Moment im Studio an eine für mich nicht ganz begreifbare Sympathie zu mir gefaßt. Ich war für ihn ein junger Mann, von dem er wußte, daß er während des Krieges in der Schweiz gelebt hatte. So stand ich nicht unter dem Verdacht, ein Nazi gewesen zu sein.

Erich von Stroheim war ein sehr extravaganter Mann, der die Farbe Weiß über alles liebte. Er trug nur weiße Blousons, weiße Hosen, weiße Hemden, und er fuhr einen weißen Cadillac mit einem Chauffeur, der ebenfalls weiß angezogen sein mußte. Zu den Dreharbeiten in München hatte er seine Frau – seine vierte oder fünfte, glaube ich – mitgenommen, auch sie sehr elegant und extravagant gekleidet. Natürlich auch in Weiß! Das alles war damals, sieben Jahre nach dem Ende des Zweiten Weltkrieges, noch ziemlich ungewöhnlich.

Ich durfte ihn oft begleiten, wenn er einkaufen ging. Einmal versuchte er verzweifelt, ein Paar neue weiße Lederschuhe zu finden – zu jener Zeit ein fast aussichtsloses Unternehmen. Wir liefen von Laden zu Laden – ohne Erfolg. Schließlich, im zwölften Laden, bekam er die weißen Schuhe und freute sich unbändig darüber.

Obwohl ich schon in meiner Jugend ungern ausging, ließ ich mich eines Abends von ihm zu einer Gartenparty mitnehmen. Es war im Münchner Villenvorort Geiselgasteig, mitten im Sommer und ungeheuer heiß. Dieser Sommer 1952, als wir «Alraune» drehten, war einer der heißesten, an den man sich erinnern konnte. Zu der Gartenparty war auch der berühmte jüdische Schauspieler und Regisseur Fritz Kortner eingeladen, der aus seinem amerikanischen Exil zurückgekehrt war. Doch das wußte Stroheim nicht.

In diesem Garten nun überquerten wir eine große Wiese, auf der überall Fackeln brannten. Wir schritten auf Steinquadern im Gänsemarsch hintereinander her, zuerst der Stroheim, wie üblich ganz in Weiß gekleidet, dann seine Frau, und am Schluß tippelte ich hinterdrein. Plötzlich blieb Stroheim wie versteinert stehen. Vor ihm auf den Gartensteinen stand ein Mann, ebenso versteinert wie er. Sie blickten sich einen Moment wortlos und eiskalt an, bis der versteinerte Mann eine kurze Verbeugung mit dem Kopf andeutete, nach unten nickte und knarzte: «Fritz Kortner!»

Daraufhin verbeugte sich auch Stroheim und knarzte genauso: «Erich von Stroheim!» Und dann gingen sie aneinander vorbei, mit einer solchen Eiseskälte, daß ich mich beinahe wunderte, daß sie sich nicht umgebracht hatten.

Erst später erfuhr ich, daß sich die beiden Männer seit dreißig Jahren kannten. In ihrer Jugend waren sie Intimfreunde gewesen. Dann hatten sie wohl irgendeine Geschichte mit einer Frau, die ihre Freundschaft in eine erbitterte und geradezu biblische Feindschaft verwandelte, wie sie damals in Schauspielerkreisen durchaus üblich war. Mir zeigte dieses unglaubliche Erlebnis, wie große Stars miteinander umgehen konnten und welche Rolle dabei Frauengeschichten, berufliche und private Eifersüchteleien spielten – eine für mich unvergeßliche Erfahrung.

«Alraune» war mein erster großer Film. Zum ersten Mal hatte ich eine Hauptrolle gespielt und war beim Publikum offenbar genauso gut angekommen wie meine schon berühmtere Kollegin Hildegard Knef oder der legendäre Stroheim mit seinem Comeback. Es war dieser Film «Alraune», mit dem ich meinen Durchbruch schaffte. «Alraune» war für mich ein mindestens ebenso großer Erfolg wie später «Sissi». Auf einmal bekam ich seitenlange Geschichten in deutschen Illustrierten wie «Revue» oder «Quick», die riesengroß über das Filmdebut eines jungen Mannes namens Karlheinz Böhm berichteten.

Noch einmal ging ich ans Theater in der Josefstadt zurück, wo ich eine letzte Verpflichtung hatte – einen Vertrag für Tennessee Williams' «Tätowierte Rose» mit der Schauspielerin Lotte Lenya als meiner Partnerin und Kurt Heintl.

Und dann drehte ich praktisch einen Film nach dem anderen. Es war der Aufbruch des deutschen Filmgeschäfts in den fünfziger Jahren. Der deutsche Filmstar, den es seit Ende der dreißiger Jahre nicht mehr gegeben hatte, wurde wiederentdeckt. Nachwuchsstars wie Hardy Krüger, der so alt ist wie ich, wie Claus Biederstaedt, Walter Giller und Christian Wolff wurden damals entdeckt, junge Frauen wie

Maria Schell und Hildegard Knef. Manche Schauspieler wie O. W. Fischer waren bereits große Stars.

Ich muß gestehen, daß ich allerdings nach «Alraune» als erstes eine große Enttäuschung erlebte. Noch während der Dreharbeiten hatte Hildegard Knef ein neues Filmangebot erhalten. Es war ein sehr ernsthafter Film des Regisseurs Rudolf Jugert mit dem Titel «Illusion in Moll». Die Knef sollte darin eine unheilbar Kranke spielen, die ihre weibliche Ehre aufs Spiel setzt, um die Mutter ihres Geliebten vor einer schrecklichen Heirat zu retten. Ich bewarb mich um die Rolle des Geliebten und rechnete nach meinem Erfolg mit «Alraune» fest damit, sie zu bekommen. Ich weiß noch, daß die Außenaufnahmen in Velden am Wörthersee stattfinden sollten.

Doch dann erfuhr ich, daß ein anderer diese Rolle mit der Knef bekam – Hardy Krüger. Und so wurde Hardy Krüger nolens volens mein Konkurrent. Während all der Jahre des Filmens hatten wir eine äußerst kühle Beziehung, wenn auch vielleicht nicht ganz so archaisch wie die zwischen Kortner und Stroheim.

Nach dieser Ablehnung hatte ich eine ziemliche Wut. Ich bekam dann sozusagen als Ausgleich – das war so ein Spielchen unter Filmproduzenten – einen anderen Film mit dem bezeichnenden Titel «Der Weibertausch». Zwar lernte ich dabei eine ganz wunderbare Kollegin kennen, Gertrud Kückelmann, die ich bis zu ihrem tragischen Tod immer besonders geschätzt habe. Aber gleichzeitig wurde ich durch diesen Film von der Linie des ernsthaften, seriösen jungen Filmdarstellers, wie es mir immer vorgeschwebt hatte, abgedrängt und geriet statt dessen in eine etwas kommerziellere Richtung. Obwohl auch in diesem Film so hervorragende Schauspieler wie eben die Gertrud Kückelmann oder der Rudolf Vogel zu sehen waren.

«Der Weibertausch» war eine volkstümliche Komödie,

die auf dem Lande spielte. Ich mimte einen jungen verliebten Bauern, der während eines Besäufnisses mit einem anderen Bauern verabredet, für eine Woche seinen Zuchtstier gegen dessen Ehefrau zu tauschen. Eine etwas merkwürdige Angelegenheit. Ich weiß noch, daß mich der Stier in einer Szene beinahe gegen die Wand drückte.

Aber in meinem richtigen Leben wurde ich alles andere als gegen die Wand gedrückt; es ging vielmehr steil aufwärts. Im Jahre 1953 drehte ich bereits vier Filme: den Zirkusfilm «Salto mortale» und das Lustspiel «Arlette erobert Paris» mit dem Regisseur Viktor Tourjansky. Es folgte «Der unsterbliche Lump» von Arthur Maria Rabenalt, auch ein Remake, in dem ich fast so etwas wie eine Charakterrolle hatte. Ich spielte einen zum Opernkomponisten aufgestiegenen Dorfschullehrer, der aber sein Talent vertut und aus Kummer über die verlorene Geliebte zum Vagabunden wird. In «Hochzeit auf Reisen» des Regisseurs Paul Verhoeven spielte ich einen jungen Ehemann, neben Gardy Granaß als meiner Partnerin und auch mit meiner Theaterkollegin vom Burgtheater, der wunderbaren Susi Nicoletti.

Es ist unmöglich, in meinen Erinnerungen jeden einzelnen Film zu erwähnen – dazu waren es zu viele. Ich habe ja in meinem Leben insgesamt vierundvierzig Filme gedreht; davon fallen allein vierunddreißig Filme in die fünfziger Jahre. Man redet immer nur von den drei «Sissi»-Filmen, die ich in den Jahren 1955, 1956 und 1957 – während ein paar kurzer Wochen – abdrehte. Aber daß ich nach «Alraune» oft in mehr als drei Filmen pro Jahr spielte, vergißt man allzu leicht – auch wenn sicherlich viele schlechte und schwache Unterhaltungsfilme dabei waren.

Ich arbeitete damals im Rollenfach «jugendlicher Liebhaber», das es am Theater ebenso gab wie beim Film, ob nun in Hollywood oder in Deutschland. Diese starren Einteilungen sind heute passé, wie sich ja auch das Image des Schauspielers sehr verändert hat. Heute können auch junge Menschen Charakterrollen spielen. Das wäre damals undenkbar gewesen. Ein Mann wie der Walter Giller zum Beispiel war ein Komiker. Es wäre niemals akzeptiert worden, daß er mal einen Liebhaber gespielt hätte – es sei denn einen komischen. Man hatte sich eben strikt an die Regeln zu halten.

Nach «Der unsterbliche Lump» sollte ich in den folgenden Jahren noch vier weitere Filme mit Arthur Maria Rabenalt drehen. Ich spielte 1954 in «Die Sonne von St. Moritz» einen jungen Arzt zwischen zwei Frauen, ein Melodram im luxuriösen Wintersportmilieu. In einem anderen Film Rabenalts von 1955, «Unternehmen Schlafsack» hieß der, spielte ich einen Pianisten, der zum Militär mußte, mit Bertha Drews in der Rolle meiner Mutter. Dieser Film, der die Köpenickiade eines deutschen Hauptmanns im Zweiten Weltkrieg erzählt, fällt mit seiner verhältnismäßig originellen Story sogar ein wenig aus meinen eher seichten Filmen dieser Jahre heraus.

Das gilt um so mehr für einen Film im Jahre 1954, an den ich mich aus verschiedenen Gründen noch gut erinnere. Er hieß «Die goldene Pest» und war eine Arbeit des amerikanischen Filmregisseurs John Brahm, durchaus ein Film mit künstlerischem Anspruch. Dieser Brahm sprach sehr gut deutsch. Er war ein Neffe des berühmten Theaterleiters Otto Brahm und kam aus der Wiener Gegend, war aber in Amerika aufgewachsen.

«Die goldene Pest» ist ein zeitkritischer Film, der die Geschichte eines amerikanischen Offiziers erzählt, der aus dem Koreakrieg in sein deutsches Heimatdorf zurückkehrt. Dort gerät er in Konflikte, als er begreift, wie die Bevölkerung durch den Amüsierbetrieb der amerikanischen Besatzungssoldaten korrumpiert ist. Die Hauptrollen spielten Getrud Kückelmann, Ivan Desny und ich. Außerdem hatte der Schauspieler Wilfried Seyferth, damals einer der erstklassigen Charakterdarsteller Deutschlands, eine wichtige Rolle übernommen.

Wir drehten in einem Filmstudio in Wiesbaden. Eines Morgens warteten wir sehr lange auf den Kollegen Seyferth, mit dem ich eine Szene hätte haben sollen. Und plötzlich gingen die Flügeltüren des Studios auf, die Filmproduzenten traten mit sehr ernsten Gesichtern ein und teilten uns mit, der Seyferth sei in der vergangenen Nacht mit seinem Porsche tödlich verunglückt. Nach einer Filmpremiere, auf der Fahrt von Frankfurt nach Wiesbaden. In einer Kurve sei er geradeaus direkt auf einen Baum zugerast. Man zeigte uns Fotos von dem Unglückswagen. Im Porsche sitzt der Motor ja hinten, und das Auto war so zusammengequetscht, daß die Räder den Baum fast umarmten – ein grauenhafter Anblick. Der Mann muß auf der Stelle tot gewesen sein.

Das ist der Grund, warum ich bis zum heutigen Tag eine tiefe Abneigung gegen Porschefahrzeuge habe. Im letzten Jahr stand in der «Bild»-Zeitung, ich hätte meiner Lebensgefährtin Eva Hess einen Porsche gekauft. Das hätte ich nicht einmal unter Zwang getan.

Es hat mich jedenfalls ungeheuer betroffen gemacht, daß ein Kollege während der Arbeit starb. Das Drehbuch mußte umgeschrieben werden. In meiner Szene mit Seyferth saß nun ein Komparse mit dem Rücken zur Kamera, in Seyferths Kostüm. Ich hatte einen veränderten Text zu sprechen. Da sprach ich also zu diesem fremden Mann und dachte die ganze Zeit an den Menschen, der in der Nacht zuvor mit seinem Porsche gegen einen Baum gerast und dabei umgekommen war.

Ich sollte vielleicht auch noch den etwas anspruchsvolleren Streifen Rabenalts «Die Ehe des Dr. med. Danwitz» erwähnen, eine Art Problemfilm aus dem Jahre 1956, der in Hamburg gedreht wurde und in dem es um die Unterbezahlung junger Assistenzärzte in bundesdeutschen Krankenhäusern ging. Es war übrigens der Debutfilm von Maximilian Schell, mit dem ich mich von Anfang an sehr gut verstand. Wir beide spielten die überlasteten Assistenzärzte. Unsere Partnerinnen waren Marianne Koch als die Frau des Doktor Danwitz und Heidemarie Hatheyer als Chefin eines Modehauses. Es kam dann noch das Problem der Abtreibung hinzu. Denn die Frau Danwitz arbeitet in dem Modehaus als Mannequin, um das Haushaltsgeld aufzubessern; und als die Chefin schwanger wird und wegen ihrer zerrütteten Ehe das Kind nicht austragen will, geraten Dr. Danwitz und sein Kollege durch die erbetene Abtreibung in finanzielle Versuchung und Gewissenskonflikte. Aus der Rückschau muß ich sagen, daß meine große künstlerische Erwartung an diesen Film dann leider sehr enttäuscht worden ist.

Ich spielte auch kleinere Rollen, wenn man mich darum bat. Zum Beispiel in «Dunja» mit Eva Bartok und Ivan Desny, einem Remake des bedeutenden österreichischen Films «Der Postmeister» nach der gleichnamigen Novelle von Puschkin. Es war die Geschichte eines russischen Landmädchens, das von einem skrupellosen zaristischen Offizier verführt und entführt wird, was ihrem Vater, einem rechtschaffenen Posthalter, das Herz bricht.

Inzwischen hatte ich einen «Starnamen», den man auch bei Nebenrollen gern groß aufs Plakat setzte, um einen Film besser verkaufen zu können. Fast alle meine Filme waren Erfolge. Jede Woche erhielt ich mehr Autogrammbriefe und mehr Fanpost – erst schachtelweise, dann kartonweise, schließlich paketweise.

7 Der Sissi-Kaiser – ein Filmidol der fünfziger Jahre

Eines Tages, es muß im Herbst oder Winter 1954 gewesen sein, rief mich meine Münchner Agentur Jovanowicz an.

«Karlheinz, wir haben hier ein tolles Angebot für Sie. Von dem Filmregisseur Ernst Marischka. Sie sollen den jungen österreichischen Kaiser Franz Josef spielen.»

Ich muß gestehen, daß mir die Rolle überhaupt nicht gefiel. Aber dann fingen die Leute von meiner Agentur an, mich zu bearbeiten: «Böhm, Sie müssen diesen Film unbedingt drehen, das ist doch eine ganz große Sache!»

Der Marischka, hielten sie mir vor, sei ein kommerziell versierter Regisseur mit einem gewissen Niveau, und er hätte lauter gute Bühnenschauspieler wie Gustav Knuth, Josef Meinrad, Vilma Degischer und Walter Reiher für diesen Film engagiert. «Sissi» sollte er heißen. Für die Titelrolle hätte Marischka die junge Schauspielerin Rosemarie Magdalena Albach geholt, mit Künstlernamen Romy Schneider. Die hätte gerade an der Seite ihrer Mutter Magda Schneider in dem Streifen «Wenn der weiße Flieder wieder blüht» einen rauschenden Erfolg gehabt.

Trotzdem wollte ich absagen.

Doch meine Agentur ließ nicht locker: «Karlheinz, Sie

müssen das machen! Es ist eine tolle Liebesgeschichte, die bestimmt ein riesiger Erfolg wird!»

Obwohl mir das Ganze schon damals wie eine Schnulzengeschichte vorkam, habe ich mich dann leider darauf eingelassen. Wie damals oft in meinem Leben wählte ich den bequemeren Weg – nicht den der Kunst, sondern den Weg des kommerziellen Erfolges. Das sehe ich heute ganz klar und beurteile es sehr kritisch. Damals aber dachte ich: Ist ja Wurscht, ich kann auch noch später künstlerische Filme machen. Natürlich konnte ich nicht ahnen, was dieser Film später alles in Bewegung setzen sollte.

Noch vor Beginn der Dreharbeiten zu «Sissi» fand meine erste Begegnung mit Romy Schneider statt. Eines Tages kam sie mit ihrer Mutter zu mir in die Kaiser-Ludwig-Straße 16 in München-Grünwald, wo ich eine kleine Garçonnière, eine Junggesellenwohnung, gemietet hatte. Wir tranken zusammen Kaffee und unterhielten uns ganz nett, und ich werde nie vergessen, daß die Romy immer «Onkel Karlheinz» zu mir sagte. Ich verbat mir das schleunigst und drohte ihr:

«Du, das gibst du aber sofort auf – sonst können wir nicht zusammen arbeiten.»

Sie war zehn Jahre jünger als ich, gerade erst sechzehn. Und weil ich ihre Mutter schon von einem gemeinsamen Film her kannte, sagte sie, die Tochter, halt «Onkel» zu mir – das war in Österreich so Sitte.

Da war ich nun also in den ersten «Sissi»-Film hineingestolpert, und ich muß ehrlich gestehen, daß mich weder dieser erste noch die beiden späteren sonderlich begeisterten. Ich konnte mich auf diese aristokratischen Verhaltensformen nur schwer einstellen. Mein Leben lang hatte ich eine tiefe Abneigung gegen Aristokratie und Feudalismus. Daß einer, weil er unter einem gewissen Namen geboren wurde, mehr sein soll als andere, lehne ich strikt ab. Wahrscheinlich stammt meine Abneigung noch aus den ersten Nachkriegsjahren in Wien, als die Aristokratie, obwohl sie eigentlich schon lange abgeschafft war, immer noch eine große Rolle spielte. Meine Eltern kannten viele Aristokraten. Da sagte man «Küß die Hand, gnädige Frau» und «Küß die Hand, gnä' Herr» – etwas, das mir furchtbar zuwider war. Ich begriff nicht, daß diese Verhaltensweisen einfache Gesellschaftsspielregeln waren. Das hing wohl damit zusammen, daß ich die österreichische Mentalität nicht verstand. Jedenfalls hat mich diese wienerische Art des Charmes, der Begrüßung und der scheinbaren Devotheit damals abgestoßen.

Aber genau das erwartete man nun von mir in der Rolle des österreichischen Kaisers: daß ich andauernd meiner Mutter die Hand küsse und «Küß die Hand, Mama» sage. Anfangs bin ich dabei immer regelrecht zusammengezuckt. Obwohl meine «Mama» im Film, Erzherzogin Sophie, die wunderbare Vilma Degischer war.

Aber Ernst Marischka, der nicht nur der Regisseur, sondern auch der Autor und Produzent dieser drei «Sissi»-Filme war, identifizierte sich hundertfünfzigprozentig mit der Kaiserstory. Er hat die Drehbücher übrigens mehr oder weniger aus Anekdoten zusammengeschrieben, die mit der historischen Wahrheit der beiden Figuren fast nichts zu tun haben. Es sind bestenfalls Operettenfiguren, die Marischka erfand, um bestimmte Klischeevorstellungen zu bedienen. Als ich ihn einmal in seiner Garderobe im Filmstudio Wien-Rosenhügel besuchte, während einer Mittagspause, benahm er sich derart aristokratisch, daß ich mich nicht gewundert hätte, wenn draußen vorm Fenster eine Kutsche mit Kaiser Franz Josef und seiner Gemahlin Elisabeth vorgefahren wäre.

Ich muß gestehen, daß mir von den Dreharbeiten kaum etwas im Gedächtnis geblieben ist. Vielleicht, weil diese

«Sissi»-Filme, aber auch die Kommunikation mit dem Menschen Romy Schneider für mich keine große Bedeutung hatten. Es waren ja nur etwa sechs Drehwochen pro Film, also insgesamt vielleicht achtzehn Wochen, verteilt auf drei Jahre; und das neben unendlich vielen anderen Filmen, die ich in jener Zeit drehte – jedes Jahr mindestens drei oder vier. Ich weiß nur noch, daß ich mich über die mitspielenden Kollegen und Kolleginnen aus dem Wiener Theatermilieu sehr freute, wie zum Beispiel den Josef Meinrad vom Burgtheater oder die mir nahestehende Vilma Degischer vom Theater in der Josefstadt. Ich traf mich mit ihnen, wir sprachen über unsere Arbeit und die vergangene Wiener Theaterzeit – und dieser Kontakt bedeutete mir sehr viel mehr als der zu meiner Kollegin Romy Schneider und die ganze Arbeit am Film.

Eine der wenigen Begebenheiten, an die ich mich noch erinnern kann, geschah während der Dreharbeiten zum zweiten Teil, «Sissi, die junge Kaiserin», den ich von den drei Filmen für den besten halte. Wir drehten in Wien die Krönung von Kaiser Franz Josef zum König von Ungarn, die er ja – wenn man dem Film glauben mag – der Intervention seiner Gemahlin Elisabeth zu verdanken hatte. Die Dreharbeiten liefen übrigens genau zu jener Zeit, im Oktober 1956, als es in Ungarn zu einem Volksaufstand gegen das kommunistische Regime kam. Die Dekoration für die Krönungsfeierlichkeiten war groteskerweise im Hof einer Polizeischule aufgebaut worden, dieser Hügel, auf dem Franz Josef gekrönt wurde, und rundherum die Stadt Budapest. Es war ein irrsinniger Aufwand, der mehr Geld kostete als alle anderen Dekorationen zusammen – nämlich ungefähr zwei oder drei Millionen Schillinge, damals etwa fünfhunderttausend Mark, was bei den relativ niedrigen Gesamtkosten des Films ungeheuer viel Geld war.

Und dann gab es in der Nacht einen heftigen Sturm, und

das ganze Zeug wurde weggeblasen. Die Produktionsleitung war ratlos. Viele Leute und auch der Verleih rieten Marischka, die Krönungsszene umzuschreiben und für einen geschlossenen Raum zu konzipieren. Doch Marischka blieb stur bei dem, was er sich von Anfang an in den Kopf gesetzt hatte, und bewies einmal mehr, wie sehr er an seine Visionen glaubte. Er ließ das Ganze noch einmal aufbauen, für diese riesige Summe, die er sich wohl irgendwo leihen mußte. Nun, dieses Geld ist ja wieder mehr als hereingekommen! Das hat er auch verdient, meine ich, weil er an das glaubte, was er tat.

Aber sonst ist kaum etwas von Belang in meinem Gedächtnis. Sicher, ich erinnere mich an die Eindrücke bei Außenaufnahmen, an die zauberhaften Landschaften des Salzkammerguts und an die prachtvollen bayerischen und österreichischen Schlösser. Ich erinnere mich zum Beispiel an Venedig, wo wir auf dem Markusplatz und auf dem Canal Grande – in einer stattlichen Gondel – drehten; oder an Innsbruck, an das Hafelekar. Dort oben im Hochgebirge soll, so erzählt eine Anekdote aus dem Volksmund, das Wort «Kaiserschmarren» entstanden sein. Marischka hat gleich wieder eine «Sissi»-Szene drumherum geschrieben:

Da versorgt ein Senner in einer einsamen Hütte die Bergsteiger mit Käse und Milch und Brot. Dann kommen Kaiser Franz Josef und Kaiserin Elisabeth in österreichischer Nationaltracht unerkannt in seine Hütte, und der Senner bietet ihnen ein einfaches Gericht an: dicke Omeletten, die zerschnitten, mit Konfitüre bestrichen und mit Zucker bestreut werden. Und von da an, heißt es, nannten die Österreicher ihre Mehlspeise «Kaiserschmarren».

All die Geschichten dieses Films kamen durch solche Anekdoten zustande, die mit der Wahrheit ein bißchen, doch mit der historischen Wirklichkeit wohl herzlich wenig zu tun hatten.

An zwei «Sissi»-Premieren im Ausland kann ich mich noch erinnern. Damals begann der deutschsprachige Film erst ganz allmählich den europäischen Raum zu erobern. Im Italien der fünfziger Jahre wurden deutsche Filme fast überhaupt nicht gezeigt, auch nicht in Griechenland und Spanien. Gerade in diesen Ländern aber setzten sich die «Sissi»-Filme dann sehr erfolgreich durch. In der spanischen Metropole zum Beispiel lief schon der erste «Sissi»-Teil achtundvierzig Wochen im größten Filmtheater.

Zur griechischen Premiere von «Sissi» wurden wir nach Athen eingeladen. Zum erstenmal sah ich die antiken Kunstwerke dieser Stadt, in die zurückzukehren ich 1958 noch einmal das Glück hatte – zu Außenaufnahmen für den Film «Man müßte noch mal zwanzig sein» mit Johanna Matz und Ewald Balser. Bei dieser «Sissi»-Premiere nun wurden wir auch Repräsentanten des griechischen Königshauses vorgestellt. Ich führte ein kurzes Gespräch mit einer jungen Dame namens Sophia, die blendend Deutsch sprach. Sie war ein lustiges junges Mädchen und erzählte, daß ihr Vater Deutscher sei. Man mußte sich, entsprechend dem königlichen Protokoll, äußerst formell benehmen, so daß die Konversation wohl rasch beendet war. Viel später, in den siebziger Jahren, als ich meinen Vater auf einer kurzen Konzerttournee mit den Wiener Philharmonikern nach Spanien begleitete, sollte ich diese Dame noch einmal wiedersehen. Wir kamen nach Barcelona, und in der Konzertpause wurde mein Vater dem designierten König von Spanien vorgestellt, Prinz Juan Carlos von Bourbon, dem offiziellen Nachfolger von General Franco. Er hatte eine griechische Prinzessin geheiratet – Sophia. Doch ich wußte nicht mehr, daß ich diese Dame an seiner Seite schon einmal getroffen hatte. Sie kam auf mich zu und sagte lachend:

«Sie erinnern sich wohl nicht an unsere Begegnung in Athen bei der Premiere von ‹Sissi›.» Ich muß gestehen, daß ich einen hochroten Kopf bekam, weil es mir so peinlich war. Heute ist diese Sophia Königin von Spanien.

Ein anderes Erlebnis, Spanien betreffend, ist mir unvergeßlich in Erinnerung geblieben, nicht nur wegen «Sissi», sondern vor allem deshalb, weil es einer der wenigen Momente in meinem Leben war, in dem ich Todesangst hatte. Wir flogen 1957, die Romy und ich, zur Premiere des zweiten Teils, «Sissi, die junge Kaiserin», nach Madrid. Die Premiere war offenbar sehr gut vorbereitet worden, was Romy und ich allerdings nicht wußten. Im Flugzeug – es war übrigens noch eine Constellation-Propellermaschine der Lufthansa – befanden sich auch Romys Stiefvater Hans Herbert Blatzheim und ihre Mutter Magda Schneider, die ja in den drei Filmen Sissis Mutter, die Herzogin Ludovika von Bayern, spielte. Hinter uns in der letzten Reihe saß ein Mann, der mir bekannt vorkam. Vom Steward erfuhr ich, daß es Otto von Habsburg war. Das fand ich überaus komisch. Da reisten also Romy und ich, die Darsteller des österreichischen Kaiserpaares, mit dem echten Habsburger Thronfolger – sozusagen unserem «Urenkel» – im selben Flieger zusammen.

Kurz vor der Landung kam der Copilot zu uns und berichtete, daß er eine Meldung aus dem Kontrollturm erhalten hätte. Man bitte uns, als letzte aus der Maschine zu steigen, weil wir dort wohl von irgendeinem Empfangskomitee erwartet würden. Es war ein sonniger Tag mit ausgezeichneter Sicht, und während wir noch über dem damals recht kleinen Madrider Flughafen kreisten, sahen wir plötzlich, daß der Landeplatz unter uns schwarz vor Menschen war.

«Schau mal, wie populär doch dieser Otto von Habsburg in Spanien ist», sagte ich zu Romy, und wir machten uns darüber lustig, daß das Kaiser- oder Königtum in Spanien offensichtlich noch immer sehr beliebt war.

Nach der Landung blieben wir in der Kabine, wie man

uns aufgetragen hatte. Schließlich stieg vor uns Otto von Habsburg die Treppe hinunter, und wir warteten darauf, daß all die Leute auf dem Flugplatz seinetwegen in Jubelrufe ausbrachen. Nichts dergleichen geschah. Der Habsburger verschwand völlig unerkannt in der Menge.

Dann verließen Romy und ich das Flugzeug. Im selben Augenblick, als wir oben auf der Treppe erschienen, hörten wir das Klirren von zerbrechenden Fensterscheiben, und eine Menschenmauer wogte auf uns zu, so daß ich um unser Leben fürchtete. Die Menschen – es sollen an die dreißigtausend gewesen sein – hatten sämtliche Absperrungen der Polizei durchbrochen. Sogar auf dem Dach des Flughafengebäudes drängten sie sich. Später erfuhren wir, daß nicht eine einzige Fensterscheibe im Madrider Flughafen heil geblieben war und daß es eine Menge Verletzter gegeben hatte.

Man riß uns das Handgepäck weg. Eingekeilt in die vieltausendköpfige Menge, mußte ich Romy, um sie zu schützen, in den Arm nehmen. Dann wurden wir auch schon hochgehoben und haben den spanischen Boden gewissermaßen nicht mehr berührt, bis wir endlich außerhalb des Flughafengeländes in einem bereitstehenden Rolls-Royce abgesetzt wurden – blaugekniffen, zerdrückt, völlig demoliert. Die Romy fing fürchterlich an zu weinen, und auch mir selbst saß der Schreck in den Gliedern.

Während der Autofahrt beruhigten wir uns allmählich und lachten auch schon mal über den Wirbel, den die temperamentvollen Spanier hier mit uns veranstalteten.

Es war eine Fahrt, die ich mein Leben lang nicht vergessen werde, denn sie glich einem Triumphzug: Hunderte von Autos und Omnibussen fuhren in einer Kolonne auf der großen Autostraße, die in die spanische Hauptstadt führt. Dreitausend mit Schildern geschmückte Motorroller des Vespaclubs von Madrid umkreisten ständig unsere Autos, was wirklich lebensgefährlich war. Während der Fahrt reichte man uns Wimpel herein, auf die wir Autogramme schrieben. Für eine Strecke, die man normalerweise in fünfzehn Minuten zurücklegt, brauchten wir zwei Stunden.

Nachdem wir endlich im Hotel angekommen waren, wurden wir gebeten, auf die Balkons unserer Apartments hinauszutreten. Draußen wartete eine riesige Menschenmenge. Da winkten wir nun wie der Kaiser und die Kaiserin von Österreich höchstpersönlich von der Balustrade herunter, und die Leute auf der Straße brüllten, klatschten und schwenkten begeistert Fähnchen, als wären sie unsere Untertanen.

Mir kam das alles sehr grotesk vor, als hätten die Spanier den Feudalismus noch tief im Blut. Es war ja noch die Zeit der Franco-Diktatur, und vielleicht wollte man auf diese Weise auch ein bißchen für die Monarchie demonstrieren.

Anschließend, bei einem Empfang der Botschafter Deutschlands und Österreichs, entstanden beinahe diplomatische Verwicklungen, weil man darüber stritt, ob der «Sissi»-Film nun deutsch oder österreichisch sei. Es kam noch hinzu, daß Romy, obwohl in Wien geboren, Deutsche war, während ich, als gebürtiger Darmstädter, aber Österreicher bin. Zum Schluß kannte sich wirklich kein Mensch mehr aus. Wir einigten uns darauf, daß es in einer Zeit, in der man ein Gesamteuropa schaffen will, eine belanglose Frage sei. Man sollte allenfalls von einem deutschsprachigen Film sprechen.

Die Reise nach Madrid war eine der wenigen gemeinsamen Unternehmungen mit meiner Kollegin Romy Schneider. Alles in allem waren wir bei ein paar offiziellen Essen zusammen, wir haben bei einer «Bambi»-Verleihung nebeneinander gesessen und auf dem Filmball mal miteinander getanzt. Ansonsten hatten wir ein kollegial-freundliches Verhältnis. Für mich war die Romy ein nettes junges Mädchen – und sonst nichts. Und dieses nette Mädchen blieb sie auch während der ganzen Dreharbeiten.

Sie war eine sehr ehrgeizige Kollegin und arbeitete im Studio äußerst diszipliniert. Natürlich unterhielten wir uns auch gelegentlich während der Drehpausen. Ich hatte immer den Eindruck, daß sie schon als sehr junges Mädchen von ihrem Stiefvater Blatzheim und ihrer Mutter Magda Schneider zu einem Filmstar erzogen wurde – etwas, das mir zutiefst zuwider war. Ich habe mich in meiner ganzen Karriere immer dagegen gewehrt, wie ein Filmstar behandelt zu werden. Romy Schneider sagte mir einmal, sie hielte das für einen Fehler. Es gehöre zum Image, daß man in einer bestimmten Weise im Atelier auftritt; auch das Verhalten drumherum sei ja letzten Endes schon Theater. Ich habe das nie so empfunden, und diese Seite an ihr gefiel mir nicht. Aber wenn man ihr mal privat begegnete, merkte man: So war sie eigentlich gar nicht; es waren ihre Mutter und ihr Stiefvater, die sie dazu erzogen, die sie zu einem Filmstar machen wollten, was ihnen dann ja auch absolut gelungen ist.

Über die Entwicklung der Romy Schneider außerhalb der Filme, die wir miteinander drehten, weiß ich fast nichts. Wahrscheinlich zur Enttäuschung vieler, die von mir erwarten, daß ich hier die großen Enthüllungen des Geheimnisses Romy Schneider präsentiere.

Vor einiger Zeit ist Romys Tagebuch erschienen. Sie spricht darin sehr kühl und kritisch von mir als einem Kollegen, den sie nie für einen großen Schauspieler hielt. Ich dagegen sagte der Romy einmal bei einem Spaziergang: «Du, ich weiß ja nicht, was dir dein Vater und deine Mutter sagen. Aber ich glaube fest, daß du eine ganz große Begabung bist. Du wirst eines Tages eine große Karriere machen.»

Ich kann mich an diesen Spaziergang und an dieses Gespräch noch sehr genau erinnern. Es war am Fluß bei Mariazell, während der Dreharbeiten zum ersten «Sissi»-Film. Aber davon hat Romy in ihren Aufzeichnungen nicht geschrieben. Wir hatten einen freundschaftlichen, doch eher kühlen Kontakt, der manchmal ein bißchen besser, manchmal ein bißchen schlechter war. Nach unserem vierten Film «Kitty und die große Welt», den sie laut ihrem Tagebuch gar nicht mehr mit mir drehen wollte, brach unsere Beziehung völlig ab. Damals war sie noch nicht einmal zwanzig Jahre alt.

Ich habe Romy dann nur noch einmal gesehen: 1960 in Paris, als sie in einer sehr schwierigen persönlichen Situation war und gerade einen Selbstmordversuch hinter sich hatte. Während meines kurzen Kaffeebesuches schilderte sie mir – in einer bei unserer Beziehung für mich kaum verständlichen Offenheit – ihre Liebesbeziehung mit Alain Delon. Daß sie ihn mit einem Mann im Bett erwischt hätte. Delon war ja – so sagte man – bisexuell. Und Romy war sehr unglücklich darüber und wollte sich deshalb umbringen. Das alles hat sie mir erzählt. Danach haben wir uns nie mehr gesehen. 1980, ein Jahr vor ihrem Tod, als sie in München in einem Hotel war, haben wir noch einmal telefoniert, ein belangloses Gespräch. Romy sagte:

«Wir sollten uns mal wiedersehen.»

Das war's. Ansonsten habe ich zu dieser Frau keine Beziehung gehabt.

Obwohl die «Sissi»-Filme für mich persönlich nie eine besondere Bedeutung hatten, sind sie zu einem Mythos geworden, der mir wohl mein Leben lang anhängen wird. Abgesehen von der Popularität dieser wunderbaren Schauspielerin Romy Schneider gibt es dafür vor allem drei Gründe: Es waren erstens relativ gutgemachte Unterhaltungsfilme mit – wenn man Romy und mich mal vergißt – hervorragenden

Bühnenschauspielern, die ihnen eine gewisse Qualität gaben. Zum zweiten trafen die drei «Sissi»-Filme genau den Nerv der Zeit und bedienten nach dem Krieg die Verdrängungsbedürfnisse des Publikums – nicht nur in Deutschland und Österreich, sondern in vielen Ländern der Welt. Damals habe ich mich wie die meisten Menschen mit dieser Funktion der Filme voll identifiziert. 1957, als wir den dritten Film drehten, sagte ich in einem Interview:

«Es kommt darauf an, moralisch saubere Filme zu drehen, die den Menschen glücklich machen. Das habe ich erkannt, und deshalb habe ich ‹Sissi› gedreht und bin auch bereit, dies vor meinem erwachsenen künstlerischen Gewissen zu vertreten. Und ‹Sissi› ist so ein Film. Er gibt dem Publikum, was es sich wünscht, ohne dabei echte Romantik zum falschen Zauber zu machen. Und in unserem technischen Zeitalter brauchen wir diese einfache Romantik als Ausgleich. ‹Sissi› hat schon deshalb eine Daseinsberechtigung – ebenso wie Problemfilme über die Halbstarken oder Filme über Canaris –, weil er sich an sein eigenes Publikum wendet, an ein Publikum, das ins Kino geht, um sich zu entspannen, um keine Sorgen zu haben, um von dem grauen Alltag Abstand zu gewinnen, um sich durch ein Bilderbuch für zwei Stunden aus einer nicht immer sehr angenehmen Welt fortführen zu lassen.»

Heute, aus der Rückschau, sehe ich das natürlich wesentlich differenzierter. Ich glaube reinen Herzens sagen zu dürfen – und das hat mit meiner Mitwirkung und auch der Romy Schneiders an diesem Film nur sekundär zu tun –: Diese Filme sind bereits heute ein Stück Kulturgeschichte. Eben weil Marischka dieser Gesellschaft der fünfziger Jahre ihr Heile-Welt-Bild lieferte, einer Gesellschaft, die in Wirklichkeit total kaputt war. Der Nationalsozialismus war ja noch keineswegs aus den Köpfen der überlebenden Männer und Frauen verschwunden. Marischka hat erkannt, daß es eine Gesellschaft war, die mit den Einflüssen des Nationalsozialismus und der totalen Zerstörung des Landes erst noch fertig werden mußte. Eine Gesellschaft, die den verzweifelten Versuch unternahm, so schnell wie möglich den Schutt wegzuräumen und mit dem Wiederaufbau zu beginnen. Man hat ja nie den Versuch gemacht – und das ist etwas, was ich dieser Gesellschaft immer vorgeworfen habe –, einen wirklichen moralischen Wiederaufbau einzuleiten, eine neue Ethik zu finden. Die tatsächlichen Fehler des Nationalsozialismus zu begreifen und neue gesellschaftliche Lebensformen zu finden. Statt dessen hat man den durch diesen grausamen Krieg beseitigten Nationalsozialismus ersetzt durch den nackten Materialismus. Und genau das war kulturhistorisch gesehen das Phänomen der fünfziger Jahre.

Der Normalbürger wollte eine heile Welt mit glänzenden Autos und neuen Häusern. Er wollte auf jeden Fall eine harmonische Ehe sehen, eine glückliche Ehe, eine große Liebe. Man sollte dabei die Rolle des Feudalismus nicht unterschätzen, der meiner Meinung nach in den «Sissi»-Filmen den Nationalsozialismus bis zu einem gewissen Grad indirekt ersetzt. Marischka wählte ja einen Feudalherrscher als Idealfigur, noch dazu in einer großen Liebesgeschichte mit einer Frau, die die eigentliche Hauptrolle spielt, indem sie als die wahre Herrscherin in der Gesellschaft auftritt. Das ist für mich das wirkliche Geheimnis dieses Filmerfolgs bis in die heutige Zeit hinein. Ich bin davon überzeugt, daß die «Sissi»-Filme ebenso wie die Nierentische als typische Phänomene der fünfziger Jahre in der Kulturgeschichte Deutschlands, Österreichs und Europas nach dem Krieg Bestand haben – und nicht, das möchte ich noch einmal betonen, weil Romy Schneider oder ich mitspielten.

Der dritte Grund für den «Sissi»-Mythos bis in unsere heutige Zeit ist dieser ungeahnte kommerzielle Erfolg. Bis zum Tod von Ernst Marischka 1973 spielten die «Sissi»-Filme etwa 25 Millionen Mark ein, bis heute geschätzte 60 bis 70 Millionen Mark oder mehr. Und das bei den relativ niedrigen Produktionskosten von insgesamt 3,6 Millionen Mark für alle drei Filme, inklusive der Schauspielergagen. Wir, die wir diesen Filmerfolg gemacht haben, die Romy Schneider und ich, haben am wenigsten daran verdient. Ich habe für den ersten «Sissi»-Film 35 000 Mark bekommen, für den zweiten 65 000 Mark und für den dritten 70 000 Mark. Auch die Romy wurde bei den ersten beiden Teilen ganz schlecht bezahlt; dank ihrem Stiefvater, der ein sehr geschickter Geschäftsmann war, erhielt sie wenigstens beim dritten Film eine Beteiligung. Ich wurde immer wieder vom Publikum und von Journalisten darauf angesprochen, daß mich die «Sissi»-Filme wohl zu einem reichen Mann gemacht hatten. Ich müßte es eigentlich sein. Wenn es auch nur einen Hauch von Gerechtigkeit in dieser Filmbranche gäbe, dann hätten die Romy und ich unser Leben lang sehr viel Geld daran verdienen müssen. Wir haben es beide nicht, vielmehr haben sich andere Leute – ich weiß nicht, wer alles – an unserer Arbeit dumm und dämlich verdient.

Die Tatsache, daß Millionen Menschen die «Sissi»-Filme sahen, brachte uns eine ungeheure Popularität ein – als «Traumpaar» der fünfziger Jahre. Wir wurden als zuckersüßes, rosarotes Marzipanschweinchen-Liebespaar präsentiert. Natürlich wird der Film zu Recht als Schnulze bezeichnet und angegriffen. Mit der wirklichen Ehe zwischen Kaiser Franz Josef von Österreich und Elisabeth von Bayern haben der Film-Kaiser und seine Sissi fast nichts gemein – eine Ehe, die eher den Stoff für einen Horrorfilm abgäbe. Vor dem Hintergrund der tatsächlichen Geschichte des österreichischen Kaiserhauses zwischen 1848 und 1918 erweist sich diese Filmoperette als eine schamlose Lüge.

Für mich als Schauspieler – und das gilt in einem noch

viel extremeren Ausmaß für Romy Schneider – hatten die «Sissi»-Filme eine vernichtende Wirkung. Auf der einen Seite erhielt ich soviel Angebote, daß ich mich nicht mehr retten konnte, aber sie gehörten alle zum gleichen Genre. Ich weiß nicht mehr, wieviel Prinzen, Fürsten, Könige und Kaiser ich damals hätte spielen sollen. Auf der anderen Seite trug mir der «Sissi»-Erfolg keine Anerkennung als Schauspieler ein, eine Achtung, die es mir ermöglicht hätte, auf der Leiter meiner künstlerischen Entwicklung ein paar Sprossen weiter nach oben zu steigen und mir bessere Rollen auszusuchen.

Tatsächlich passierte eher das Gegenteil. Die Regisseure, die in der damaligen Zeit eine gewisse Qualität repräsentierten, stellten den Schauspieler Karlheinz Böhm als einen Schnulzen-Kaiser-Darsteller und Operettenhelden hin, was natürlich eine deutliche Abwertung bedeutete. Wirklich gute Angebote kamen nicht mehr.

Ich drehte noch einen vierten Film mit Romy Schneider, den ich bereits erwähnte: «Kitty und die große Welt» hieß er, unter der Regie von Alfred Weidenmann, mit dem wunderbaren Schauspieler O. E. Hasse als meinem älteren Partner. Die Außenaufnahmen fanden in Genf statt. Dieser Film hatte nur einen mäßigen Erfolg. Danach verloren sich Romy Schneider und ich, wie gesagt, aus den Augen, bis auf das kurze Treffen in ihrer Pariser Wohnung und jenes letzte lapidare Telefonat ein Jahr vor ihrem Tod.

Aber einen Kontakt – wenn auch einen einseitigen – sollte ich noch erwähnen: Als ich 1981 als Gast bei «Wetten, daß . . .?» auftrat, wandte ich mich mit einer Botschaft auch an Romy Schneider.

Wie üblich, so wurde ich auch in Frank Elstners Interview nach der «Sissi»-Serie befragt, das wird mich wohl bis zu meinem Tode verfolgen. Aber ich habe eine ganz bestimmte Einstellung dazu – eine Einstellung, die sich Romy Schneider leider Gottes bis zu ihrem Tod nicht aneignete. Sie wurde vom «Sissi»-Trauma verfolgt bis zum hysterischen Ausbruch. Sie rannte aus Fernsehsendungen, wenn das Wort «Sissi» fiel. Ein «Stern»-Reporter erzählte mir, daß, wenn ein Journalist sie auf «Sissi» ansprach, sie das Interview sofort abbrach. Sie hatte tatsächlich einen «Sissi»-Komplex. Und darunter litt sie wohl sehr.

In dieser Sendung «Wetten, daß...?» sagte ich nun, nachdem das Stichwort «Sissi» gefallen war, sinngemäß an die Adresse von Romy Schneider: «Du guckst jetzt sicher nicht zu. Aber ich wünschte mir, du tätest es, damit ich dir sagen könnte, daß ich mit diesen drei ‹Sissi›-Filmen keine Probleme mehr habe. Sie sind ein Teil unseres Lebens, und deshalb sollten wir uns dazu bekennen. Wir haben diese Filme damals bewußt gemacht und auch den Erfolg einkassiert. Und wenn wir uns heute davon distanzieren, verraten wir damit einen Teil von uns selbst.»

Das habe ich ihr damals per Fernsehen gesagt. Und ich denke manchmal, daß sie, wenn sie diese Einstellung gehabt hätte, heute vielleicht noch am Leben wäre.

Es ist übrigens eine Einstellung, die ich Rainer Werner Fassbinder zu verdanken habe. Auch ich habe lange gebraucht, bis Ende der sechziger Jahre, um das «Sissi»-Syndrom zu überwinden – diese totale kommerzielle Vermarktung und die daraus resultierende Festlegung als Schnulzendarsteller. Ich habe mich von dieser Erfolgsrolle distanziert und alles mögliche unternommen, um das «Sissi»-Image loszuwerden.

Aber erst die Begegnung mit Rainer Werner Fassbinder Anfang der siebziger Jahre hat mich wirklich davon befreit.

8 Zwei Ehen und ein Nomadenleben zwischen München und Tahiti

Vielleicht hat der Leser den Eindruck gewonnen, ich hätte in diesen fünfziger Jahren überhaupt kein Privatleben gehabt. Zeit zum Müßiggang blieb mir in der Tat wenig, bei drei bis vier Filmen im Jahr und Außenaufnahmen überall in der Welt. Außerdem hatte ich auf Filmfestivals zu erscheinen, in Venedig, in Cannes, in Monte Carlo; dazu kamen Bambi-Verleihungsfeiern und Presse-Interviews – eine Arbeit, die mir übrigens alles andere als Freude machte. An Ferien kann ich mich kaum erinnern.

Als Filmschauspieler führte ich in diesen Jahren weitgehend das Leben eines Nomaden, immer unterwegs. Obwohl ich mir im Herbst 1953 zum ersten Mal eine Wohnung gemietet hatte, nachdem ich von Wien nach München gezogen war, und zwar in der La-Place-Straße. Über mein Privatleben gibt es nichts Aufregendes zu berichten, ganz abgesehen davon, daß ich es hier nicht im Stil der Regenbogenpresse ausbreiten will. Nach kurzer Zeit schon zog ich in den Münchner Vorort Grünwald um, wo ich ungefähr ein Jahr lang in der Kaiser-Ludwig-Straße 16 jenes kleine Junggesellendomizil bewohnte, in dem ich, wie gesagt, zum ersten Mal Romy mit ihrer Mutter traf.

Was nützte es nun meiner Geschichte oder dem Leser,

wenn ich erzählte, mit welcher Kollegin ich in Grünwald eine Zeitlang zusammenlebte? Wenn ich darüber dieses und jenes berichtete? Das wäre doch nur eine Diffamierung des Menschen, dieser heute etwa fünfzigjährigen Frau, lange verheiratet, die mit ihrer Vergangenheit zu leben hat wie jeder andere Mensch.

Auch mein Vater hat in seiner Autobiographie kaum von seiner Privatsphäre gesprochen. Er hatte in seinem Leben Beziehungen zu anderen Frauen, trotz der vierundfünfzig Jahre Ehe mit meiner Mutter, die ihn nach außen zu einem integren Mann machte. Ich glaube nicht, daß mein Vater das Recht gehabt hätte, in seinem Buch über diese Frauen zu schreiben.

Und auch ich werde das nicht tun. Ich habe das Leben eines Mannes geführt, der von dem Phänomen Frau eigentlich immer fasziniert war. Im Nachdenken über und im Rückblick auf mein Leben muß ich, kann ich und darf ich sagen, daß Frauen ein bestimmtes Element in allen Phasen meines Lebens waren. Angefangen bei meiner Mutter und Großmutter, die meine Kindheit dominierten. Und bis in meine Kindheit zurück kann ich mich an Begegnungen mit Mädchen stärker erinnern als an die mit Jungen.

Natürlich hat es immer wieder Freundschaften in meinem Leben gegeben. Meine drei engsten Freunde sind Männer, und es sind männerspezifische Auseinandersetzungen, die diese Beziehungen ausmachen. Aber Frauen haben alle Phasen und Veränderungen meines Lebens zutiefst geprägt. Das mag auch mit der Beziehung zu meiner Mutter zusammenhängen.

Es wird den Leser wahrscheinlich verwundern, wenn ich gestehe, daß beim Nachdenken über das Phänomen Frau meine Mutter stets eine große Rolle gespielt hat. Zwar kann ich nur wenig über meine Mutter erzählen, doch ich erinnere mich noch genau daran, wie ich meine Mutter zum ersten Mal nackt sah, beim Sonnenbaden mit einer Freundin. Ich muß etwa neun oder zehn Jahre alt gewesen sein. Sie hatte einen wunderschönen Körper, der mir einen ganz tiefen Eindruck machte. Sie war für mich als Frau, so wie sie sich gekleidet hat, wie sie sich geschminkt hat, ungeheuer beeindruckend. Ich kenne noch das Parfum, das sie benutzt hat – Chanel N° 5. Ich erinnere mich noch wie gestern an die Zigarettenmarke, die sie geraucht hat – Halbe Fünf. Vielleicht hat sie mich als Frau sogar noch mehr beeindruckt denn als Mutter. Und ich bin ganz sicher, daß ich als erwachsener Mann immer versucht habe, meine Mutter als Frau wiederzufinden; wenn auch nicht unbedingt als optisches Abbild.

Ich hatte viele Beziehungen zu Frauen. Ich könnte natürlich in schöner Selbstenthüllung die Namen all der Frauen aufzählen, die in meinem Leben irgendeine Rolle gespielt haben, so wie das einige Kollegen von mir getan haben. Doch ich finde das schrecklich. Sicherlich war es ein Fehler von mir, daß ich mich jedesmal, wenn ich glaubte, ich hätte die Idealfrau, die Mutterfrau gefunden, auf das Wagnis einer Ehe einließ. Ich habe wohl auch bis zu einem gewissen Grad meine Eltern kopiert, die mir bis zu ihrem Tod eine so unverbrüchliche Ehe – allen Seitensprüngen zum Trotz – vorgelebt, vielleicht auch vorgespielt haben.

Besonders in den fünfziger Jahren, als Unsicherheit und das Streben nach äußerem Erfolg mein Leben noch weitgehend dominierten, habe ich zweimal den Versuch gemacht, einer solchen Beziehung zu Frauen die Form einer Ehe zu geben. Diese Versuche könnten zu der falschen Annahme führen, die beiden Frauen, mit denen ich vier meiner heute sechs Kinder habe, hätten eine wichtigere Rolle in meinem Leben gespielt als manche andere Beziehung.

Ich lernte meine erste Frau, Elisabeth Zonewa, zwischen den Filmen «Der unsterbliche Lump» (1953) und «Die

Hexe» (1954) kennen, in einem viermotorigen Flugzeug, auf dem Flug von Berlin nach München. Sie war Stewardeß, und als ihr ein Teller mit Brötchen vom Tablett schlidderte, kamen wir ins Gespräch. Li, wie sie genannt wurde, eine Bulgarin deutschen Ursprungs, war damals einundzwanzig Jahre alt. Als wir uns verlobten, hängte sie ihren Stewardessenrock an den Nagel. Ich wollte es so, wie es bei meinen Eltern gewesen war.

In dieser Ehe entstand ein Kind mit dem Namen Sissi. Wir lebten in meinem ersten gemieteten Münchner Haus in der Nähe der Filmstudios von Geiselgasteig. Als ich mich 1957 von Elisabeth trennte, hatte das ein ungeheures Echo in der Regenbogen- und Skandalpresse. Überhaupt tauchte ich in diesen Zeitungen immer dann auf, wenn eine meiner legalen Verbindungen zu Frauen scheiterte. Jede Menge Journalisten kamen zu mir und wollten mich über das Ende dieser Ehe interviewen. Das zeigt vielleicht – die «Sissi»-Zeit hatte ja schon begonnen –, welchen Popularitätsgrad ich damals erreicht hatte.

Mir war das zutiefst zuwider. Ich hatte mich, wie in dem Gespräch mit Romy Schneider erwähnt, immer gegen das Image des Filmstars gewehrt. Um so weniger behagte es mir, daß mein Privatleben in der Presse ausgebreitet wurde. Natürlich gehört es zur Rolle des Stars, daß ein Teil seines Privatlebens in der entsprechenden Presse seinen Niederschlag findet; jedenfalls soweit es die Moralvorstellungen der Zeit zulassen, also mit der entsprechenden Verlogenheit. Damit wird Geld verdient, und es trägt in einer Art Kreislauf wiederum zur Popularisierung der Filme und ihrer Stars bei. Doch ich habe es immer als widerlich empfunden, wenn der Intimbereich zweier Menschen in die Öffentlichkeit gezerrt wird

Abgesehen von einigen Ausnahmen kann ich deshalb sagen, daß fast alles, was über meine Privatsphäre publiziert wurde, nicht von mir stammt. Auch wenn mir bewußt ist, daß wir in einer Zeit leben, die von einem gewissen Exhibitionismus bestimmt wird, vermag ich dieses Spiel nicht mitzuspielen. Auch nicht in diesem Buch. Wenn ich mir vorstelle, mein Vater hätte in seiner Autobiographie von den tatsächlichen Schwierigkeiten seiner Ehe berichtet, hätte ich jede Achtung vor ihm verloren.

Vielleicht war es mein Beruf, vielleicht meine Suche nach der idealen Verbindung, daß ich kurz nach der Scheidung von Elisabeth Zonewa in die nächste Ehe schlidderte. Ich lernte in einem Wiener Studio eine junge Schauspielerin kennen, eine in Polen geborene Deutsche namens Gudula Blau, und sie wurde bald darauf meine zweite Frau.

Um diese Zeit beschloß ich, mich in der Schweiz niederzulassen; und zwar aus einem Grund, der tiefer in meiner Seele saß, als mir anfänglich bewußt war. Die Sehnsucht nach dem Land, das mir während des Krieges einen gewissen Frieden und Sicherheit geschenkt hatte, muß sehr groß gewesen sein. Ich erinnere mich dieses merkwürdigen Gefühls, das mich jedesmal ergriff, wenn ich die Schweizer Grenze passierte. Dieses Gefühl, mich sicher zu fühlen. Das blieb noch lange so.

Besonders das Tessin, das mir von den Besuchen bei dem Pianisten Wilhelm Backhaus während meiner Internatszeit tief im Gedächtnis haftete, reizte mich. Einmal fuhr ich in Urlaub dorthin, beeindruckt von der schönen Natur, und entdeckte an einem Berghang sechshundert Meter oberhalb von Lugano ein Dörfchen mit dem Namen Cureggia. Dort fand ich durch Zufall ein Häuschen, das ein Bauer verkaufen wollte. Es war nicht sehr groß und lag unvorstellbar schön. Mit seinen nur etwa neunzig Quadratmetern entsprach es meinen Vorstellungen von Wohlbehagen. Luxus habe ich schon immer kritisch betrachtet. Das habe ich übrigens auch von meinen Eltern, die selbst in jenen Jahren, als mein

Vater sehr viel Geld verdiente, bescheiden blieben und keineswegs luxuriös lebten.

Wenn ich darüber nachdenke, wie ich damals gelebt und meine Freizeit verbracht habe, fällt mir als erstes wieder die Musik ein. Ich begann 1953, mir mit zehn Prozent von der Gage für jeden Film eine Schallplattensammlung anzulegen, ausschließlich klassische Musik. Mit der Zeit kamen so rund fünftausend Platten zusammen. Ich ging viel in Konzerte und immer noch in jeder freien Minute in Aufführungen meines Vaters. Es war für mich selbstverständlich, jedes Jahr zu den Salzburger Festspielen zu fahren, wenn ich nicht gerade irgendwo in der Ferne drehte.

Zum Ausgehen hatte und habe ich ein sehr distanziertes Verhältnis. Zwar verbrachte ich gern mal einen Abend bei Freunden oder ging in kleinem Kreis irgendwohin zum Essen. Aber mit Bars und Cocktailpartys hatte ich nichts im Sinn, das fand ich gräßlich. Die Fotos von mir mit Romy Schneider oder Brigitte Bardot tanzend auf irgendeinem Fest – das waren Filmbälle, die zu besuchen ich vom jeweiligen Filmverleih gezwungen wurde.

Allerdings bin ich mit Gudula Blau in Wien mal in eine Bar oder einen Nachtclub gegangen, in der ersten Verliebtheit haben wir bis morgens um zwei getanzt. Aber nicht wegen des Tanzens oder des Ausgehens, sondern weil ich einen engeren Kontakt zu ihr wollte. Das war damals nicht so leicht möglich wie heute.

Doch die fünfziger und sechziger Jahre waren in puncto Ausgehen noch Gold gegen heutige Zeiten. Anfang der achtziger Jahre haben mich meine Töchter Daniela und Katharina einmal sehr gedrängt, mit ihnen in eine Disco zu gehen. Die beleben sich ja erst ab elf oder zwölf Uhr nachts – für mich die erste Qual, da ich ein Tagmensch und kein Nachtmensch bin. Ich gehe sehr früh schlafen und stehe sehr früh auf – bin also eher Lerche als Eule. Die zweite

Qual: der Lärmpegel dort, den ich als wirklich zerstörend empfunden habe, sowohl für die Ohren als auch für Kontakt und Kommunikation. Dagegen waren die Bars und Tanzvergnügen der fünfziger Jahre geradezu lustig und fröhlich, und man konnte wenigstens noch miteinander reden. Heute in den Discos tanzen die Leute meist allein vor sich hin, bis sie glasige Augen haben, und dann gehen sie um vier Uhr morgens erschöpft nach Hause. Kommunikation jedenfalls hat kaum stattgefunden.

Die sieben Jahre von 1953 bis 1960 waren beherrscht von einer Unzahl von Filmen, die kommerziell mehr oder weniger erfolgreich waren. Ich hatte damals einen Namen, der in der «Beliebtheitsliste» der deutschen Stars nach dem unschlagbaren O. W. Fischer zwischen dem zweiten und dritten Platz pendelte. Es war eine Zeit, die von liebenswerter Oberflächlichkeit geprägt war und die für mich – von heute aus gesehen – eine gewisse Stagnation bedeutete. Man entwickelt sich zwar immer weiter, aber in dieser Zeit ging das bei mir sehr langsam.

Ich drehte, wie gesagt, meist drei, manchmal sogar vier Filme im Jahr. Für einen Film brauchte man inklusive der Vorbereitung etwa drei Monate – davon sechs bis acht Wochen reine Drehzeit. Das heißt, man drehte eine Zeitlang in einem Studio, und den Rest der Zeit verbrachte man irgendwo bei Außenaufnahmen. Und wenn es vier Filme waren, dann war das Jahr voll. Meine Ferien waren, wenn man so will, die Außenaufnahmen.

Bei den «Sissi»-Filmen zum Beispiel drehten wir in vielen Gegenden Österreichs, in Griechenland, in Venedig. In Spanien war ich zum ersten Mal 1953 mit dem schon kurz erwähnten Film «Hochzeit auf Reisen» mit Gert Fröbe und Gardy Granaß, da fuhren wir durch das ganze Land, lange bevor es für den Tourismus entdeckt wurde.

In Italien fanden 1954 die Außenaufnahmen für «Die

Hexe» statt, mit dem österreichischen Regisseur Gustav Ucicky, einem bekannten Ufa-Regisseur, und mit Anita Björg als meiner Partnerin, einer der hervorragendsten Bühnenschauspielerinnen Schwedens. Dieser Film hatte auch einen relativ hohen künstlerischen Anspruch. Er erzählt die Leidensgeschichte einer Offiziersfrau aus Österreich, die das Attentat von Sarajewo und den Ausbruch des Ersten Weltkriegs voraussieht. Im Jahre 1956 drehte ich noch einmal in Rom, und zwar die Romeo-und-Julia-Geschichte «Nina» mit Anouk Aimée als meiner Partnerin. Ein Film, den ich damals gern mochte; ich habe ihn kürzlich wiedergesehen und war eher enttäuscht.

Auch in Schweden drehte ich zwei Filme. Der eine heißt «Schwedenmädel» und handelt von einer Liebesromanze in einem internationalen College in Stockholm, die in der Mittsommernacht zerbricht. Ungeachtet der ziemlich kitschigen Story spielten darin Walter Giller und als meine Partnerin die wunderbare schwedische Bühnenschauspielerin Maj Britt Nilsson. Das war 1955, und damals habe ich Schweden sehr gut kennengelernt. So wie man heute im Sommer vier bis sechs Wochen irgendwohin in den Urlaub fährt, habe ich früher meine Ferien bei den Außenaufnahmen genommen.

Ich verdanke der vielen Filmerei in den fünfziger Jahren, daß ich so viel von der Welt sehen konnte. Es entsprach auch meiner Neigung zu einer Art Nicht-Seßhaftigkeit. Eine komische Sache fällt mir ein, über die sich viele meiner Freunde und auch Frauen lustig gemacht haben: Überall, wo ich hinkam und es schön fand, wollte ich mir gleich ein Haus bauen oder kaufen und dort einziehen.

Ich hatte das Glück, auch an entlegene Orte der Welt zu kommen. 1957, als ich von meiner ersten Frau schon getrennt war, bot man mir einen Film auf Tahiti an, eine Matrosengeschichte mit dem Titel «Blaue Jungs», in dem auch wieder meine Kollegen Claus Biederstaedt, Franz Muxeneder und Walter Giller mitspielten. Es gab damals noch keine durchgehende Flugverbindung nach Polynesien. Die Filmgesellschaft hatte bei einer französischen Fluglinie einen sehr günstigen Testflug gebucht, der über Rom, Vietnam und Australien ging.

Wir kamen um Mitternacht in der australischen Hafenstadt Port Darwin an. Noch im Flugzeug wurden wir von einer vermummten Gruppe mit Spray-Apparaten eingesprüht, aus Angst vor Infektionskrankheiten, wie man uns sagte. Wir hatten nur ein paar Stunden Aufenthalt und wurden in ein Restaurant gefahren. Natürlich sahen wir nicht viel von Australien, doch das Wenige war beeindruckend. Zum ersten Mal sah ich den Halbmond liegend und war sprachlos. Naturkundeunterricht in der Schule und das Erlebnis in natura sind wirklich zwei verschiedene Dinge. Die liegende Mondsichel leuchtete sehr hell. Plötzlich hüpften elegant, wie auf Bestellung, ein paar Känguruhs über die Straße und verschwanden in der Dunkelheit.

Von Port Darwin flogen wir nach Neukaledonien, unserer ersten Begegnung mit dem Pazifischen Ozean. Dort blieben wir einen Tag, und ich erinnere mich noch, daß Claus Biederstaedt – obwohl er gewarnt worden war – im Meer auf einen giftigen Seeigel trat. Die Verletzungen sollten ihm bei den Dreharbeiten in Tahiti noch lange zu schaffen machen.

Die nächste Station waren die Fidschi-Inseln – auf einmal Linksverkehr und alles sehr britisch. Mit einem sogenannten Flugboot ging es weiter. Zuerst auf eine der Samoa-Inseln, die zu den Vereinigten Staaten gehört, dann Aitutaki-Island: ein hufeisenförmiges Atoll, in dem wir mit unserem Flugboot landeten – ein unvergeßliches Erlebnis. Gibt es eigentlich diese Wasserflugzeuge heute noch, oder hat man alle Lagunen dieser traumhaft schönen Inselwelt so zugeschüttet wie die schönste Lagune in Tahiti?

Im Flugboot hatte man uns gesagt, daß wir bei der Landung die Badehose parat haben sollten. Wir hatten gelacht. Aber als die Motoren ausliefen und wir wie beim Andocken mit einem Motorboot auf den Landesteg hinausgingen, hieß es: «Gehen Sie schwimmen! Wir rufen Sie, wenn das Flugboot vollgetankt ist!» Man stelle sich das heute einmal vor!

Das Wasser der Lagune war aquamarinblau und der Sand ins Meer hinein ein samtener weißer Teppich. Auch die Fische schienen vor den schwimmenden Zweibeinern keine Angst zu haben. Die exotische Unterwasserwelt um die Riffe dieses einmaligen Teils der Weltmeere bezauberte mich. Es fiel mir schwer, mich davon zu trennen, und ich denke noch oft an diese beiden Stunden «in einer anderen» Welt, die doch die unsere ist.

Dann Zwischenlandung auf Bora-Bora und wieder Flugzeugwechsel. Das Flugzeug war nämlich zu groß für die Landung in der Lagune von Tahiti. Bora-Bora gehört übrigens schon zum französischen Archipel. Und spätestens hier stellt sich die Frage: Was soll das eigentlich? Eine Insel französisch, die andere amerikanisch, wieder eine andere australisch oder britisch und so fort. Und diese herrlichen, wunderschönen Menschen, die dort leben – was gehört ihnen? Und dann fallen mir die Erkundungstouren ein, auf denen wir diesen Teil der Welt kennengelernt haben. Schön – ihn kennenzulernen war und ist ja in Ordnung; aber wozu und mit welchem Recht kolonialisieren und die Menschen unterdrücken und ausbeuten? Und mit welchem Recht haben wir das in so vielen Teilen der Welt getan? Warum in Afrika? Und warum haben wir noch immer nicht begonnen, die riesigen Summen zurückzuzahlen, die wir diesen Menschen schulden? Warum begreifen wir nicht, daß wir diese Menschen arm gemacht haben? Warum gibt es überhaupt eine «dritte Welt»?

Sicherlich habe ich in den fünfziger Jahren noch nicht so

gedacht. Wir haben uns eher darüber lustig gemacht, daß es auf der einen Insel Rechts- und auf der anderen Linksverkehr gibt. Wir waren überwältigt von der Schönheit der Mädchen, Frauen, Kinder. Von der freien Liebe, die es dort gab und von der man uns sofort berichtete. Doch wir hörten natürlich auch von der starken Verbreitung von Geschlechtskrankheiten. Jedenfalls kann ich mich nicht erinnern, daß einer von uns es gewagt hätte, in diesen kurzen Drehwochen eine Beziehung mit einem tahitischen Mädchen einzugehen.

Es war ein phantastisches Erlebnis, vier Wochen lang auf dieser paradiesischen Insel zu drehen. Auch wenn es ein ziemlich mieser Film war, einer dieser deutschen Billigfilme. Der übliche «Südseezauber» mit Liebesromanze unter tanzenden Eingeborenen – diesmal vor dem Hintergrund des Seekrieges im Pazifik 1945. Trotz erlernter Arbeitsdisziplin empfand man die Dreharbeiten eher als lästig.

Zu Walter Giller, mit dem ich öfter zusammen drehte und mit dem ich mich immer gut verstand, fällt mir etwas Lustiges ein. Er war damals frisch verliebt in Nadja Tiller, seine zukünftige Frau. Ich kannte sie flüchtig aus Wien, wo sie in meinen Anfängerjahren zur «Miß Austria» gekürt worden war. Inzwischen hatte sie eine bemerkenswerte Schauspielerkarriere begonnen. Und eines Tages nun erhielt Giller, trotz der schlechten Postverbindung nach Tahiti ein Telegramm. Er zog damit, von uns allen beneidet, ab. Später sah ich ihn ziemlich verwirrt irgendwo am Strand.

«Hast du dich über das Telegramm nicht gefreut?» fragte ich ihn.

«Doch, doch», murmelte er.

Er kramte das Papier hervor und zeigte mir den Text. Der lautete sinngemäß so: Bring mir eine Perlenkette mit. Die sollen dort so schön und billig sein. Grüße Nadja.

Seit über dreißig Jahren sind die beiden ein beneidenswert glücklich verheiratetes Paar. Sie haben geschafft, was mir bisher nie gelungen ist.

Für mich waren die Dreharbeiten zu «Blaue Jungs» insofern sehr erfreulich, als ich den Vertrag für den nächsten Film auf Tahiti sechs Monate später sozusagen schon in der Tasche hatte. Ich hatte auf dem Hinflug den französischen Filmregisseur Ralph Habib kennengelernt, der auf Tahiti einen Film mit der berühmten Filmschauspielerin Martine Carol vorbereiten wollte. Und während der sieben oder acht Tage, die wir bei diesem Flug unterwegs waren, fragte er mich, ob ich nicht Lust hätte, noch einen zweiten Film auf Tahiti zu drehen.

So kam es, daß ich im selben Jahr noch einmal nach Tahiti flog. Diesmal ging es über San Francisco. Unvergeßlich der Eindruck von meiner ersten Landung in den Vereinigten Staaten. Nach einem herrlichen zwölfstündigen Flug mußten wir den Tag in einem Hotel in der Nähe des Flugplatzes von San Francisco verbringen. Wir – das waren Gudula Blau und ich, frisch verliebt. Am Abend checkten wir in die Maschine nach Hawaii über Guam und die Fidschi-Inseln ein. Nach den Zollformalitäten saßen wir im Warteraum, bis wir vom Bus zum Flugzeug, Typ Stratocruiser, gebracht wurden. Es war ein zweistöckiges, äußerst bequemes Flugzeug, in dem man für wenig Geld, etwa fünfundsiebzig Dollar, auch ein Bett haben konnte. Bei den langen Flugzeiten waren solche Bequemlichkeiten äußerst angenehm.

Gegen zehn Uhr rollten wir auf die Startbahn, das Flugzeug beschleunigte, während ich mir schon die Schuhe auszog und es mir bequem machte. Plötzlich bremste die Maschine scharf ab und rollte dann langsam zu ihrer Ausgangsposition zurück. Aus dem Lautsprecher kam die Stimme des Captains: Die Fluggesellschaft hätte einen Anruf bekommen, daß eine Bombe an Bord sei. Das Gepäck müßte ausgeladen und durchsucht werden.

Wir hielten weit draußen auf dem Flugfeld. Dann kamen Busse mit Rotlicht angebraust, die uns zurück in den Flughafen brachten. Einige Kriminalbeamte befragten jeden einzelnen Passagier nach Personalien und Gründen für den Flug. Die Koffer wurden geöffnet und genauestens durchsucht, bis auf die letzte Unterhose. Etwa um ein Uhr morgens war die Prozedur beendet. Wir wurden wieder in unseren Stratocruiser verfrachtet. Als der Copilot an mir vorbeikam, fragte ich ihn, ob man etwas gefunden habe.

«Nein», meinte er gelassen, «gefunden haben wir nichts.»

Und damit ließ er offen, ob nicht doch ein kleines Bömbchen an Bord sei.

Der Flug bis Hawaii verlief ruhig. Gudula und ich schliefen fest. Bei unserem leider nur allzu kurzen Aufenthalt machte ich mit meiner Sechzehn-Millimeter-Kamera auch einen Schwenk über den Flughafen samt unserer Maschine und ging mit dem Zoom nahe an den Namen des Flugzeuges: «Queen of the Night» hieß es.

Dann flogen wir weiter. Zwischenstop in Guam, dem amerikanischen Militärstützpunkt aus dem Zweiten Weltkrieg. Dann die Landung auf Fidschi und das Umsteigen in ein Flugboot. Einen Flugplatz mit Betonpiste wie heute gab es noch nicht. Wenig später wurde die Lagune von Tahiti, eine der schönsten der Welt, dann zugeschüttet, damit die Massen des modernen Tourismus Einzug halten konnten. Wenn ich mir heute Bilder von dieser Insel angucke, kann ich nur weinen, daß dieses für mich unvergeßliche Paradies all seinen früheren Charme und seine Schönheit verloren hat.

Ich mache nun einen Sprung. Auf dem Rückflug, etwa neun Wochen später, flogen wir zuerst nach San Francisco und von dort nach New York, wo mein Vater – wenn ich mich recht erinnere – zum ersten Mal ein Gastspiel an der Metropolitan Opera gab. Es war «Don Giovanni» von Mozart. Zwar konnte Gudula mit klassischer Musik nicht allzuviel anfangen – keine der Frauen, denen ich begegnet bin oder die mein Leben ein Stück lang begleitet haben, war mit Musik aufgewachsen wie ich –, aber wir genossen es trotzdem sehr.

Im Hotel, in dem meine Eltern auch später immer wieder wohnten, wenn mein Vater in New York dirigierte, fand ich in ihrem Apartment zufällig eine Ausgabe der Illustrierten «Bunte». Große Titelgeschichte: Der Absturz eines Stratocruisers der PanAm zwischen San Francisco und Hawaii. Es war eine lange, aufregende Story. Sie erzählte von dem versuchten Versicherungsbetrug eines Mannes, der die Fluggesellschaft monatelang mit Bombendrohungen in Schrecken versetzt hatte. Bis man glaubte, es handele sich um einen Verrückten, und die Drohungen nicht mehr sonderlich ernst nahm.

Nach unserer Rückkehr nach Europa ließ ich den Film von Tahiti entwickeln und zeigte ihn eines Abends Freunden. Plötzlich entdeckte ich etwas, das mich den Film stoppen ließ. Ich rannte in mein Zimmer und holte die «Bunte», die ich mir aus New York mitgenommen hatte, und verglich die Bilder. Der Name des explodierten Stratocruisers war – «Queen of the Night», die Maschine, mit der wir nach Tahiti geflogen waren.

Doch zurück nach Tahiti. Dieser Film mit dem Regisseur Ralph Habib – übrigens mein erster Ausflug in den französischen Film – hieß «Nächte auf Tahiti». Ich war vor allem sehr neugierig auf meinen Partner Daniel Gelin und auch auf den Star Martine Carol. Doch ich war so verliebt in Gudula, daß ich mich kaum von der berühmten Schönheit Martine Carol beeindrucken ließ. Die Liebesszenen spielte ich wohl so unbeteiligt, daß Martine fast unmutig wurde.

Das zeigt mir, wie unprofessionell damals meine Einstellung zum Beruf noch war.

Der Film selbst war letzten Endes eine Enttäuschung. Eine Mischung aus Abenteuer-, Kriminal- und Liebesfilm, in dem ein reicher Engländer seinem unehelichen Sohn, der auf Tahiti lebt, sein ganzes Vermögen vermacht. Hinter dem Geld sind gleich mehrere Leute her. Dabei sind grelle Szenen herausgekommen, die nicht sonderlich überzeugen.

Mir boten die Tahiti-Filme 1957 jedenfalls die Chance, dreieinhalb Monate auf dieser herrlichen Insel zu verbringen. Es war ein phantastisches Erlebnis: die Schönheiten der Sonnenuntergänge; die Fahrt zwischen Tahiti und der Nachbarinsel Morea, bei der wir für eine Drehszene einen Hai fangen mußten; eine Rundfahrt um dieses noch weitgehend unberührte Paradies; das Tiefseetauchen am Riff; das unbeschreiblich gute, fremdartige Essen mit vielen Früchten, viel Fisch, aber kaum Fleisch – all das ist mir tief in der Erinnerung hängengeblieben.

Und ich traf den Sohn des berühmten französischen Malers Paul Gauguin. Viele Jahre lebte und malte Gauguin auf Tahiti, und seine Bilder hängen heute in Museen oder bei den Reichen der Welt. Sein Sohn, den Gauguin mit einer Tahitierin hatte, wußte noch viel von ihm zu erzählen, besonders, wenn er getrunken hatte. Doch ob es wahr war, wußte keiner mehr ...

Als ich dann bei meiner Rückkehr aus Tahiti im Herbst 1957 zum ersten Mal New York besuchte, war es ein Schock für mich. Ich habe eine tiefe Abneigung gegen Städte, die damit zusammenhängen mag, daß ich die schönsten Momente meines Lebens in freier Natur oder in kleinen Dörfern, allenfalls einer so zauberhaften Kleinstadt wie Kufstein, verbracht habe. In diesem erschreckenden Steinhaufen, in diesem verstörenden Kontrast von unvorstellbarem Reichtum und unvorstellbarem Elend, erkannte ich sehr schnell den Grund für diese tiefe Abneigung. Zwar sind solche Städte auch die Geburtsstätten von Kunst und sogar einer gewissen Kultur, zum Beispiel von Architektur, Musik, Malerei. Aber ebenso zweifelsfrei sind sie die Brutstätten von Haß der Menschen untereinander, bis hin zu seiner entsetzlichsten Konsequenz, dem Krieg. Schon damals in New York trieb mich der brodelnde Verkehr in all seinen Auswirkungen in hellen Wahnsinn.

Auch später, Anfang der sechziger Jahre, als ich mich mit meiner dritten Frau Barbara zu einem kurzen Ferienaufenthalt in New York aufhielt, kam mir die gesellschaftlich destruktive Form dieser Art des Zusammenlebens von Menschen immer stärker zu Bewußtsein. Obwohl wir viel Kultur genossen, zum Beispiel Musicals, diese in Europa damals fast noch unbekannte Weiterentwicklung der Operette. Doch die Slums von New York, dieses Konglomerat aus so vielen Völkern und Kulturen, konnten von den Eindrücken in der Metropolitan Opera oder der New Yorker Philharmonie nicht verdrängt werden. Und auch die Armut der heruntergekommenen Neger-Stadt Harlem inmitten dieses Zehn-Millionen-Molochs New York vergaß ich nicht beim Übernachten in Luxushotels, deren übertriebener Reichtum ebenso groteske Formen annimmt wie das gesellschaftliche Leben der Reichen. Woody Allen fällt mir dabei ein, der in seinen Filmen die Formen dieser Überflußgesellschaft am präzisesten schildert.

Wenn ich auf all die Filme dieser Jahre zwischen 1953 und 1960 zurückblicke, sind darunter sicherlich nur wenige anspruchsvolle Produktionen. Außer dem Film «Die goldene Pest», von dem ich im 6. Kapitel berichtete, und dem Film «Die Hexe», beide aus dem Jahr 1954, wäre vielleicht noch die recht gelungene Komödie «Der Gauner und der liebe Gott» zu erwähnen. Dieser Film, ein Schwank aus dem Jahr

1960, mit Gert Fröbe, inszeniert von Axel von Ambesser, wird auch im Fernsehen immer mal wieder gezeigt. Ich spiele einen Priester und Gert Fröbe einen als Priester verkleideten Ganoven, der auf merkwürdige Weise bekehrt wird.

An den Film selbst habe ich wenig Erinnerungen, auch kaum an persönliche Beziehungen zu meinen Partnern. Ich weiß nur noch, daß die Außenaufnahmen irgendwo im Bayerischen Wald, in einer nicht sehr attraktiven Gegend nahe der tschechischen Grenze, stattfanden. Die Studioaufnahmen drehten wir in Baldham, ein verträumtes Plätzchen, in dem es ein kleines Atelier gab.

Damals ließ man sich in diesem Vorort Münchens noch ungern zum Wohnen nieder, da er in der Nähe der Nervenheilanstalt von Haar liegt. Meinen Eltern allerdings gefiel die Gegend so gut, daß sie sich in Baldham ein Grundstück kauften und darauf ein Fertighaus – sparsam, wie sie waren – bauten: das Haus, von dem ich andernorts schon erzählt habe. Nun, zu jener Zeit verdiente mein Vater auch weniger Geld als sein «Filmstar-Sohn».

Zwischen all diesen mehr oder weniger harmlosen Filmen gab es 1959 eine wirklich ausgezeichnete Arbeit: «Kriegsgericht» mit Kurt Meisel als Regisseur. Der Film ist eine harte Auseinandersetzung mit dem Thema Desertion. Bei dem Untergang des deutschen Schlachtschiffes «Pommern» im Zweiten Weltkrieg haben drei Männer überlebt: zwei Offiziere und ein einfacher Matrose. Sie werden von der Besatzung eines deutschen Schiffes aus dem Wasser gefischt und zunächst als Helden gefeiert und wegen Tapferkeit ausgezeichnet. Doch dann stellt man sie wegen Feigheit und versuchter Fahnenflucht vor ein Kriegsgericht, das sie zum Tode verurteilt.

Kurt Meisel hat diesen Schwarzweißfilm in nur achtzehn Drehtagen in Berlin fertiggestellt, mit einer Reihe fabelhafter Bühnen- und Filmschauspieler, darunter Christian Wolff und der durch Freitod viel zu früh aus dem Leben geschiedene herrliche Schauspieler Klaus Kammer. Ich spielte den Angeklagten Düren, Zweiter Flaggoffizier auf der «Pommern», der den Befehl zur Desertion gab. Diesen Film konnte man vor einiger Zeit im deutschen Fernsehen wiedersehen. Er hat bis heute gute Kritiken und läßt meine Arbeiten in den fünfziger Jahren vielleicht in einem etwas differenzierteren Licht erscheinen.

Es war 1959 in Berlin, als meine zweite Ehefrau Gudula Blau unsere Tochter Kristina auf die Welt brachte. Im Dezember 1958 hatte ich in der Schweiz das kleine Tessiner Häuschen gekauft, das ich dann um- und ausbauen ließ. Mein Suchen nach einem geeigneten Wohnsitz hatte schon bald die Ehe mit Gudula Blau überschattet. Es war die bürgerliche Seite in mir, die mir von meinen Eltern mitgegeben worden war: dieses Ein-Haus-haben-Müssen, Sich-irgendwo-Niederlassen.

Die Tessiner Bergeinsamkeit paßte überhaupt nicht zu meinen Versuchen, im internationalen Film Fuß zu fassen. Gerade zu dieser Zeit begann ich eine hektische Filmtätigkeit, so daß ich selten zu Hause war. Ich drehte noch einen zweiten französischen Film. Er hieß «La croix des vivants», deutscher Titel «Sie fragte nicht nach morgen», mit der Schauspielerin Pascale Petit als meiner Partnerin. Ich sprach ja sehr gut Französisch, Englisch und Italienisch, so daß ich in diesen drei Sprachen filmen konnte.

Auch in England drehte ich noch 1959: «Too hot to handle» – «Zu heiß zum Anfassen» – mit dem Busen- und Sexwunder Jayne Mansfield. Mein einziger Film, der ein bißchen in die Richtung Sexfilm ging. Es war nur eine dürftige Kriminalgeschichte aus dem Nachtleben von Soho, von zwei konkurrierenden Nachtclubbesitzern, garniert mit zahlreichen Revueszenen. Aber für mich zählte die Hoffnung, durch die Dreharbeiten in England neue Kontakte und Chancen zu finden.

In der Tat bot mir die amerikanische Filmfirma Metro-Goldwyn-Mayer (MGM) auf Grund des Films mit der Mansfield einen mehrjährigen Vertrag für Hollywood an. Natürlich mit der Kalkulation: Karlheinz Böhm, das ist ein Name, der in Deutschland Geld bringt. Wenn wir den mal ab und zu in einen Film hineinsetzen, kann man ihn vielleicht besser verkaufen. Das hat man damals ja auch mit Horst Buchholz probiert. Und auch Hardy Krüger hat, glaube ich, drüben mal einen Film gedreht.

Doch mein Aufenthalt in London sollte für mich noch aus einem anderen Grund eine besondere Bedeutung bekommen.

9 Der Skandal um «Peeping Tom»

Ich war zum ersten Mal in London. Es war neblig und unangenehm kalt. In einem runden Haus irgendwo in der Stadt hatte ich eine schreckliche Wohnung. Ich mochte weder die Wohnung noch die Gegend, noch die Mentalität der Menschen. Schon bei diesem ersten Aufenthalt in England merkte ich, daß mir Land und Leute überhaupt nicht lagen, trotz einer gewissen kulturellen Faszination, was die Londoner Theater- und Filmwelt betrifft.

Und während ich also diesen heute völlig vergessenen und unwichtigen Film «Too hot to handle» mit Jayne Mansfield drehte, lernte ich auf dem Gelände der Filmstudios durch einen Zufall den englischen Regisseur Michael Powell kennen – zu seiner Zeit vielleicht einer der bedeutendsten Filmregisseure der Welt. Sir Michael Powell war auch am englischen Königshof ein hochanerkannter Mann. Er arbeitete eng mit dem Regisseur Emeric Pressburger zusammen, mit dem er 1942 eine eigene Filmgesellschaft gegründet hatte. Bis 1956 zeichneten sie bei allen Filmen gemeinsam verantwortlich für Drehbuch, Regie und Produktion, als Schöpfer von Filmen wie «Die roten Schuhe», «Hoffmanns Erzählungen» und «Irrtum im Jenseits». Letzterer aus dem Jahre 1947 ist eine ebenso satirische wie sensible Komödie zwischen Realität und Phantasmagorie. Sie handelt von einem im Zweiten Weltkrieg abgestürzten Piloten, der vor einer überirdischen Stelle beweisen soll, daß sein vorzeitiges Ende auf dem Irrtum eines subalternen Himmelsbeamten beruht.

Michael Powell und ich mochten uns auf den ersten Blick. Wir fanden sehr schnell heraus, daß wir die gleiche Wellenlänge hatten, obwohl Powell mehr als zwanzig Jahre älter war als ich. Er bot mir die Hauptrolle in einem Film an, den ich ohne jeden Zweifel für den besten halte, den ich je in meinem Leben gedreht habe. Es war der Film «Peeping Tom», der den deutschen Titel «Augen der Angst» trägt. Eine verfehlte Übersetzung, «Der Voyeur» wäre besser gewesen. Es gibt auch den deutschen Ausdruck «Spanner», der sich allerdings eindeutig auf sexuelle Dinge bezieht, während «Voyeur», neutraler, einen «Beobachter» meint.

Diesmal arbeitete Powell ausnahmsweise nicht mit Pressburger zusammen. Er wollte einen Psychothriller drehen, übrigens fast zur gleichen Zeit, als Alfred Hitchcocks berühmter Film «Psycho» entstand. Für das Drehbuch engagierte er Leo Marks, einen faszinierenden Autor, der in London lebte. Marks hatte auch die Idee für die Story: ein Junge, der von seinem Vater, einem Psychoanalytiker, als Versuchskaninchen benutzt und in Todesangst gefilmt wird. Die Folge des Mißbrauchs: Aus dem Jungen entwickelt sich ein psychopathischer Kameramann – ein Voyeur, der zum Lustmörder wird.

Der Film handelt allerdings weniger von der zerstörten Kindheit dieses Jungen als von dem nun erwachsenen jungen Mann namens Mark Lewis, der ein Doppelleben führt. Am Tag arbeitet er als Kameramann in einem Filmstudio. Doch abends sucht er nach Frauen, um sie im Augenblick der Todesangst zu fotografieren – und zu töten. Die drei

Mordopfer im Film sind Frauen, deren Beruf es ist, sich zur Schau zu stellen: Prostituierte, Fotomodell, Filmstatistin.

Ich habe mich mit der Rolle des Mark Lewis mit einer so großen Intensität beschäftigt wie kaum sonst bei einer Filmarbeit in meinem Leben. Von Gudula Blau und unserer Tochter Kristina, die mit mir in London waren – Gudula war außerdem schwanger mit unserem Sohn Michael –, habe ich wenig mitbekommen.

Einmal, als ich aus meinem Wohnwagen auf dem Studiogelände trat, brach ich mit einem Kreislaufkollaps zusammen und verlor das Bewußtsein. Ich muß einfach umgefallen sein. Kurz darauf hatte ich auch noch eine unangenehme zweistündige Zahnoperation unter Narkose, bei einem hervorragenden jüdisch-österreichischen Dentisten, den ich in London kennengelernt hatte. Jedenfalls war ich während der Dreharbeiten in diesem Winter völlig fertig, bis zur totalen Erschöpfung. Die Konfrontation mit der Figur des Vaters in diesem Film nahm mich sehr mit, ebenso wie die Auseinandersetzung mit der Entwicklung dieses Sohnes, die bis zu zwanghaftem Morden führt.

Übrigens hat mich mein Vater während der Dreharbeiten einmal im Studio besucht, was er sonst nie tat. Er hielt sich gerade für eine Schallplattenaufnahme von «Cosi fan tutte» in London auf und war sehr ärgerlich, daß ich nie Zeit hatte, ihn zu besuchen; so etwas passierte sonst in der Tat selten. Und so kam er eben ins Studio. Ich habe noch ein Foto von diesem Besuch.

Ich muß gestehen, daß ich alle Hoffnungen, die ein Mensch nur haben kann, in diesen Film setzte. Die Hoffnung, aus einem Tal meiner künstlerischen Entwicklung – keineswegs meines kommerziellen Erfolgs – herauszukommen. Powell suggerierte mir in seiner Freundschaft einen Glauben an meine Fähigkeiten, der mir fast unverständlich war. Seine Überzeugungskraft machte mich glauben, daß, wäre der Film erst einmal heraus, die Tore Hollywoods für mich weit offen stünden. Daß «Peeping Tom» Amerika erobern und Hitchcocks Filme in den Schatten stellen würde. Denn ging dieser Psychothriller nicht noch wesentlich tiefer als die meisten Filme dieses großen Filmgenies?

Und Hollywood war der Traum eines jeden Schauspielers von der großen Weltkarriere. Ich war fest davon überzeugt, daß «Peeping Tom» ein Welterfolg werden und mir die Basis dafür geben würde, ein ernst genommener Schauspieler zu werden. Also das genaue Gegenteil meines bisherigen Images, das mir die «Sissi»-Filme eingebrockt hatten. Ich hoffte auf eine neue Entwicklung und darauf, daß all das, was ich von mir selbst erwartete, zum Durchbruch käme.

Und dann kam der Tag der Premiere, in einem der renommiertesten Kinos im Westend von London. Die Repräsentanten des englischen Hofes waren anwesend, auch ein Prinz der Königsfamilie. Ich erinnere mich noch an die prächtigen roten Sessel. Michael Powell und ich erschienen im Smoking wie alle Gäste, darunter viele hochgestellte Persönlichkeiten und Adel. Während der Film lief, herrschte Totenstille im Kino. Kurz vor dem Schluß verließen wir den Saal. Strahlender Laune und in Erwartung der Ovationen, stellten wir uns am Fuße einer Wendeltreppe auf, von der das illustre Publikum herabsteigen würde. Wir rückten ein wenig in eine Ecke, plauderten vergnügt und warteten gespannt.

Doch als der Film zu Ende war, hörten wir keinen Applaus. Es blieb totenstill. Die Türen gingen auf, und die Leute kamen heraus. Mit verstörten Gesichtern. All die geladenen Gäste, die Creme der englischen Gesellschaft und der Film- und Theaterszenen, auch Journalisten und Kritiker natürlich, stiegen nun diese Treppe herunter.

Ich sehe Michael Powell noch die Hand ausstrecken. Aber niemand erwiderte die Geste. Niemand gab ihm die Hand. Niemand ging auf uns zu. Wir standen da, und es wurde immer peinlicher. Niemand begrüßte uns auch nur, und sei es mit einem Kopfnicken. Die Leute gingen einfach wortlos hinaus. Schließlich gesellten sich der Drehbuchautor Leo Marks, der Kameramann und ein paar Leute aus der Produktion zu uns und versuchten, uns ein bißchen zu trösten.

Am nächsten Tag erschienen die Kritiken, ausschließlich Verrisse. In der «Daily Tribune» schrieb Derek Hill: «Die einzig befriedigende Art und Weise, ‹Peeping Tom› zu beseitigen, wäre, ihn zusammenzukehren und so schnell wie möglich in der nächsten Toilette hinunterzuspülen. Selbst dann würde der Gestank zurückbleiben.» In «The New Statesman» kommentierte William Whitebait: «‹Peeping Tom› stinkt mehr als alles andere im britischen Film seit ‹The Stranglers of Bombay›. Was mir Sorgen macht, ist die Tatsache, daß sich überhaupt jemand mit diesem Dreck beschäftigte und ihm eine kommerzielle Form geben konnte.» Und der Kritiker der «Empire News» urteilte: «Der gemeinste Film, den ich je gesehen habe.»

Es war eine ganz entsetzlich enttäuschte Hoffnung. Für mich immerhin gemildert dadurch, daß ich ja bereits den Vertag mit MGM in der Tasche hatte. Aber innerlich habe ich furchtbar darunter gelitten.

Viel schlimmer war es für Michael Powell. Die Reaktion hat ihn völlig umgeworfen. Und das Tragische war, daß ihn der Film als Regisseur ruinierte. Kein Verleiher wollte noch etwas mit ihm zu tun haben. Er fand keine Unterstützung für neue Projekte mehr. Dieser Mann war mit Mitte fünfzig auf einen Schlag als Künstler gestorben. Er hat dann hauptsächlich in der Produktion gearbeitet und viele Jahre später als künstlerischer Berater des Regisseurs Francis Coppola bei dem Vietnamfilm «Apocalypse Now». In den dreißig Jahren, die ihm nach «Peeping Tom» bis zu seinem Tod blieben, hat er nur noch zwei Filme gedreht.

Erst zwanzig Jahre später sollte dieser Film, der bei seiner Uraufführung auf so vernichtende Ablehnung gestoßen war, von dem amerikanischen Regisseur Martin Scorsese wiederentdeckt und Michael Powell rehabilitiert werden. Beim New Yorker Filmfestival 1979 zeigte Scorsese den geächteten Film in ungekürzter Fassung. Und plötzlich erkannten die Kritiker in «Peeping Tom» ein «Meisterwerk», das William Johnson in «Film Quarterly» als «einen der zehn besten Filme der Welt» rühmte.

Wie viele große Kunstwerke war auch dieser Film seiner Zeit weit voraus gewesen. Heute vermag er nicht mehr dieses Entsetzen hervorzurufen, weil wir wesentlich brutalere Formen von Gewalt aus Film und Fernsehen gewöhnt sind. Nach zwanzig Jahren Weiterentwicklung werden psychoanalytische Phänomene akzeptiert; die Zuschauer heute sind viel eher bereit, sich mit solchen Themen auf künstlerischer Ebene auseinanderzusetzen.

Ich muß gestehen, daß ich zu der Figur des jungen Mark Lewis eine richtige Liebe entwickelt habe. Ein Verständnis, ein Mitleiden mit einem Menschen, der in seiner Kindheit von seinem Vater so zerstört worden war, daß er später zum Mörder wurde. Als stünde er faktisch unter einem Zwang des Vaters. Daß man fragen muß: Der arme Teufel, was geschieht dem? Aber dieses Mitgefühl mit einem Mörder, der drei Frauen umbringt – Morde, die man ja auf der Leinwand miterlebt –, das kann der Zuschauer im Kino nur schwer verkraften.

Meiner Meinung nach war die Tatsache, daß Autor, Regisseur und ich als Darsteller versuchten, Sympathie für diese Figur zu wecken, seinerzeit der Hauptgrund für die Ablehnung des Films. Mark Lewis als ein Sympathieträger muß auf Publikum und Filmkritik so gewirkt haben, als stellte man einen Nazimörder wie Eichmann von seiner Lebensgeschichte her als bedauernswerten Menschen dar. Für

1 Mit der Mutter Anfang der dreißiger Jahre

2 Karl Böhm, der berühmte Dirigent, mit seinem Sohn

3 «Sissi – Schicksalsjahre einer Kaiserin»: Welterfolg für Karlheinz Böhm und Romy Schneider

4 1957 bei der spanischen «Sissi» – Premiere in Madrid

5 Mit Tochter Katharina

6 Filmen für Hollywood: 1961 als Wilhelm Grimm in «Die Wunderwelt der Brüder Grimm»

7 Karlheinz Böhm und seine Frau Barbara Lass mit Wolfgang Wagner 1964 bei den Bayreuther Festspielen

8 Vater Böhm besucht seinen Sohn 1960 bei den Dreharbeiten zu «Peeping Tom» (dt. «Augen der Angst»)

9 1976 mit Marianne Hoppe in der TV-Verfilmung des Marlitt-Romans «Im Hause des Kommerzienrats»

10 1964 mit Daniel Gelin in «Die Stunde der Wahrheit»

11 Szene aus «Peeping Tom» mit Anna Massey: damals ein Flop, heute ein Kultfilm

12 Der Vater am Dirigentenpult

13 Arbeit mit Rainer Werner Fassbinder: 1976 in «Mutter Küsters Fahrt zum Himmel»

14 Bühnenerfolg: «Der Schwierige» von Hugo von Hofmannsthal 1983 im Theater in der Josefstadt

15 1991 vor der Semper-Oper in Dresden
16 Besuch beim sächsischen Ministerpräsidenten Kurt Biedenkopf

17/18 Für «Menschen für Menschen» vor Ort:
Karlheinz Böhm in Äthiopien

19 Vom Star zum Helfer für Tausende

Leute aber, die eiskalt aus politischem Kalkül morden oder morden lassen, kann keiner Verständnis aufbringen.

Vielleicht hat Powell dem psychologischen Aspekt der Kindheitsgeschichte in der Dramaturgie des Films zu wenig Gewicht gegeben. Er zeigt den Vater, den er bezeichnenderweise selbst spielt, nur einmal kurz in einem Zitat aus einem Amateurfilm. Die Szene findet übrigens in Powells Haus statt, und es ist sein eigener Sohn, der Mark Lewis als Kind darstellt. Vielleicht hat der Zuschauer zu wenig die Rolle dieses Psychoanalytikers nachvollziehen können, der Studien über das Phänomen Angst mit seinem eigenen Kind betreibt. Wie dieses Kind als Versuchsobjekt alle Stadien der Angst und der Beobachtung durchleben muß, bis hin zur Todesangst. Und wie es dadurch von seinem Vater praktisch zum Mörder abgerichtet wird. Das Geniale an «Peeping Tom» ist für mich, daß es Powell gelingt zu zeigen, wie man einen Jungen tatsächlich zum Mörder machen kann, der an sich alles andere als ein Mörder ist.

Das Geheimnis dieses Films ist seine Vielschichtigkeit. Es ist nicht nur die Geschichte eines Frauenmörders, eines Voyeurs, sondern auf verschiedenen Ebenen zugleich eine andere Geschichte. Zum Beispiel der interessante Versuch, das Phänomen Film tiefenpsychologisch zu erklären. Was ist Fotografie? Was ist ein Film? Was bedeutet es, wenn man mit einer Kamera einen anderen Menschen beobachtet? Wenn ich mir heute in einem Film anschauen kann, was ich 1959 gemacht habe? Wenn der nicht wiederholbare Gefühlsausdruck eines Menschen festgehalten wird? Daß man es später anschauen und beurteilen kann, wann immer man will, das bedeutet ja auch einen Einbruch in die Intimsphäre eines Menschen. Die Massai in Kenia zum Beispiel ließen sich wohl aus diesem Grund früher nicht fotografieren, weil sie es als eine Art Diebstahl oder Tötung empfanden. (Heute lassen sie es allerdings für Geld bei den Touristen zu.)

Michael Powell und der Autor Leo Marks sind bis zum äußersten Extrem gegangen, indem sie gezeigt haben: Eine Kamera kann auch morden. In «Peeping Tom» beobachtet die Kamera nicht nur die höchste Form von Angst, Todesangst, sondern sie führt auch den Tod selbst herbei: Das Mordmesser ist am Stativ der Kamera befestigt; beim Filmen läßt Mark Lewis es ausklappen und in den Hals des Opfes eindringen. Doch genau in diesem Moment gibt es ein «black out» – offensichtlich, weil Mark Lewis im Moment des Tötens die Hand an der Kamera versagt. Das Bild wird schwarz.

Mark Lewis verzweifelt immer mehr, daß er gerade den Augenblick, auf den es ihm ankommt, nicht fotografieren kann. Es ist der Tod, den er nicht festzuhalten vermag.

Auch das ist eine interessante philosophische Betrachtung, die anfangs kaum jemand bei «Peeping Tom» verstanden hat. In einer der anrührendsten Szenen des Films nimmt die blinde Mutter des Mädchens, in das sich Mark verliebt hat, sein Gesicht in die Hände und tastet es ab. Als fotografierte sie es für ihr Innenleben. Diese Blinde begreift als einzige von all den Menschen um Mark herum, wie dieser junge Mann leidet und langsam zugrunde geht. Sie ist die einzige, bei der man die Hoffnung hat, sie könnte die Mauer zu seiner Krankheit durchbrechen.

So ist in diesem voyeuristischen Film sehend nur die, die nicht sehen kann. Das erinnert an «König Lear», der erst im Wahnsinn zu verstehen beginnt. Eine Parabel, die in der Kunst häufig benutzt wird. Auch sie zeigt, mit welcher Genialität Leo Marks und Michael Powell diesen Film geschaffen haben, der heute zu Recht als einer der wirklich großen Filme dieses Jahrhunderts gilt.

Bei dieser Lobeshymne auf «Peeping Tom» möchte ich bewußt von meiner eigenen Leistung absehen. Ich bin sicher, daß man die Rolle des Mark Lewis wesentlich besser hätte spielen können, als es mir damals möglich war. Ich habe den Film oft gesehen und sehe meine Darstellung mit selbstkritischen Augen. Aber gleich, wer diese Rolle gespielt hätte – der Film selbst hätte nicht darunter leiden können. Die Story von Leo Marks ist so gut erdacht und von Michael Powell und seinem Kameramann so genial verfilmt, daß «Peeping Tom» bestimmt einen Platz in der Filmgeschichte haben wird.

Für mich hat «Peeping Tom» eine wesentlich tiefergreifende Bedeutung gehabt, als ich damals verstehen konnte. Und zwar besonders in meinem Verständnis des Schauspielerberufs: Im Kern ist es die Suche nach der eigenen Wahrheit. Das ist heute jedenfalls das Resumee meines Lebens, wenn ich über diesen Beruf nachdenke. Es bedeutet, den Zuschauer dazu zu bringen, eine Darstellung auf der Bühne oder vor der Kamera nachzuvollziehen und damit in ihm Veränderungen zu bewirken.

Nehmen wir zum Beispiel die Figur des Jago in Shakespeares «Othello», die Verkörperung des Bösen im Menschen schlechthin. Wenn ich diesen Jago spiele, ohne zu wissen, was das Böse in mir ist und das zutiefst Schlechte in einem Menschen sein kann; ohne mich dazu zu bekennen, daß ich Schlechtes in meinem Leben getan habe und zu Bösem fähig gewesen bin; ohne dies alles wirklich zu begreifen auf der Suche nach meiner eigenen Wahrheit – dann kann ich den Jago nicht so darstellen, daß der Zuschauer mir glaubt.

Vielleicht kann ich es technisch, handwerklich; aber das ist ja nur die eine Seite. Dahinter muß mehr stehen, als die meisten begreifen: eine tiefe Selbsterkenntnis.

Damit meine ich nicht, daß ich zum Beispiel jemanden umgebracht haben muß, um einen Mörder spielen zu können. Doch ich muß einmal dieses Gefühl erlebt haben, daß ich jemanden am liebsten umgebracht hätte. So ist es mir zum Beispiel mit Hitler gegangen, als ich die ersten Bilder aus den Konzentrationslagern gesehen habe. Ich kann auch die Mutter verstehen, die den Mörder ihrer kleinen Tochter erschossen hat.

Der Idealfall eines Schauspielers ist für mich ein Mensch, der nach Wahrheit sucht und diese Wahrheit schrankenlos ehrlich anderen Menschen zu vermitteln versucht. Der sie zu bewegen versucht, etwas zu verändern. In diesem Sinne bin ich bei meiner Arbeit für «Menschen für Menschen» Schauspieler geblieben.

«Peeping Tom» war sicherlich ein wichtiger Schritt auf dem Weg zu dieser Erkenntnis. Nach dem Desaster in London kehrte ich zunächst nach Deutschland zurück, wo ich einen Vertrag mit der Kleinen Komödie in München für das Stück «Hokuspokus» von Curt Goetz hatte. Es war meine erste Theateraufführung nach sieben Jahren und mein deutsches Theaterdebut. Nach so langer Zeit wieder einmal auf der Bühne zu stehen, machte mir sehr viel Spaß, zumal bei dieser herrlichen, heute schon fast klassischen Komödie. Die erfolgreiche Inszenierung besorgte Franz Josef Wild, ein ausgezeichneter Theater- und Fernsehregisseur, mit dem ich später noch den «Idealen Gatten» für Fernsehen und Bühne machen sollte.

Während der Proben zu dem Stück besuchte mich Michael Powell in München. Zwischen uns wäre sicherlich eine langjährige und wunderbare Freundschaft entstanden, wäre ich in London geblieben. Doch durch die räumliche und zeitliche Trennung blieb unser Kontakt in den folgenden Jahren auf sporadische Telefonate und Briefe beschränkt, selten mal ein Besuch. 1989, ein Jahr vor seinem Tod, lud mich Michael Powell zu einer Retrospektive seiner Filme – darunter natürlich auch «Peeping Tom» – nach London ein. Ich flog mit meiner Tochter Katharina zu ihm und merkte, daß die Jahre eigentlich wenig an dieser

Freundschaft gerüttelt hatten. Als ich dann hörte, daß Powell im Februar 1990 fünfundachtzigjährig in London gestorben war, war ich zutiefst erschüttert.

Doch zurück zu «Hokuspokus». Es war eine glänzende Premiere, die mir viele positive Kritiken bescherte. In der «Süddeutschen Zeitung» schrieb der bekannte Theaterkritiker Joachim Kaiser zum Beispiel:

«Karlheinz Böhm, der vielbejubelte Star und Magnet des Abends, machte deutlich, auf welche Weise sich Goetz' Jovialität gewissermaßen in der dritten Nach-Goetzschen Generation spiegelt: Er spielte einen schmallippigen Peer Bille und nahm donnernd den gesunden Menschenverstand gegen die Verfahrensweise eines ordentlichen Gerichtes in Schutz. Ein eckiger, jungenhaft-eleganter Anwalt, dessen Zorn etwas zu viel Grimm und dessen Charme etwas zu viel Absichtlichkeit beigemischt war. Immerhin, Böhm fesselte sein Publikum mehr als andere jugendliche Filmstars, die auf der Bühne meist weniger von ihren Rollen überzeugen als davon, daß Schauspielschulen keine ganz überflüssigen Institute sind ... Die Kleine Komödie dürfte für lange Zeit keine Spielplansorgen mehr haben.»

Was mich betrifft, so nahm dieses lustvolle Erlebnis mit «Hokuspokus» im Februar 1960 ein rasches Ende. Ich bekam hohes Fieber und mußte nachts mit einem Notarztwagen ins Krankenhaus eingeliefert werden. Leider schon nach der zweiten Vorstellung. Es war Hepatitis B, eine schwere Lebererkrankung. Ein anderer Schauspieler mußte meine Rolle übernehmen.

Nach dieser Krankheit verließ ich München und zog mich in das Tessiner Häuschen zurück, wo meine Frau Gudula Blau inzwischen schon mit den beiden Kindern wohnte. Es war keineswegs ein feudales Quartier, wie es damals bei vielen Kollegen üblich war, die aus Steuergründen in die Schweiz umzogen, sondern – wie schon erwähnt – nur ein einfaches kleines Bauernhaus. Erst jetzt fällt mir auf, daß es eine gewisse Ähnlichkeit mit dem Häuschen hat, das ich mir in Addis Abeba gekauft habe. Es hat etwa dieselbe Größe wie damals das Bauernhaus in Cureggia. Hier sollte für mich eine eigenartige, krisenhafte Zeit beginnen, auf die ich noch ausführlich zu sprechen kommen werde.

Erst ein Jahr später, im Februar 1961, lief der Film «Peeping Tom» auch in Deutschland an. Das Echo unterschied sich in nichts von dem in England. Skandalkritiken, Empörung beim Publikum, doch nun beschimpfte man auch mich:

«Jetzt ist es unser sanftäugiger Karlheinz Böhm, der unter beträchtlichen mimischen Anstrengungen solchem Schmutzgewerbe nachgeht», entrüstete sich der katholische Filmdienst. «Aber nicht genug, daß er fotografische ‹Pikanterien› für betagte Lebemänner herstellt, als willenloses Opfer seiner Ängste und krankhaften Triebe hat er unter kintoppartigen Umständen auch für beträchtliche blutige Auswirkungen zu sorgen ...» Hinzu kam, daß die deutsche Synchronisation des Films katastrophal war. Ich nehme mich aus der Schelte keineswegs aus, weil ich daran genauso beteiligt war wie meine Kollegen. Die Zensur schnitt zehn Minuten heraus, die zu den spannendsten und besten des Films gehören.

Nach dieser Ablehnung durch das Publikum erhielt ich keine Filmangebote aus Deutschland mehr. Es war im übrigen die Zeit des kommerziellen Bankrotts im deutschen Film. Die Zuschauerzahlen im Kino gingen drastisch zurück. Plötzlich entdeckte man auch allenthalben Anzeichen für den künstlerischen Niedergang: So wurden zum Beispiel auf den Berliner Filmfestspielen 1961 keine Bundesfilmpreise verliehen. Kein einziger Film wurde für preiswürdig befunden, hieß es lapidar. Und bei den 8. Westdeutschen Kurzfilmtagen 1962 in Oberhausen verkündeten sechsundzwanzig junge Regisseure in einem Manifest: «Der alte Film ist tot. Wir glauben an den neuen.»

Es war die Stunde des Aufbruchs des neuen deutschen Films. Die jungen Filmemacher wie Alexander Kluge, Edgar Reitz und Peter Schamoni aber interessierten sich nicht mehr für Leute meines Genres, für Schauspieler, die Heimat-, Kaiser- und Ärztefilme gedreht hatten.

Mir war es wegen meines MGM-Vertrags letzten Endes einerlei. Denn ich zog 1961 nach Los Angeles. Mein Traumziel hieß Hollywood.

10 Traumziel Hollywood

Eines Tages wollte mich Walt Disney sprechen. Diesen Mann habe ich seit meiner frühesten Kindheit sehr verehrt. Die ersten Zeichentrickfilme, die ich von ihm sah, ob «Bambi» oder «Mickey Mouse», waren für mich unvergeßliche Eindrücke. Ich fand es sehr aufregend, diesen großen Walt Disney kennenzulernen. Ich traf ihn im «Hotel Imperial» in Wien, zusammen mit meinem Freund Ivan Desny. Es war im Jahre 1959, noch vor meinen Filmen «Too hot to handle» und «Peeping Tom». Und als mir Walt Disney die Rolle anbot, die ich bei ihm spielen sollte, fiel ich vor Überraschung beinahe vom Stuhl:

«Beethoven», sagte er nur.

Ich dachte zuerst, er wolle mich auf den Arm nehmen. Ich war gerade einunddreißig geworden und konnte mir die Verkörperung von Beethoven nur schwer vorstellen. Zwar hatte ich erst vor kurzem in einem schablonenhaften Kitschfilm von Ernst Marischka nach der Operette «Das Dreimäderlhaus» den Komponisten Franz Schubert gespielt; eine Entscheidung, mit der ich schon damals schlecht zurechtkam und die ich bis heute bedauere. Dennoch reizte mich Walt Disneys Angebot. Einmal, weil es das erste aus Amerika war. Zum anderen wegen der Faszination des Mediums Musik. Mich mit einem Musiker wie Beethoven auseinanderzusetzen, reizte mich. Und Disney wollte nur eine verhältnismäßig kurze Periode aus dem Leben des jungen Beethoven für eine zweiteilige Fernsehproduktion verfilmen.

Wir drehten in Wien. Das Resultat war finster. Beethoven wurde so verkitscht in Szene gesetzt, wie die Amerikaner eben jahrzehntelang überhaupt zu europäischen Musikern standen. Auch andere Komponistenschicksale wurden in Hollywood sentimental-lächerlich verfilmt. Mit der Wirklichkeit hatten solche Inszenierungen wenig zu tun. Daß Beethovens Leben eine fast permanente Tragödie war bis zu seinem Tod, ließ diese verfälschende Disney-Produktion nicht einmal ahnen. Der Film lief unter dem Titel «Schicksals-Sinfonie» auch kurz in Deutschland und Österreich.

An etwas kann ich mich noch erinnern. Mein Vater meinte anderen Leuten, auch Journalisten, gegenüber, ich hätte mich dermaßen mit der Rolle Beethovens identifiziert, daß er befürchte, ich könnte eines Tages ebenfalls taub werden. Ein Scherz, der später bittere Wahrheit werden sollte. Taub bin ich zwar bis heute Gott sei Dank nicht, aber das Hören ist eine meiner größten körperlichen Schwächen. Auf beiden Ohren höre ich immer schlechter, was mir große Probleme macht. Das konnte mein Vater Ende der fünfziger Jahre wirklich nicht voraussehen.

Nach der «Schicksals-Sinfonie» und «Too hot to handle» war «Die vier apokalyptischen Reiter» mein dritter amerikanischer Film. Es war der Debutfilm meines MGM-Vertrags und sicherlich der anspruchsvollste unter meinen Hollywood-Filmen. Die Dreharbeiten begannen mit Außenaufnahmen in der Umgebung von Paris. Der große amerikanische Filmemacher Vincente Minnelli, zehn Jahre zuvor mit «Ein Amerikaner in Paris» weltberühmt geworden, führte Regie.

Mit Minnelli habe ich mich fast so gut wie mit Michael Powell verstanden. Dabei war ich vor beiden gewarnt worden, es seien besonders schwierige Menschen, egozentrisch, autoritär und irrsinnig kritisch. Seltsamerweise bin ich aber gerade mit solchen Regisseuren immer am besten ausgekommen.

Amerikanisches Kino unterscheidet sich erheblich von deutschem, englischem oder französischem Kino. Man rechnete in ganz anderen Maßstäben – ob es nun um unsere Gagen ging oder den Filmstab überhaupt. Es war selbstverständlich, daß jeder Job eines Amerikaners, zum Beispiel als Requisiteur oder Tonmeister oder Beleuchter, ein französisches Pendant erhielt. Dadurch wuchs der Stab auf fünfzig bis achtzig Leute an.

In den riesigen Studios von MGM in Hollywood gehörte es zum selbstverständlichen Standard, daß jeder Schauspieler, der nur eine etwas größere Rolle hatte, seinen eigenen Wohnwagen erhielt, mit Bett und Schminktisch, Radio und Plattenspieler, ein mir bis dahin völlig unbekannter Komfort. Die Begegnung mit meinen amerikanischen Kollegen, viele von ihnen Weltstars, beeindruckte mich sehr. Glenn Ford spielte die Hauptrolle. Der berühmte französische Schauspieler Charles Boyer war dabei; er führte mich sehr ruhig und mit liebevoller Hand in die für mich neuen Verhaltensformen eines amerikanischen Studios ein. Dann diese herrliche schwedische Schauspielerin Ingrid Thulin, die später bei Ingmar Bergman sehr viele Rollen spielen sollte, und Paul Lukas, Emigrant aus Ungarn, auch er ein sehr bekannter Schauspieler in Amerika. Nicht zu vergessen der herrliche Charakterschauspieler Lee J. Cobb, der durch Elia Kazans Film «Die Faust im Nacken» mit Marlon Brando weltberühmt geworden war und mit dem ich mich anfreundete. Meine Partnerin war eine junge amerikanische Schauspielerin mit dem französischen Namen Yvette Mimieux, die später eine große Karriere machte.

Ich spielte einen unsympathischen deutschen Nazi-Offizier im Frankreich der Besatzungszeit, der gerade einen französischen Deserteur hatte erschießen lassen. Glenn Ford, der Star des Films, stellte meinen Vetter aus Südamerika dar. Während ich an der Tür eines Bauernhauses lehnte, kam er auf mich zu und sagte: «I never identified you personally with murder.» (Ich brachte dich persönlich nie mit Mord in Verbindung.)

Und ich gab ihm die Antwort:

«We don't murder deserters, we execute them!» (Wir ermorden Deserteure nicht, wir richten sie hin.)

Minnelli wollte, daß ich dabei eine Zigarette in der Hand hielt und rauchte. Nachdem wir die Szene eine Weile geprobt hatten, sagte Minnelli:

«Carl, I'm gonna play you!» (Ich spiele es dir jetzt vor.)

Minnelli war ein sehr dünner, kettenrauchender Mann. Er muß bis zu hundertfünfzig Zigaretten pro Tag geraucht haben. Man hat ihn kaum je ohne Zigarette gesehen. Das hatte zur Folge, daß dieser an sich relativ ruhige Mensch gerade während der Dreharbeiten ungeheuer aufgedreht war und keine Sekunde seine Glieder ruhig hielt. Und als er nun die Zigarette nahm, bewegten sich nervös seine Hände, seine Füße, sein Kopf, sein ganzer Körper, und so stellte er sich hin, mit der Zigarette im Mund, an der er ständig zog, und sagte:

«Paß auf, Carl, du stellst dich da hin.»

Er rauchte wieder, drehte die Schulter rechts, drehte die Schulter links, zuckte mit der rechten Schulter, zuckte mit der linken Schulter, rauchte, zuckte mit den Augen, zuckte mit dem Mund, das ganze Gesicht war in Unruhe, während er sagte:

«Da bleibst du ganz ruhig stehen und bewegst keinen

Muskel deines Körpers, ganz relaxed, so wie ich es dir jetzt vorspiele!»

Und ich schaute auf dieses Nervenbündel von einem Mann und dachte: «Wenn ich das, was er mir da vorspielt, auch nur annähernd kopiere, schlägt er mich tot!»

Weit größere Probleme machte in dieser Szene allerdings ein Huhn. Während ich mit Glenn Ford vor dem Bauernhaus zusammentraf, lag hinter uns auf einem Misthaufen die Leiche des Mannes, den ich als Nazi-Offizier hatte erschießen lassen. Und Minnelli wollte nun unbedingt, daß ein Huhn über diesen Mann, einen französischen Schauspieler, laufen sollte. Die Requisiteure versuchten ihm zu erklären, daß Hühner niemals über Menschen, geschweige denn über Leichen laufen. Ein gewagtes Unterfangen einem so berühmten Regisseur wie Minnelli gegenüber, der natürlich ärgerlich wurde. Als der zu Rate gezogene Besitzer des Bauernhofes die Aussage der Requisiteure bestätigte, wurde Minnelli nur noch zorniger. Er behauptete, daß es im Zoo von Hollywood – dem die berühmten brüllenden Löwen des MGM-Signums entstammen – sämtliche Tiere gebe, die man sich überhaupt nur vorstellen könne, Hühner eingeschlossen.

«Die tun auf Befehl alles, was man will. Auch die Hühner machen, was man von ihnen verlangt!»

Ich mußte lachen und meinte, das klinge doch ziemlich unwahrscheinlich: «Ich bin ja noch nie in Hollywood gewesen, da können Sie mir viel erzählen!»

Minnelli: «Wollen wir wetten? Fünfzig Dollar!»

Ich: «Okay. Fünfzig Dollar!»

Das war damals viel Geld. Soviel wie zweihundert Mark.

Als wir später nach Hollywood gingen und dort weiterdrehten, hatte ich die Wette schon fast vergessen bei den Aufregungen, die die neue Umgebung mit sich brachte. Eines Tages, kurz vor der Mittagspause, kam Minnelli zu mir und forderte mich auf, mit ihm zu kommen.

Wir gingen zu seiner Garderobe – in Hollywood ein Appartement mit Wohnzimmer, Schlafzimmer und Bad. Es gab ganze Garderobenhäuser, und in so einem Komplex war auch Minnellis Appartement. Auf dem Weg übers Studiogelände fragte er mich:

«Erinnerst du dich noch an die Wette wegen des Huhns?»

«Klar», sagte ich.

Als wir zu seiner Garderobe kamen, sah ich, daß er ein paar Aufseher vom Zoo bestellt hatte. Plötzlich hörte ich Hühner gackern. Minnelli sagte:

«So, jetzt paß mal auf!»

Fünf oder sechs Hühner liefen dort frei herum, und Minnelli nahm eine Pfeife in den Mund und pfiff zwei- oder dreimal. Da setzten sich die Hühner wie auf Befehl nieder. Dann standen die Hühner wieder auf. Dann gackerten die Hühner. Dann flatterten die Hühner aufgeregt davon. Alles auf Kommando.

Schließlich sagte Minnelli zu einem der Männer vom Zoo: «Leg dich mal hin!»

Er tat es, und wieder gab Minnelli einen Befehl. Sofort lief das Huhn über den Mann. Blieb auf dem Mann sitzen. Trippelte dann zurück.

Ich war vollkommen sprachlos. Natürlich habe ich anstandslos die fünfzig Dollar gezahlt. Es war eine komische Erfahrung, die ich in meinem Leben nicht missen möchte.

Der Film «Die vier apokalyptischen Reiter» erzählte die tragische Geschichte einer argentinischen Familie. Sie besteht aus einer deutschen und einer französischen Linie. Der Großvater, der die «apokalyptischen Reiter» beschwört, sieht den Untergang seiner in den Bruderkrieg gerissenen Familie ahnungsvoll voraus: Seine Enkel werden im Bombenhagel sterben – der eine in der SS, der andere als Résistance-Mann. Der diesem Film zugrunde liegende Roman von Vicente Blasco-Ibañez spielt im Ersten Weltkrieg. Minnelli hat den Stoff in den Zweiten Weltkrieg transponiert und die Kritik der Vorlage an den Deutschen stark abgeschwächt.

Minnelli war ein Präzisionsfanatiker. Als wir das erste Mal in Hollywood im Studio arbeiteten, sollte eine lange Einstellung der Familie gedreht werden. Eine Art Schlüsselszene des Films, wie alle in einem argentinischen Herrenhaus um einen gewaltigen Kamin herum sitzen – Glenn Ford, Ingrid Thulin, Charles Boyer, Paul Lukas, Yvette Mimieux, Jan Hendriks und ein paar andere Kollegen, an deren Namen ich mich nicht mehr erinnere. Lee J. Cobb spielte das Familienoberhaupt, den Großvater, und ging langsam von einem zum anderen, erzählte die Familiengeschichte und hielt uns eine lange Standpauke.

Minnelli ließ die Szene zuerst mit einer auf einem Kran und Wagen montierten Kamera filmen, bevor er mit Großaufnahmen begann. Cobb mußte, während er im Kreis herumging, seine Fußpositionen einzeichnen lassen. Es waren vielleicht dreißig oder mehr solcher Kreidemarken, in die er beim Drehen wieder genau treten sollte, während er bestimmte Sätze zu sagen hatte – insgesamt wohl eine dreiviertel Seite Text. Und die Kamera folgte. Der Kran fuhr mal rauf und mal runter, begleitete ihn bei seiner Erzählung, wanderte zu den Personen am Kamin, verhielt einen Moment, wanderte weiter – eine große Bewegung. Das Bild veränderte sich also ständig.

Wir probten die Szene den ganzen Tag lang. Im gleißenden Licht der Scheinwerfer war es glühend heiß. Doch Minnelli war nicht zufrieden und wurde immer angespannter. Die Kameraleute und die Beleuchter wurden zunehmend nervöser. Gegen Abend waren wir alle völlig erschöpft und hatten die Szene noch immer nicht «im Kasten». Schließlich brach Minnelli ab und sagte nur: «Wir machen morgen früh weiter.»

Am nächsten Morgen, als wir wieder mit dieser einen Einstellung begannen, sagte Minnelli erneut zu Lee J. Cobb: «Du gehst also hier zu diesem Kreidekreis und gehst dann dorthin, und da kommst du in diesen Kreis und dann hier an diese Markierung, dort gehst du wieder so herum und drehst dann deinen Körper hier, und dann gehst du hier herüber ...» und so weiter. Als die Probe begann, funktionierte alles ziemlich perfekt, bis auf eine Fußmarke, die Lee J. Cobb verpaßte. Minnelli schrie wütend vom Kamerakran herunter: «Halt, halt, halt!»

Wir alle sahen, daß die Geduld von Cobb am Ende war. Und jeder dachte: Wenn jetzt ein falsches Wort gesagt wird, explodiert er. Es herrschte Totenstille im Studio.

Und da sagte der Lee J. Cobb ganz ruhig:

«Sag mal, Vincente, ist es wirklich wichtig, daß genau ich in alle diese Markierungen trete?»

Er sagte es mit diesem eigenartigen, typisch jüdischen Humor. Wieder war eine Sekunde Totenstille, und ich dachte: Jetzt brüllt der Minnelli los, und es kommt zu einem dieser riesigen Filmkrachs.

Doch plötzlich fing Minnelli an zu lachen. Und dann brach ein Gelächter los bei den Schauspielern und Technikern und dem ganzen Team, wie ich es in einem Filmatelier selten erlebt habe. Es war ein riesiges Studio, und die Beleuchter sind vor Lachen beinahe von den Beleuchterbrükken heruntergefallen. Die Leute haben getanzt, geschrien, gejubelt, und der Minnelli, den ich in diesem Moment sehr bewunderte, ist nicht wütend geworden, sondern hat mitgelacht. Er hat eine Pause angeordnet und Getränke holen lassen, und als wir nach einer Stunde weiterarbeiteten, war die Atmosphäre so locker, daß wir die Szene absolut perfekt abdrehten.

Vincente Minnelli gehörte ebenso wie Michael Powell zu dieser Art ungeduldiger Menschen, die ich immer gut verstanden habe. Während viele meiner Kollegen Minnellis Reaktionen fürchteten, konnte ich über seine Ungeduld manchmal furchtbar lachen. Vielleicht, weil ich selbst leicht ungeduldig werde.

Als Minnellis Film «Die vier apokalyptischen Reiter» dann 1961 in den USA in die Kinos kam, wurde er von der Kritik vernichtend negativ beurteilt.

Anfangs wohnte ich in Hollywood im Hotel «Chateau Marmont» am Sunset Boulevard, einer der längsten Straßen der Welt. Später mietete ich eine Wohnung im mexikanischen Viertel von Los Angeles; L.A. war ja mal eine mexikanische Stadt gewesen. Es überraschte mich, daß fast alle Kollegen, Regisseure und andere Leute, die ich in Hollywood kennenlernte, Juden waren. Zum Beispiel auch der Produzent Henry Weinstein, der meine Hollywood-Jahre treu begleiten sollte. In der Metro-Goldwyn-Mayer-Produktion hing an einer Tür das Schild: «It is not enough to be a Jew.» (Es genügt nicht, Jude zu sein.)

Durch Henry Weinstein lernte ich viele interessante Menschen kennen, nicht nur aus dem Filmmilieu, sondern auch Ärzte und Musiker. Zum Beispiel den berühmten polnischen Filmkomponisten Bronislav Kaper. Vor der Machtergreifung der Nazis war er im Berlin der zwanziger und dreißiger Jahre ein Komponist beliebter Filmmusiken gewesen. Er konnte seine Karriere in Hollywood noch erfolgreicher fortsetzen. Doch von wie vielen tragischen Emigranten-Schicksalen habe ich hier auch erfahren! Die Begegnung mit Robert Siodmak und Douglas Sirk zum Beispiel, die beide vor Hitler nach Amerika geflohen waren, machte mir die kritische bis ablehnende Haltung jüdischer Künstler den deutschen Kollegen gegenüber verständlicher. Wie furchtbar ist es, seine Heimat, seinen Kulturkreis zu verlieren; Menschen aus seiner Familie zu verlieren, nur weil sie einer bestimmten Rasse und Religion angehörten. Daraus erklärt sich nicht zuletzt meine tiefe Abneigung gegen jede Form von Rassismus und Rechtsextremismus.

Eine der wichtigsten Bekanntschaften war für mich die mit dem einer russischen Familie entstammenden, aber in Amerika geborenen Juden Romy Greenson, einem der bedeutendsten Psychoanalytiker seiner Zeit. In seinem Haus traf ich viele berühmte Schauspieler, sie waren allesamt seine Patienten. Außerdem war er selbst Musiker; viele Ärzte, jüdische Emigranten, kamen zum Musizieren in sein Haus, russische, polnische, französische, deutsche Juden, in deren Tradition es üblich war, Hausmusik zu machen. Unter diesen Ärzten waren Flötisten, Klarinettisten, Cellisten, Kontrabassisten, Violinisten und Klavierspieler. Und sie brachten mich dazu, bei ihren Kammermusik-Aufführungen am Piano mitzutun, einer für mich neuen Musikform. Obwohl ich ja nur schlecht Noten lesen konnte, mußte ich mich nun hinsetzen und vom Blatt spielen. Da gab es keine Entschuldigungen: «Nein, ich kann nicht!» oder «Ich mag nicht!», sondern die sagten: «Komm, red nicht so viel, setz dich hin und spiel Klavier!» Schluß, aus.

Und so spielte ich also, mehr schlecht als recht. Ich habe wunderbare Samstagnachmittage in Greensons Haus verlebt, Schabbes-Nachmittage in diesem herrlichen Haus in Santa Monica, an der traumhaften Küste des Pazifischen Ozeans.

In Hollywood lernte ich auch Laurence Thomas Foster kennen, einen amerikanischen Juden rumänischen Ursprungs. Er war erst Anfang zwanzig, etwa zehn Jahre jünger als ich, und hatte gerade sein Musikstudium beendet. Wir freundeten uns sehr an, was natürlich auch damit zu tun hatte, daß er Musiker war. Larry, wie er genannt wurde, sollte eine Karriere als Dirigent machen. In seinem Kreis traf ich junge Musiker, die heute Weltberühmtheiten sind wie der indische Dirigent Zubin Mehta, der damals noch Kontrabassist im Columbia Symphonieorchester von Los Angeles war. Oder der junge Daniel Barenboim, der später eine große Karriere als Pianist und Dirigent machte.

In dieser Zeit in Los Angeles begegnete ich auch jenem Mann, der für meinen Vater stets der größte Mozart-Dirigent gewesen war – der einzige Dirigent, von dem er neben Wilhelm Furtwängler überhaupt positiv gesprochen hatte: Bruno Walter. Durch ihn hatte mein Vater meine Mutter kennengelernt, die bei Bruno Walter gesungen hatte; dort hatte mein Vater sich in sie verliebt, dort begann ihr gemeinsames Leben. Er hatte zu Bruno Walter, der emigriert war, weiterhin Kontakt, und so kam es, daß auch ich ihm begegnete.

Walter lud mich jeden Samstag oder Sonntag, wenn ich frei war, zu sich in sein wunderschönes Haus in Beverly Hills ein. Ich durfte mit ihm spazierengehen, solange er noch gehen konnte, und ich habe viele interessante Gespräche mit ihm geführt. Ich habe noch einige seiner Plattenaufnahmen miterlebt, die siebte Bruckner-Symphonie und die Haydn-Militärsymphonie. (Während dieser Aufnahmen lernte ich übrigens den schon erwähnten Laurence Foster kennen.) So entwickelte sich mit Bruno Walter eine Beziehung, von der ich nicht wagen würde, sie eine Freundschaft zu nennen. Eher war es die tiefe Verehrung für einen alten Mann von Mitte achtzig, der kurz vor seinem Lebensende stand.

Mit Bruno Walter sprach ich auch über das Thema Emigration; darüber, daß ich meinem Vater damals vorgehalten hatte, nicht emigriert zu sein, sondern in der Nazizeit seinen Beruf weiter ausgeübt zu haben. Bruno Walter hatte meinen Vater immer geschätzt und zählte nach dem Krieg auch zu denjenigen, die zu seiner Entnazifizierung beitrugen. Und er erklärte mir nun, daß er, Bruno Walter, nie aus Deutschland emigriert wäre, hätten ihn die Nazis auf dem Podium nicht mit faulen Eiern und Tomaten beworfen und wäre er nicht als Jude mit Gewalt vertrieben worden. Er wäre wegen seiner Heimatliebe niemals freiwillig gegangen. Er hätte auch gar nicht begriffen, was Hitler tatsächlich plante. Weil er einfach nur ein Musiker war, der gern in Deutschland weitergearbeitet hätte, wäre er nicht zur Emigration gezwungen worden.

Bruno Walters Einstellung hat mir sehr geholfen, mit einem Mosaikteil des Bildes von meinem Vater sehr viel besser zurechtzukommen und dafür mehr Verständnis zu entwickeln, als ich in den ersten vier, fünf Jahren nach dem Krieg dazu in der Lage gewesen war.

Mein zweiter MGM-Film 1961 in Hollywood war «Die Wunderwelt der Gebrüder Grimm», ein aufwendiger Ausstattungsfilm, der drei Märchen der Brüder Grimm in eine biographische Rahmenhandlung bettete. Ich spielte einen der beiden Brüder Grimm, den anderen spielte der leider früh an Krebs gestorbene wunderbare englische Schauspieler Laurence Harvey. Es war eine Mischung aus Spiel- und Märchenfilm, verbunden mit dem Versuch einer technischen Neuheit, dem «Cinerama» – nämlich eine dreidimensionale, fast nicht überschaubare Leinwandfläche mit Hilfe von drei Projektionskameras zu schaffen. Das Verfahren blieb technisch unvollkommen, da man den Bruch der drei Bilder ziemlich genau sehen konnte.

Anschließend, Ende 1961, drehte ich fast drei Monate in Tokio. Ich spielte die Hauptrolle in meinem dritten MGM-Film «Rififi in Tokio», der an das Thriller-Motiv des erfolgreichen französischen «Rififi»-Filmes von Jules Dassin anknüpfte. Regie führte der französische Filmemacher Jacques Deray, der zusammen mit einem französischen und einem italienischen Autor auch das Drehbuch geschrieben hatte. Es ging um die minutiösen Vorbereitungen dreier Gangster, die in die Bank von Tokio einbrechen wollen, ein «schwarzer», ziemlich spannender Verbrecherfilm.

Der Flug nach Tokio dauerte im Zeitalter des Propellerflugzeugs noch dreiundzwanzig Stunden. Man mußte von Paris über San Francisco und Hawaii nach Japan fliegen. Trotz meines jugendlichen Alters von fünfunddreißig Jahren kam ich völlig erschöpft in Tokio an. Ich war noch übernächtigt vom Flug und verwirrt vom Zeitunterschied – neun Stunden –, als wir in einem der Elendsquartiere von Tokio zu drehen begannen. Meine Partnerin hieß Barbara Lass. Ich hatte sie vorher nur kurz in einem Hotel in Paris getroffen. Obwohl wir uns kaum kannten, wurden wir vor der Kamera sofort, wie üblich in der Kinowelt, in die intime Welt einer Zweierbeziehung gebracht.

Das Elendsviertel des Drehorts mit seinen schäbigen flachen Häusern lag in der Umgebung eines Bahnhofs. Um die Mittagszeit wollte ich gern etwas Japanisches essen. Ich fragte einen aus der japanischen Crew – ich hatte immer sehr gute Kontakte zur jeweiligen Crew –, ob er ein gutes Lokal in der Nähe wüßte. Er sprach recht gut Englisch und bejahte erfreut. Wir machten uns auf den Weg, gefolgt von drei oder vier anderen Mitarbeitern.

In dem Lokal saßen wir allein am Tisch. Ich war erstaunt, daß die anderen – ich hielt sie für Beleuchter oder Bühnenarbeiter – separat Platz nahmen. Wir unterhielten uns über meine Filme – nein, «Sissi» war in Japan noch nicht gelaufen! –, über meinen Wohnort in der Schweiz und meine Kinder, auch über seine Familie. Ashibashi hieß er und bestand darauf, die Rechnung zu bezahlen. Ich war sehr angetan von diesem überaus freundlichen und zuvorkommenden Mann.

Als wir zum Ort der Außenaufnahmen zurückkehrten, grinste die gesamte französische Belegschaft, und auch meine Kollegen feixten. Ich fragte erstaunt nach dem

Grund. Da erklärten sie mir, daß mein Gastgeber der Vertreter eines Gangsterclans wäre, der uns hier, wie in diesen Stadtteilen Tokios üblich, seinen Schutz angedeihen ließe. Die MGM hatte angeblich eine große Summe an diesen Clan gezahlt, um so die Sicherheit der Dreharbeiten zu gewährleisten.

Seit dem Tag, an dem ich mit dem in der Rangordnung wohl mittelhohen Gangsterboß essen gegangen war, kümmerte sich der gesamte Clan um mich, als wäre er meine Leibgarde. Das ging so weit, daß mir der Gangsterboß das Drehbuch und meine persönlichen Habseligkeiten hinterhertrug. Eines Tages sagte er: «Carl, sollte dir hier jemand Schwierigkeiten machen, sag es uns bitte. Den übernehmen wir sofort.»

Und das hätte bedeutet, daß sie den Betreffenden meinetwegen zusammengeschlagen oder vielleicht sogar umgebracht hätten. Auch untereinander war der Clan unerbittlich. Meinem Freund, dem Unterboß, fehlten an beiden Händen Glieder an den Fingern. Ließ sich nämlich ein Gangster etwas zuschulden kommen, das in der Bande als schweres Vergehen angesehen wurde, hackte man ihm zur Strafe auf einem Block mittels eines scharfen Messers ein Fingerglied ab.

Eines Tages wurde ich von meinem Gangsterfreund zum Abendessen in ein feines Restaurant eingeladen. Und was passierte? Er stellte mir seine Verlobte vor. Zu meinem wachsenden Erstaunen waren die gesellschaftlichen Spielregeln dieses Clans sehr bürgerlich. Am japanischen Neujahrstag zum Beispiel kündigte mir der Hotelportier Gäste an: Da erschienen tatsächlich der Gangsteroberhäuptling mit meinem Freund und ihren Frauen, um mir wunderschöne Geschenke zu überreichen und zum neuen Jahr alles Gute zu wünschen.

Als die Dreharbeiten in Tokio beendet waren, ließ es die

Gang nicht zu, daß mich ein Produktionswagen zum Flughafen fuhr. Mein Gangsterfreund persönlich und seine Verlobte holten mich mit einem Cadillac des Clans vom Hotel ab und brachten mich zum Airport. Dort warteten schon ein paar Clanmitglieder in der Menge, und als ich mich verabschiedete, weinten die Gangster bittere Tränen.

Auf meinem Rückflug in die Schweiz machte ich Zwischenstation in Los Angeles, um Freunde zu besuchen. Obwohl ich nach der langen Reise sehr müde war, traf ich noch am ersten Abend Laurence Thomas Foster, den jungen Dirigenten. Wir gingen in das Haus von Romy Greenson, der mich zum Essen eingeladen hatte. In der Wohnküche grillten wir auf offenem Feuer Fleisch und Kartoffeln.

Plötzlich erschien eine Dame, die wohl aus einem Zimmer im ersten Stock heruntergekommen war. Sie hatte ein Kopftuch umgebunden und trug eine kurzärmelige helle Bluse und weite cremefarbene Hosen. Auffällig war die große Sonnenbrille in ihrem Gesicht. Da ich sie nicht kannte, nahm ich weiter keine Notiz von ihr. Ich war damit beschäftigt, mich mit meinen Freunden zu unterhalten, die ich so lange nicht gesehen hatte. Romy Greenson, seiner Frau, seiner Tochter und Laurence Foster erzählte ich von den Dreharbeiten in Tokio, von meinen Eindrücken in der Stadt und von der Mentalität der Japaner, mit der zurechtzukommen mir sehr schwergefallen war.

Während des Essens ergab es sich, daß ich neben der Dame mit der Sonnenbrille zu sitzen kam. Nach einer Weile drehte ich mich zu ihr um und sagte:

«Warum nehmen Sie eigentlich Ihre dunkle Brille nicht ab? Das schadet doch Ihren Augen!»

Daraufhin sagte sie in einer ziemlich aggressiven Tonart:

«Do I ask you to take off your clothes?» (Fordere ich Sie dazu auf, sich auszuziehen?)

Ich dachte mir: Ujujuju, das ist wieder eine von denen mit

irgendeinem Dachschaden, die bei Romy Greenson in Behandlung sind und eine Zeitlang bei ihm wohnen. Und sagte gar nichts mehr. Später wurde die Atmosphäre etwas lockerer. Greensons Tochter und Sohn legten Tanzmusik auf, was in diesem Haus selten passierte, und dann wurde getanzt. Plötzlich stand die Frau neben mir auf und machte drei Schritte, und da fiel es mir wie Schuppen von den Augen: Es war Marilyn Monroe. Sie tanzte phänomenal. Später forderte sie auch mich zum Tanzen auf. Nun bin ich eher ein Nicht-Tänzer, so daß für mich eine eher unangenehme Situation entstand.

Inzwischen war die Stimmung richtig fröhlich geworden. Marilyn schlug ein Spiel vor, bei dem man dicht voreinander steht und mit aneinandergedrückten Handflächen versucht, den anderen aus dem Gleichgewicht zu bringen. Das hat Marilyn Monroe mit großer Begeisterung gespielt. Immer wieder ließ sie sich, scheinbar aus übermütiger Absicht, nach vorn kippen und mit ihrem Körper gegen ihren Partner fallen. Wir kamen aus dem Lachen nicht heraus. So endete der Abend wirklich ausgelassen. Wir tauschten noch Adressen aus, und Marilyn Monroe gab mir ihre Telefonnummer.

Ein paar Tage später habe ich sie auch wirklich angerufen. Die üblichen Worte: «Wir müßten uns mal treffen.»

Und dann, Anfang August 1962, als ich zur Premiere von «Die Wunderwelt der Gebrüder Grimm» nach New York flog, rief ich am Abend meiner Ankunft die Greensons an. Romys Frau war am Telefon, und als sie meine Stimme hörte, brach sie sofort in Tränen aus und konnte kaum mehr reden. Ich fragte erschrocken:

«Um Gottes willen, was ist denn los? Ist Romy oder den Kindern etwas passiert?»

«Nein, nein», schluchzte sie. Romy sei im Moment nicht da, sondern mit Journalisten unterwegs. Und endlich rückte sie damit heraus, daß Marilyn Monroe in der Nacht zuvor zum x-tenmal einen Selbstmordversuch unternommen hätte. Mit einer Überdosis Schlaftabletten. Diesmal aber hätte es «durch einen Irrtum geklappt».

Marilyn Monroe starb am 5. August 1962. Sie war bei Romy Greenson in Behandlung gewesen und hatte manchmal auch in seinem Haus gewohnt. Ich bin ihr nur das eine Mal an jenem Grillabend begegnet. Doch diese wenigen Stunden haben mir gezeigt, was für eine starke Persönlichkeit diese Frau war. Was für eine Faszination von ihr ausging, als sie ihre Hemmungen verloren hatte – wie sie tanzte, lachte und sich über dieses Spiel amüsierte. Und was für eine Erotik sie ausstrahlte, der man sich als Mann einfach nicht entziehen konnte. Aber es war auch klar sichtbar, wie krank sie war und wie stark sie unter psychischen Problemen litt. Ihre krankhafte Antwort auf meine Frage wegen der Sonnenbrille machte mir das deutlich.

In diesem Jahr 1962 drehte ich in Hollywood nur einen Film: «Come fly with me» – deutscher Titel: «Flieg mit mir ins Glück» –, ein unbedeutender Unterhaltungsfilm über drei Stewardessen, die sich auf einem Flug verlieben. Die Hauptrollen spielten Dolores Hart und Hugh O'Brian. Meine Frustration über das spärliche Rollenangebot wuchs mehr und mehr. Wieder drohte meine künstlerische Entwicklung auf der Strecke zu bleiben. Zwar hatte ich genug Zeit, um mich als begeisterter Amerika-Tourist zu betätigen; doch ich begriff allmählich, daß meine Hoffnung auf ein «neues» Leben in Kalifornien nicht in Erfüllung gehen würde. Was hatte ich nicht alles getan, um dem «Sissi»-Image zu entkommen! Ich hatte mit Jayne Mansfield einen Sexfilm gedreht. Ich hatte mir die Haare blond gefärbt und war in die Rolle eines Mörders geschlüpft, in der Gewißheit, mit «Peeping Tom» den Durchbruch als großer Star in Amerika zu schaffen. Doch es war nur ein Superflop geworden.

Dann noch ein Anlauf. In Hollywood hatte ich meinen Vornamen für das englische Publikum in «Carl» geändert. Ich war vor all dem, was deutsch war, geradezu geflohen. Ich wollte deutsch vergessen und las keine deutschen Zeitungen mehr. Ich sprach nur noch Englisch, und es kam tatsächlich so weit, daß ich englisch dachte und träumte. Ich habe wirklich alle nur erdenklichen Anstrengungen unternommen, mich in diese neue Welt zu integrieren und mir dort eine Zukunft aufzubauen. Mit dem Sechsjahresvertrag von MGM für sechs Filme in Hollywood glaubte ich, ein fabelhaftes Sprungbrett für eine Karriere als Filmstar in Amerika zu haben. Es war eine Illusion gewesen.

Bei den Dreharbeiten für «Die vier apokalyptischen Reiter» hatte mir Lee J. Cobb, mit dem ich mich sehr anfreundete, versprochen: «Wenn ich einmal eine Fernsehserie mache, wirst du mitspielen.» Und Cobb machte sein Versprechen wahr. Er holte mich zu der Cowboy-Serie «Die Leute von der Shiloh Ranch», und ich wurde zu einer «Gastrolle» verpflichtet.

Ich spielte den Einwanderer Hadek, der unversehens in Mordverdacht gerät und sich schon am Strick baumeln sieht. Abgedreht wurde diese Episode ebenfalls 1962, zu einer Zeit, als der sensationelle Erfolg dieser Serie in Amerika gerade anlief. Die Arbeit mit dem fabelhaften Regisseur John Brahm, mit dem ich ja schon 1954 «Die goldene Pest» gedreht hatte, war sehr anstrengend. Etwa sechzig Einstellungen pro Tag war das Minimum. Das hieß: Vierzehn Arbeitsstunden an zehn Drehtagen. Dann war die Ein-Stunden-Folge produziert. Die Gage allerdings war entsprechend fürstlich: Um in Deutschland auf den gleichen Betrag zu kommen, hätte man drei große Fernsehspiele machen müssen.

Danach kam lange Zeit überhaupt nichts mehr. Auch in Hollywood wurde es für mich zappenduster. Keine Filmangebote, keine Gastrollen, nichts. Vielleicht lag es daran, daß meine bisherigen vier MGM-Filme keine großen Kassenknüller geworden waren. Vielleicht war MGM nicht mehr an mir interessiert, weil mein «Sissi»-Image in Deutschland nicht mehr gefragt war und «Peeping Tom» keinen neuen Starruhm begründet hatte. Ich war für die MGM-Leute kein Kassenmagnet mehr wie noch zu Zeiten von «Too hot to handle» mit der Mansfield. Und so ließen sie mich fallen.

Der Erfolg eines Maximilian Schell in Hollywood, der für seinen Film über den Nürnberger Prozeß einen Oscar bekam und später wiederholt große amerikanische Filme drehte, war mir nicht gelungen. Sei es aus Mangel an Begabung oder Ausstrahlung, oder sei es, weil ich mich mit der Oberflächlichkeit dieser Filmstadt nicht identifizieren konnte. Es war eine Welt des Showbusiness, die mir fremd war und die mir keine Zukunft bot, obwohl ich dort sehr viel Geld verdient hatte.

Dennoch war die Begegnung mit Hollywood sehr wertvoll für mich. Ich lernte so außergewöhnliche Menschen kennen wie Romy Greenson, der mich später auch in Europa besuchte, und ich traf ihn noch einmal in Amerika. Ich hing sehr an ihm. Trotz der räumlichen Trennung blieb unsere Freundschaft bis zu seinem Tod in den siebziger Jahren bestehen.

Ich kann nicht leugnen, daß mich die Hollywood-Welt auch ein Stück faszinierte. Eine Welt der großen Stars. Ich bin fast allen irgendwo begegnet, meist bei gesellschaftlichen Anlässen. Und immer wieder habe ich festgestellt: Die wirklich Großen in diesem Filmgeschäft waren meistens sehr bescheidene, einfache Menschen – wie die Großen überall sonst auf der Welt.

11 Eine große Liebe und die Krisen der sechziger Jahre im Schweizer Paradies

Wieder war ein Traumziel wie eine Seifenblase zerplatzt. Als ich mich entschloß, meine Zelte in Los Angeles abzubrechen und in die Schweiz zurückzukehren, war auch mein Familienleben zum zweiten Mal gescheitert.

Schon seit längerer Zeit war die Verbindung mit Gudula Blau von gegenseitiger Enttäuschung geprägt. Ihre Vorstellung von mir als einem bürgerlichen Ehemann paßte nicht zu meiner schwierigen Aufbruchphase, die mit «Peeping Tom» begonnen hatte. Daß wir trotzdem noch ein drittes Kind in die Welt setzten, in der Hoffnung, damit unsere brüchig gewordene Ehe zu retten, war – rückblickend – sicherlich ein Fehler. Obgleich diese Feststellung schrecklich ist, wenn ich dieses Mädchen Daniela, meine zweitjüngste Tochter, sehe. In den Fünfzigern und Anfang der sechziger Jahre war ich mir der vollen Verantwortung einer Vaterschaft meinen Kindern gegenüber noch nicht bewußt.

Auch während meiner dreijährigen Hollywood-Periode hatte ich immer ein paar Monate im Jahr im kleinen Paradies von Cureggia verbracht, in diesem Bauernhäuschen, das ich so liebte. Im Juni 1962 kam unsere Tochter Daniela zur Welt. Doch als ich bald darauf Hollywood endgültig den Rücken kehrte, war Gudula mit den drei Kindern schon ausgezogen und hatte die Scheidung beantragt.

In der «Münchner Abendzeitung» vom 16. April 1962 notierte der Klatschkolumnist Hunter hämisch:

«Zwei gescheiterte Ehen und vier Kinder, die zurückbleiben – mit diesem traurigen Rekord kann sich Karlheinz auch in dem an Rekorde gewöhnten Hollywood sehen lassen. Er rangiert zumindest damit in der Spitzenklasse der Stars.»

Ich hatte nicht das Glück, eine Frau zu finden, die mein ganzes Leben als Freundin, Gefährtin, Geliebte und Mutter meiner Kinder begleitete. Als junger Mann konnte ich mir gar nicht vorstellen, es könnte anders sein als in der Ehe meiner Eltern. Doch ich war nicht dazu in der Lage, mich so zu verhalten wie mein Vater, und auch die Frauen spielten nicht so mit wie meine Mutter. Das war eine bittere Enttäuschung für mich, und ganz bestimmt auch für meine Ehefrauen. Sicherlich auch für andere Frauen, die hofften, mit mir eine längere Verbindung einzugehen.

Mein Ideal war immer eine feste Verbindung bis zum Tod. Wenn ich mir selbstkritisch die Frage stelle, warum meine ersten beiden Ehen scheiterten, sehe ich zwei Aspekte: Zum einen war meine Erwartung an die Frauen zu hoch. Sie war jedesmal an meiner Mutter ausgerichtet. Das heißt an einer idealen Ehefrau, so wie ich meine Mutter erlebt und es von meinem Vater gehört hatte. Eine «ideale Ehefrau» bedeutete, daß sie dem Mann voll untertan war, fast im alttestamentarischen Sinn. Und das war meine Mutter meinem Vater zweifellos, obwohl sie eine so große Persönlichkeit war.

Zum anderen, damit kein falscher Eindruck entsteht: Ich wiederum konnte die Erwartung, die ich bei den Frauen geweckt hatte, nicht erfüllen. Die Erwartung, ein perfekter Ehemann zu sein und mit ihnen eine Ehe bis zum Lebensende geschlossen zu haben. Ein «perfekter Ehemann» bedeutete, für die Frau da zu sein und finanziell für sie zu sorgen, genauso wie es mein Vater getan hatte; der meine Mutter dazu gebracht hatte, ihren Beruf, ihre Karriere als Sängerin aufzugeben und nur für seine Bedürfnisse da zu sein.

Ich machte bei allen meinen Ehefrauen dasselbe: Ob bei Elisabeth Zonewa, der Stewardeß; ob bei Gudula Blau, die gerade ihre ersten schüchternen Versuche als Schauspielerin startete; oder später bei Barbara Lass, meiner dritten Frau, die als Schauspielerin bereits einen internationalen Namen hatte: Sie alle brachte ich dazu, ihre eigene Karriere aufzugeben und nur noch Ehefrau zu sein.

Hinzu kam, daß ich meine ersten beiden Ehen nach sehr kurzer Bekanntschaft schloß. Ich projizierte alles, was ich mir wünschte, auf die Frauen. Zwar war jede auf ihre Art eine wunderbare Persönlichkeit, aber keine entsprach dem, was ich erwartet hatte: Zum Beispiel, daß sie genauso leidenschaftlich gerne Musik hörten wie ich, daß sie genauso gerne in die Oper gingen wie ich oder genauso ungern ausgingen.

Und wenn ich dann herausfand, daß die Gegensätze zu groß waren und meine Erwartungen nicht erfüllt wurden, kam es zu Beziehungen mit anderen Frauen aus der Welt meines Berufes. Man ist ja als Schauspieler, gerade im Rollenfach des Liebhabers, ununterbrochen mit anderen Frauen konfrontiert. Das führte sehr schnell zu Brüchen.

Es waren Zufallskreuzwege, die in feste Beziehungen oder Ehen mündeten. Nach einer bestimmten Frau oder Partnerin habe ich eigentlich nie gesucht. Ich erwähnte im vorigen Kapitel, daß ich Ende 1961 bei den Dreharbeiten zu «Rififi in Tokio» Barbara Lass kennengelernt hatte. Sie lebte damals in Rom. Auch sie war noch verheiratet, und zwar mit dem polnischen Regisseur Roman Polanski, der gerade mit seinem ersten Film «Das Messer im Wasser» im Westen berühmt geworden war. Ich spielte in dem «Rififi»-Film ihren Liebhaber, doch auch im wirklichen Leben verliebten wir uns ineinander. Es war der Beginn einer großen Liebe, die in meine bereits in Auflösung begriffene Ehe heftig einbrach. Barbara war die erste große Leidenschaft meines Lebens und die aufregendste Frauenpersönlichkeit, die mir bis dahin begegnet war.

Wir trafen uns in Paris, wo ich 1962 eine Wohnung hatte. Dann zog Barbara in dieses ehemals gemeinsame Heim von Gudula Blau und mir ein. Diese Zeit war bestimmt auch für sie nicht immer leicht. Heute fehlt mir für vieles, was ich damals getan habe, das Verständnis.

Barbara war zwölf Jahre jünger als ich und eine hochbegabte Schauspielerin, die im polnischen Film unter ihrem Geburtsnamen Kwiatkowska bereits zu den beliebtesten weiblichen Stars zählte. Sie hatte Preise gewonnen und schaffte 1960, mit zwanzig Jahren, auch im Westen den Durchbruch: als Hauptdarstellerin in René Cléments Film «Halt mal die Bombe, Liebling» mit Alain Delon.

Barbara war als Tochter eines kleinen Bauern im kommunistischen Polen aufgewachsen. Wenn sie auch alles andere als eine Kommunistin war, so hatte sie doch eine sehr kritische Einstellung gegenüber der kapitalistischen Welt. Sie war eine sogenannte Linke und sehr gescheit, ungeachtet ihrer Herkunft aus einfachem bäuerlichem Milieu.

Als Kind war sie im letzten Kriegsjahr mit ihrem Vater, ihrer Mutter und ihren Geschwistern nach Deutschland deportiert worden. Man brachte die Familie zu einem Gärtner in Nordfranken, wo ihr Vater als Zwangsarbeiter eingesetzt wurde. Barbara konnte sich, obwohl sie bei der Verschleppung erst vier Jahre alt gewesen war, noch an die Kriegs- und Nachkriegszeit erinnern. Als die Amerikaner bei Kriegsende diese Gegend besetzten, half ihr Vater dem Gärtner und seinen Angehörigen. Barbara und ich haben diese Leute später einmal besucht. Ihr Vater ist dann bald gestorben, aber ihre Mutter lebt noch heute.

Die Begegnung mit Barbara war für mich nicht nur der Beginn einer großen Liebe, sondern auch einer tiefgreifenden Veränderung meiner Einstellung zur Gesellschaft. Ich geriet in krassen Gegensatz zu den politischen Verhaltensmustern, die mir von meinen Eltern, besonders von meinem Vater, aufgeprägt worden waren. Auf einmal lebte ich mit einer Frau zusammen, die kritisch und anspruchsvoll war und viel von mir verlangte. Die den Werten der fünfziger Jahre und meinem «Sissi»-Filmruhm ebenso kritisch gegenüberstand wie ich selbst. Ihr künstlerisches Engagement deckte sich durchaus mit meinen schauspielerischen Idealen zu Beginn meiner Laufbahn.

Als Barbara und ich 1963 in Cureggia heirateten, ließ ich mich zum erstenmal kirchlich trauen. Ich gehörte damals noch, wie auch Barbara, der katholischen Kirche an. Es entstand, wie immer bei meinen legalen Verbindungen mit Frauen, eine Gemeinschaft von zwei sehr gegensätzlichen Menschen. Und wieder wünschte ich mir, sie möge bis an mein Lebensende halten.

Doch die Ehe mit Barbara Lass fiel bereits in eine Phase meines Lebens, die nicht mehr vom Glanz des äußerlichen Erfolgs geprägt war. Ich hatte bereits die Erfahrung hinter mir, daß ich mein Image als Schauspieler nicht mit einem Donnerschlag, wie mit «Peeping Tom» geplant, zu ändern vermochte. Zwar verdiente ich noch genug Geld und hatte keine finanziellen Sorgen. Aber es beunruhigte mich, daß meine berufliche Entwicklung immer mehr stagnierte.

Nach der «Shiloh Ranch»-Serie kamen in Amerika auf einmal auch keine Fernsehrollen mehr. In Deutschland und Österreich wurde ich seit «Peeping Tom» ohnehin nicht mehr zur Kenntnis genommen.

Da hockte ich nun in meinem kleinen Paradies und schaute den wunderschönen Sonnenuntergängen hinter dem Monte Rosa zu, dem zweithöchsten Berg Europas, den man von der Terrasse unseres Häuschens aus sehen konnte. Wenn ich die Augen schließe, kann ich das Bild immer noch vor mir sehen: zu meinen Füßen die Stadt Lugano und der Luganer See, darüber die Alpen und ganz hoch oben der Gipfel des Monte Rosa – eines der schönsten Naturbilder, an das ich mich erinnern kann.

Doch ich fühlte mich immer unglücklicher. Meine Freunde Henry Weinstein, Romy Greenson und Larry Foster aus Amerika besuchten mich in Cureggia und konnten mich doch nicht darüber hinwegtrösten, daß ich immer tiefer in diese berufliche Sackgasse hineinrutschte.

Jacques Deray, der inzwischen berühmt gewordene französische Filmregisseur von «Rififi in Tokio», und der deutsch-amerikanische Regisseur Robert Siodmak kamen zu Besuch. Die «Tessin-Emigranten» Walter Giller und Nadja Tiller schauten vorbei. Auch O. W. Fischer war einmal da. Sie alle genossen die schöne Aussicht und schrieben wundervolle Worte ins Gästebuch. Doch ich wurde immer verzweifelter.

Mit dem altgewordenen Wilhelm Backhaus, der einst – ungewollt – mein Leben so entscheidend beeinflußt hatte, entwickelte sich fast eine Art Freundschaft. Er gab nur noch selten Konzerte und fand mit seiner Frau Alma immer wieder den Weg in mein Haus in Cureggia – manchmal auch zu meinem Bechstein-Flügel, den er sehr liebte. Es waren unvergeßliche Stunden, die mich an meine Kindheit erinnerten und in denen die Welt versank mit Beethoven, Brahms oder einem Walzer von Johann Strauß. Doch das Erwachen war dann um so bitterer: Backhaus stand am Ende seines so erfüllten Lebens – und wo stand ich?

Einmal, als mich meine Eltern besuchten, kam der Schweizer Dichter Max Frisch in mein Haus. Auch der inzwischen nach Europa zurückgekehrte deutsch-amerikanische Regisseur Douglas Sirk, der eigentlich Detlef Sierck hieß, war dabei. Er hatte sich in Lugano angesiedelt. Bei diesem Besuch lud mich Max Frisch zu sich ein. Es entstand eine allzu kurze Beziehung, die mir sehr wertvoll war. Zwei Bände mit Theaterstücken schenkte er mir. Er spielte leidenschaftlich gern Tischtennis und verlor nur ungern; so schrieb er mir in den ersten Band die Widmung: «3:2 – trotzdem, für Karlheinz Böhm, mit herzlichen Wünschen auf die Bühne – Max Frisch».

Noch einem anderen berühmten Dichter, den ich leidenschaftlich gern las, begegnete ich im Tessin flüchtig: Hermann Hesse, der auf der anderen Seite des Luganer Sees wohnte.

Ich war nun fünfunddreißig Jahre alt und fühlte mich wie ein Frührentner. Das schöne umgebaute Bauernhäuschen wurde für mich zu einem Ort des Schmerzes und der Hoffnungslosigkeit. Ich geriet in tiefe Verzweiflung über meine fehlgeschlagene Karriere als Filmschauspieler. In heftigen Ausbrüchen schlug ich den Kopf gegen die Wand und dachte manchmal, ich finde keinen Ausweg mehr. Wieder, wie schon zweimal in meinem Leben, bewegte ich mich in der Gedankenwelt der Selbstauslöschung.

Vielleicht hätte ich diese schwere Depression nicht überstanden, wäre nicht Barbara gewesen, die mich immer wieder aufrichtete. Barbara, die als Bauerntochter ein gesundes, naturverbundenes Verhältnis zum Leben hat, wurde mir zum lebensrettenden Partner. Sie setzte sich bis zur Selbstaufgabe mit meiner Entwicklung auseinander. Und das meine ich wörtlich: Denn auch sie, die erfolgreiche Schauspielerin, hatte ja inzwischen eigene Ambitionen aufgegeben und konzentrierte ihr Leben voll auf mich.

Wir unternahmen Reisen nach Amerika, nach Frankreich, nach Japan. Seltener nach Deutschland oder Österreich. Mal ein Abstecher nach München, mal ein großer

Abend meines Vaters, die Festspiele in Salzburg oder Bayreuth –, aber wo blieb meine eigene Kreativität?

Ich versuchte, Gedichte zu schreiben, und zeigte sie dem berühmten Tierbuch- und Reiseschriftsteller Richard Katz. «Sehr nett», sagte er – das fürchterlichste Todesurteil in der Kunst.

Ich begann, wieder Klavier zu spielen, zu üben – zum Beispiel das «Wohltemperierte Klavier» von Johann Sebastian Bach. Nein, allzuweit kam ich nicht.

Und in dieser Zeit begann mein Vater mit siebzig Jahren eine einzigartige «Greisenkarriere», wie Wieland Wagner, der geniale Enkel des Komponisten, es einmal bezeichnete. Bei den Bayreuther Festspielen im August 1964 dirigierte mein Vater zum ersten Mal die Oper «Tristan und Isolde». Es war die epochemachende Inszenierung des Theatermachers und Opernregisseurs Wieland Wagner, mit Wolfgang Windgassen als Tristan und Birgit Nilsson als Isolde, nicht zu vergessen die wunderbare Christa Ludwig als Brangäne. Diese Aufführung war der Start für die Weltkarriere von Karl Böhm, die ihn, als einen der größten Dirigenten seiner Zeit mit siebenundachtzig Jahren in die andere Welt eingehen ließ.

Für mich war es eines der aufregendsten musikalischen Kunsterlebnisse meines Lebens. Schon immer hatte ich an Wagners Musik besonderen Gefallen gefunden. 1943, mit fünfzehn, erlebte ich den «Tristan» zum ersten Mal in Wien, mit dem Dirigenten Wilhelm Furtwängler und den Sängern Max Lorenz und Anny Konetzni; und im selben Jahr noch einmal mit Max Lorenz und der Jahrhundertsängerin Kirsten Flagstad als Isolde bei den Zürcher Festwochen. Später konnte ich dieser Musik verfallen wie einem Opiat. Obwohl ich mich nicht als Wagnerianer bezeichnen würde, waren Wagners Opern doch wie eine Droge für mich, bei der ich im Sinne des Wortes in Ekstasen fallen und davon abhängig werden konnte. Ich bin glücklich, daß es mir durch Verhandlungen gelungen ist, diese bewegende Bayreuther Aufführung von 1964 auf Schallplatte beziehungsweise Kassette oder CD live aufzeichnen zu lassen.

Aus der Arbeit Wieland Wagners mit meinem Vater entwickelte sich auch eine Freundschaft zwischen uns, sowohl auf künstlerischer als auch menschlicher Basis. Unvergeßlich ist mir die weite Seele dieses Mannes und unser kreativer Gedankenaustausch über den Sinn des Lebens, über die Bedeutung des «Tristan» und den Zusammenhang zwischen Liebe, Leidenschaft und Tod. Und hatte ich nicht selbst ein paarmal in meinem Leben allzu freudig und allzu schmerzhaft Leidenschaft erlebt? Wenn auch gottlob nicht mit tödlichen Folgen wie im Falle von «Tristan». Die Freundschaft mit diesem bahnbrechenden Inszenator war leider nur von kurzer Dauer, da Wieland Wagner schon im Oktober 1966, erst knapp fünfzig Jahre alt, an einem seltenen Leiden sterben sollte. Ich habe ihn noch wenige Tage vor seinem Tod in München besucht.

Die Festspiele 1964 in Bayreuth, in diesem Wallfahrtsort der Wagnerianer, fanden übrigens drei Monate vor der Geburt meiner Tochter Katharina Anna statt. Mir ist das deshalb so genau im Gedächtnis geblieben, weil meine Frau Barbara, im siebten Monat schwanger, mitgekommen war. Mit ihrem dicken Bauch mußte sie in enger Sitzreihe den fünfstündigen «Ring der Nibelungen» durchstehen. Damals gab es nur Holzstühle; Richard Wagner hatte das Haus bewußt so karg ausgestattet, damit – wie er selbst einmal scherzhaft sagte – die Leute bei seinen endlosen Opern nicht einschlafen. So hat Katharina schon vor ihrer Geburt den Wagner genossen. Heute hat sie, glaube ich, keine besondere Beziehung zu ihm; sie liebt aber – neben Popmusik und Jazz – durchaus auch klassische Musik.

Bayreuth 1964 wurde noch aus einem anderen, sehr persönlichen Grund ein unvergeßliches Erlebnis für mich. Es war der Beginn der Freundschaft mit meinem Vater. Bis zu diesem Zeitpunkt, als mein Vater schon siebzig war, ging unsere Beziehung über den Austausch familiärer Zärtlichkeiten und meinen Respekt vor ihm als dem großen Künstler nicht hinaus. Wir kannten uns eigentlich kaum. Die Beziehung zu meiner Mutter war für mich von klein auf eindeutig dominierend, eine wunderbare, liebevolle Beziehung. Meine Mutter vertraute mir auch Dinge an, die sie meinem Vater nicht sagte.

Und plötzlich, bei den Bayreuther Festspielen, geschah es nun zum ersten Mal, daß sich mein Vater mir anvertraute. Er tat es in einem Moment, in dem er vor Ratlosigkeit ganz verzweifelt war. Mein Vater erzählte mir von einer Frau in Berlin, mit der er, wohlgemerkt mit siebzig Jahren, ein Verhältnis hatte. Als er mit ihr Schluß machen wollte, schickte sie die Briefe, die er ihr geschrieben hatte, als «Osterpäckchen» an meine Mutter. Darauf reagierte meine Mutter wohl fuchsteufelswild und machte meinem Vater unglaubliche Szenen, so daß er nicht mehr ein noch aus wußte. Das also erzählte er mir.

Ich muß gestehen, daß ich erst in meinem vierten Lebensjahrzehnt, nach zwei gescheiterten eigenen Ehen, begriff, daß die Ehe meiner Eltern nicht so ideal und perfekt war, wie sie es mir ihr Leben lang versuchten vorzuspielen. Erst allmählich, als ich hinter ihre verschiedenen außerehelichen Beziehungen kam, konnte ich ihre Ehe realistischer sehen: mit allen Pros und Kontras einer langjährigen tiefen Liebesbeziehung, mit Abhängigkeiten voneinander, mit Zügen von Haßliebe auch und Strindbergschen Spielen.

Aber nur meine Mutter hatte mich bisher gelegentlich ins Vertrauen gezogen. Daß es nun auch mein Vater tat, zum ersten Mal in meinem Leben, berührte mich tief. Es wurde die Basis unserer Freundschaft, die bis zu seinem Tod dauerte.

Nachdem er mir die Geschichte mit der Berliner Frau erzählt hatte, sagte ich zu ihm, aus reinem Gerechtigkeitsgefühl: «Meine Mutter hat doch auch außereheliche Beziehungen gehabt!»

Er blickte mich voller Zorn an und brüllte:

«Deine Mutter hat mich nie betrogen!»

Ich antwortete ruhig: «Moment mal, ich weiß doch von dem und von dem und von dem», und zählte ihm die sechs Männer auf, von denen ich wußte.

Es war ein Schock für ihn. Er wollte es am Anfang nicht glauben und war ziemlich verwirrt. Doch dann hat er meine Offenbarung wohl in Gesprächen mit meiner Mutter verwendet.

Meine Mutter hat mir mein Verhalten verständlicherweise bitter übelgenommen. In ihren Augen war es ein Vertrauensbruch, den sie mir bis zu ihrem Tod nicht verziehen hat. Dabei tat ich es doch nur aus einem Gerechtigkeitsgefühl – weil mein Vater eben keine Ahnung von den Affären meiner Mutter hatte, während sie von wirklich jedem Mädchen wußte, das er auch nur mal angeschaut hatte. Und so führte das, was die Freundschaft mit meinem Vater begründete, zugleich zum Bruch in der Beziehung zu meiner Mutter.

Sie wandte sich radikal von mir ab. In den siebzehn Jahren bis zu ihrem Tod zeigte sie mir ihren Groll auf eine ganz merkwürdige Weise: Sie ersetzte mich durch zwei, drei junge Männer, die sie sozusagen an Sohnes Statt annahm und die homosexuell waren. Es waren Sekretäre meines Vaters beziehungsweise meiner Eltern. Meine Mutter nahm die jungen Männer ins Haus und schenkte ihnen alles Vertrauen, das sie mir entzog. Über die Vermögensverhältnisse meiner Eltern wußten sie genauestens Bescheid, während mir nichts mehr gesagt wurde. Meine Mutter spielte diese Männer in ihrer Vertrauensposition sogar bewußt gegen mich aus, vielleicht, um mich zur Eifersucht zu provozieren. Ich habe das nie begriffen. Nicht von ihrem erwachsenen Sohn ließen sich meine Eltern finanziell beraten, sondern von diesen jungen Burschen. Das war schon sehr komisch und ging hauptsächlich von meiner Mutter aus.

Der Abbruch unserer Beziehung durch meine Mutter fiel in eine Zeit, in der sie schwere Krankheiten hinter sich hatte. Einen Herzinfarkt im Jahre 1955 und danach einen Brustkrebs, der 1961 operiert wurde. Früher war sie eine humorvolle, liebenswürdige Frau gewesen und gesellschaftlich sehr beliebt. Ganz im Gegensatz zu meinem Vater, der kein Gesellschaftsmensch war und nicht gern ausging. Die totale Absorbierung meines Vaters durch seinen Beruf hatte zur Folge, daß auch meine Mutter ihre gesellschaftlichen Kontakte reduzierte und die Zahl ihrer Freunde immer mehr abnahm, je älter sie wurde. Dann kamen die Krankheiten.

Nach der Krebsoperation wurde sie mit Röntgenstrahlen behandelt. Die Schutzmaßnahmen waren noch ungenügend, so daß sie anschließend jedesmal furchtbare Schmerzen hatte. Da riet ihr der behandelnde Arzt: «Trinken Sie doch einfach mal ein Gläschen Magenbitter, dann geht es Ihnen besser!»

Wie gefährlich dieser Rat war, stellte sich bald heraus. Meine Mutter fing an zu trinken. Von 1961 bis 1971 ist sie schwere Alkoholikerin gewesen, eine furchtbare Krankheit, die bei ihr zu drei totalen Zusammenbrüchen führte. In den siebziger Jahren hat sie es dann tatsächlich noch einmal mit eiserner Energie geschafft, mit dem Trinken aufzuhören. Doch körperlich war sie schwer angeschlagen.

Wenn ich an die liebevolle Mutter-Sohn-Beziehung bis in die fünfziger Jahre hinein denke, ist es mir schmerzhaft bewußt, daß wir beide durch diese Entwicklung vielleicht viel verloren haben. Und es tut mir unendlich weh, daran zu denken, daß ich ihr Sterben nicht miterlebt habe, sondern es mir nur erzählt wurde von einem dieser jungen Männer, die an meiner Stelle in die Sohn-Rolle geschlüpft waren.

Mit meinem Vater aber entstand nach jenen Festspielen in Bayreuth trotz seines hohen Alters noch eine tiefe Freundschaft, eine Männerfreundschaft, die uns auch zum ersten Mal in unserer Arbeit zusammenführte.

Im November dieses seltsamen Jahres 1964 kam in Lugano unsere Tochter Katharina Anna auf die Welt, ein wirkliches Wunschkind. Da befand ich mich schon in Stuttgart. Denn am Tag nach ihrer Geburt debutierte ich am Württembergischen Staatstheater als Opernregisseur. Es war die Oper «Elektra» von Richard Strauss, und am Dirigentenpult stand mein Vater. «Zweimal Böhm» – das war ein «Thema zwischen Klatsch und Kunst mit vielstimmigem Echo», berichtete die «Welt am Sonntag».

Mein Vater, der mich zu Beginn meiner Laufbahn nie protegiert hatte, war an meinem ersten Versuch, eine Oper zu inszenieren, wesentlich beteiligt. Er war eingeladen worden, in Salzburg «Elektra» neu herauszubringen, und es war seine Idee, mich mit der Inszenierung zu betrauen. Er wußte um meine berufliche Verzweiflung und glaubte an meine Musikalität.

Mit dem Stoff dieser Oper, einer blutig-dramatischen Familientragödie nach dem Text von Hugo von Hofmannsthal, hatte ich mich erst einige Zeit zuvor intensiv auseinandergesetzt. Zusammen mit einem amerikanischen Autor hatte ich eine moderne Version der «Elektra» verfaßt, in der es um die Schuld der Deutschen an der Judenvernichtung gehen sollte. Dieses Drehbuch plante ich in einen Film mit dem Titel «Prozeß des Orest» als Regisseur umzusetzen. Meine Frau Barbara sollte die Elektra spielen und Sean Connery – noch nicht als James Bond populär geworden – den Orest. Doch trotz vieler Versuche gelang es mir nicht, einen Produzenten zu finden und diese Idee zu verwirklichen.

Als Regieteam wurden mein Vater und ich bei den Salzburger Festspielen dann durch eine echte Wiener Intrige zu Fall gebracht. Sie endete damit, daß Herbert von Karajan, der scheinbare Konkurrent meines Vaters, Inszenierung und musikalische Leitung übernahm.

Damit war das Projekt aber nicht gescheitert. Die Stuttgarter Staatsoper bot uns beiden eine Realisierung dieses Unternehmens für den Herbst 1964 an. Ich bin fest davon überzeugt, daß man nicht davon ausging, mit meinem Regiedebut in der Oper einen großen künstlerischen Streich zu tun. Man wollte vielmehr meinen Vater nach Stuttgart holen und nahm den Sohn mit in Kauf.

Bei den Proben kümmerte sich mein Vater zwar bis ins Detail um musikalische Fragen, nie oder ganz selten jedoch um das Bühnengeschehen. Außerdem kam er erst relativ spät zu den Proben dazu, da er zu jener Zeit total überarbeitet war. Mir machte die Arbeit mit den Sängern sehr viel Spaß, und umgekehrt arbeiteten auch diese, glaube ich, gern mit mir. Ausgehend von meinen Erfahrungen als Schauspieler, war es die erste Umsetzung meiner Musikleidenschaft, die sich zugleich mit meinem Jugendziel, Regisseur zu werden, verband. Noch während der Proben in Stuttgart überlegte ich mir schon, welche Opern ich danach inszenieren wollte, und träumte laut von einer großen Zukunft.

Es kam wahrscheinlich nicht so schlimm, wie die meisten erwartet hatten, aber es lag wieder nahe am von mir gefürchteten «ganz nett». Die Konzeption würde ich im Rückblick als konventionell bezeichnen. Hätte ich dasselbe zehn Jahre früher an einer guten Provinzbühne gemacht, hätte ich mir gewisse Chancen ausrechnen können. So erntete ich Verrisse oder lauwarme Kritiken; ich glaube, es war auch eine gute in der Londoner «Times» darunter.

Ich erinnere mich noch sehr genau an den Augenblick, als ich nach der Premiere von Stuttgart nach Lugano zurückkehrte und zum ersten Mal das neugeborene Baby sah. Bei Katharina wollte ich die Fehler meiner Vergangenheit wiedergutmachen. Ich wollte das Aufwachsen dieses Kindes miterleben und ihm meine Erfahrungen vermitteln, wie es wahrscheinlich sonst in Familien ganz normal ist. Ich hatte mich ja bei meinen vorherigen Ehen fast überhaupt nicht um die Entwicklung meiner vier anderen Kinder gekümmert.

Nun begann es mich auch zu quälen, daß ich mich auf Wunsch von Gudula Blau und ihrem neuen Ehemann verpflichtet hatte, die drei Kinder aus meiner zweiten Ehe nicht zu sehen, zu besuchen oder zu Besuch zu mir zu nehmen. Ein Beschluß, den auch Gudula heute sicher bereut – so gut er damals gemeint war, um die Kinder nicht in ihrem Aufwachsen zu stören oder zu verwirren. So lernte ich erst Ende der siebziger Jahre, als sich Gudula von ihrem Mann trennte, meine drei inzwischen fast erwachsenen Kinder kennen, und es entstanden Freundschaften mit ihnen, die ich heute nicht mehr missen möchte.

Noch vor der Premiere von «Elektra», im September 1964, war ich übrigens für ein paar Wochen nach Israel geflogen, um nach längerer Pause wieder einen Film zu drehen. Es war die schon kurz im dritten Kapitel erwähnte israelisch-französische Koproduktion mit dem Titel «L'heure de la vérité» (Die Stunde der Wahrheit), in der auch der französische Schauspieler Daniel Gelin mitspielte. Ein Problemfilm, über den ich in der «Münchner Abendzeitung» damals folgendes erzählte:

«Ich spiele einen deutschen Ingenieur, der am Aufbau des modernen Israel großen Anteil hat und mit einer jüdischen Spanierin verheiratet ist. Durch einen amerikanischen Journalisten, der im Land nach KZ-Überlebenden forscht und mit dem deutschen Ingenieur Freundschaft schließt, wird dessen Vergangenheit aufgedeckt. Der Mann war KZ-Lagerleiter. Er wurde in dem Land bekehrt, in das er 1945 flüchtete und in dem er jahrelang schwer geschuftet hat. Die Schuldfrage wird vor einem jüdischen Gericht – wir drehen diesen Komplex mitten in der Wüste – zur Debatte gestellt. Ich will über den Schluß nur sagen: er ist positiv!»

Ich muß heute zu meinem Erstaunen feststellen, daß ich eigentlich zu jener Zeit schon wieder vielbeschäftigt war. Ich sei bis Mai 1966 mit Film- und Bühnenverpflichtungen ausgebucht, erklärte ich in Interviews nach der «Elektra»-Premiere.

Und tatsächlich folgte eine intensive Phase der Theaterarbeit. Als erstes spielte ich in der Münchner Kleinen Komödie unter der Regie von Fritz André Kracht die Hauptrolle in der Broadway-Komödie «Tausend Clowns» von Herb Gardner – einen versponnenen New Yorker Bohemien und Junggesellen, der in einem verlotterten Appartement von einer verrückten Zirkusnummer träumt. Die Premiere fand am 8. Februar 1965 statt – fast auf den Tag fünf Jahre nach der «Hokuspokus»-Aufführung, bei der ich wegen meiner Hepatitis-Erkrankung hatte aussteigen müssen.

Ich merkte auf einmal, wieviel mir an der Basis fehlte. Mit «Basis» meine ich: das Theater. Nämlich Theatererfahrung als handwerkliche Grundausbildung jedes Schauspielers. Es fehlte mir an stimmlichen und körperlichen Ausdrucksmöglichkeiten, die ich in meiner langen Filmlaufbahn nicht hatte erlernen können. Es fehlte mir, schlicht gesagt, daß ich nicht zwei, drei Jahre in der Provinz gespielt hatte. Und diese Provinzjahre sollte ich dann in den nächsten beiden Jahrzehnten mit insgesamt sieben Schauspieltourneen nachholen. Natürlich nutzten die Theatertournee-Unternehmer kommerziell meinen Namen aus der «Sissi»-Zeit. Ich wurde auf der Bühne für gutes Geld einem Provinztheaterpublikum – was ich keineswegs abwertend meine – als Star der fünfziger Jahre präsentiert.

Ende 1965 ging ich mit der Komödie «Ein idealer Gatte» von Oscar Wilde, die sich spöttisch mit der viktorianisch-puritanischen Moral der englischen Gesellschaft des 19. Jahrhunderts auseinandersetzt, auf Tournee. Franz Josef Wild, der Regisseur von «Hokuspokus», hatte das Stück in München einstudiert, mit so hervorragenden Schauspielern wie Ruth-Maria Kubitschek, Alexander Kerst und Anaid Iplicjian. Ich spielte den Dandy Lord Goring. Im Anschluß an die Premiere, die in Iserlohn stattfand, reisten wir mit der Zürcher «Bühne 64» drei Monate lang durch Deutschland, Österreich, die Schweiz und Luxemburg. Diese Aufführung wurde in einer Aufzeichnung des Bayerischen Rundfunks 1966 auch auf dem Bildschirm ausgestrahlt.

Neben den Versuchen, wieder auf der Bühne Fuß zu fassen, gab ich aber meine Regiepläne nicht auf. In meiner Heimatstadt Graz erhielt ich nach «Elektra» das Angebot, die «Tosca» von Puccini zu inszenieren. Es wurde ein Achtungserfolg, mehr nicht. Langsam begann ich zu begreifen, daß ich wieder von unten anfangen mußte. Ich drehte nur noch einen einzigen Film in den Sechzigern, meinen letzten MGM-Vertragsfilm «The Venetian Affair» von 1966 – deutscher Titel: «Mitternacht Canale Grande» –, ein schreckliches amerikanisches Serienprodukt, in dem Robert Vaughn und Elke Sommer die Hauptrollen spielten.

Meine Frau Barbara drängte mich, das selbstgewählte paradiesische Exil in Cureggia aufzugeben. Wir hatten viele Auseinandersetzungen miteinander, nicht nur persönlicher, sondern mehr und mehr auch politischer Art. Wir diskutierten über gesellschaftliche Fragen, und ich las sehr viel in dieser Zeit, zum Beispiel Georg Büchners Werke. Und Barbara sagte immer wieder: «Du mußt hier raus! Du verlierst den Kontakt zur kulturellen Entwicklung. Du mußt dich wieder der Realität des Alltags stellen. Wir müssen nach München ziehen!»

Doch ich wehrte mich zuerst heftig dagegen.

Als nächstes spielte ich am Zürcher Schauspielhaus in «Liebelei» von Arthur Schnitzler, einem meiner Lieblingsdichter. Wir hatten in der Nähe von Zürich ein Häuschen gemietet, so daß Barbara und Kathi, wie ich sie liebevoll nannte, in meiner Nähe sein konnten. Trotz der erfolgreichen Aufführung unter der Regie von Wolfgang Glück, mit der Wessely-Hörbiger-Tochter Christiane Hörbiger und Peter Weck, vermochte mich Barbara aber noch nicht zu überzeugen, daß es auf Dauer besser wäre, mich vom beschaulichen Heim in Cureggia zu verabschieden. Mit «Liebelei» ging ich übrigens später ebenfalls, in einer anderen Inszenierung, auf Tournee.

Auch an das Theater in der Josefstadt, meine künstlerische Heimat, kehrte ich nun mit Gastrollen zurück. Ich spielte in Jean Anouilhs «Die Probe oder Die bestrafte Liebe» und später, 1970, in Ibsens «Hedda Gabler» und im Zwei-Personen-Stück «Denkzettel» von Jean-Claude Carrière mit Chariklia Baxevanos als meiner Partnerin.

Ende 1968 fanden in Wien die Proben zu einer österreichisch-französischen Fernsehverfilmung von Arthur Schnitzlers «Die Traumnovelle» statt. Regie führte wieder der Schnitzler-Spezialist Wolfgang Glück, mit dem mich eine langjährige Bekanntschaft verband. Ich spielte einen Arzt, dessen wundersame Erlebnisse ständig zwischen Traum und Realität schwanken. Es ist eine der poetischsten Arbeiten des Wiener Dichters.

Von meinen drei Theatertourneen in den Sechzigern erinnere ich mich besonders an die viereinhalb Monate 1969 mit Johanna Matz in dem Zwei-Personen-Stück «Das Himmelbett». Diese Komödie des niederländischen Schriftstellers Jan de Hartog erzählt in vielen heiteren und ernsten

Episoden die Geschichte einer Ehe von der Hochzeit bis zum Alter.

Ich kannte meine etwas jüngere Partnerin bereits aus der Wiener Theaterstudienzeit in den Nachkriegsjahren und von zwei gemeinsamen Filmen aus den fünfziger Jahren. In «Arlette erobert Paris» hatte Johanna Matz die weibliche Hauptrolle gespielt. Während ich beim Film geblieben war, hatte sie am Burgtheater Karriere gemacht und war eine erfahrene Bühnenschauspielerin geworden. Es lag wohl an unserer unterschiedlichen beruflichen Entwicklung, vielleicht auch an meiner Naivität dem Theater gegenüber, daß es bei dieser langen Tournee von hundertfünfzig Vorstellungen zeitweilig zu großen Reibereien und Spannungen zwischen uns kam.

Eine Tournee stellt natürlich hohe Anforderungen an die Fähigkeiten im Umgang miteinander, wie zum Beispiel Toleranz. Man hat fast keine Chance, sich im Alltag zu entgehen – beinahe wie in einer ehelichen Gemeinschaft. Man sitzt sich Tag für Tag beim Essen gegenüber, man fährt im selben Bus oft weite Strecken zusammen, und jeden Abend vesucht man, sich wieder auf einer neuen Bühne zurechtzufinden, manchmal unter recht primitiven Voraussetzungen. Jedenfalls noch in den Sechzigern, als wir sogar gelegentlich in Turnhallen spielen und entsprechend improvisieren mußten. Heute sind die Provinz- oder Tourneetheater in ihrem Komfort durchaus mit Großstadtbühnen vergleichbar.

Diese Anspannung nun, sich ständig wechselnden Umgebungen anpassen zu müssen, strapazierte unsere gegenseitige Toleranz manchmal bis zum Platzen. Es kam vor, daß wir tagelang nicht miteinander sprachen. Abends aber mußten wir als Partner im «Himmelbett» wieder zusammen auf der Bühne agieren.

Einmal, nach irgendeinem Krach, weigerte sich Johanna

Matz, bei einer Vorstellung aufzutreten. Sie stritt noch hinter der Bühne mit dem Inspizienten, als schon ihr Stichwort gefallen war. Da stand ich nun allein vor dem Publikum und wartete, aber Johanna ließ sich nicht blicken. Solche groteske Situationen ergaben sich manchmal. Nun, schließlich ist sie doch noch erschienen. Und träfen wir uns heute wieder, könnten wir gewiß über die alten Geschichten herzlich lachen. So läuft es oft mit Spannungen, die sich zwischen Bühnenkollegen entwickeln. Sie haben zweifellos etwas mit der Intensität der Beziehung, die ja fast einer privaten Beziehung gleicht, zu tun; Spannungen, die sich im Laufe der Zeit in Gelächter auflösen.

Nach der «Himmelbett»-Tournee entschlossen sich Barbara und ich dann doch, dieses wunderschöne Asyl am Monte Boglia bei Lugano aufzugeben, in dem ich insgesamt elf Jahre meines Lebens verbracht habe. Es war sicherlich für meine weitere berufliche Laufbahn ein wichtiger Schritt. Im Rückblick bin ich Barbara zutiefst dankbar dafür, daß sie mich fast gezwungen hat, das kleine Paradies zu verlassen. Aber daß wir das Bauernhäuschen auch verkauft haben, bedaure ich heute. Wie schön wäre es, ab und zu dorthin in die Ferien zu fahren.

Wir gingen 1969 nach München. Meine Eltern hatten mir ein Grundstück in Baldham geschenkt. Sie waren nicht nur vorsichtiger im Geldausgeben als ich, sondern hatten vor allem keine kostspieligen Scheidungen hinter sich. Aus dem Verkaufserlös des Tessiner Häuschens baute ich auf diesem Grundstück ein eigenes Heim, das ich mit Barbara und meiner Tochter Katharina bezog.

Zwischen all den Theaterverpflichtungen dieser Zeit hatte das Jahr 1968 auch für mich eine besondere Bedeutung. Der Aufstand der jungen Generation gegen die maßlose Saturiertheit einer Gesellschaft, die aus dem Elend und der Furcht des Dritten Reiches geradezu in den Teufelskreis des sinnlosen Materialismus getanzt war – diesen Aufstand habe ich von Anfang an mit großer Sympathie begleitet. Den Protest gegen den Tanz ums Goldene Kalb erlebte ich aber auch mit einem wachsenden Verständnis für die eigene Entwicklung. War das denn nicht letztlich meine eigene Geschichte?

Ich fühlte mich wie ein Achtzehnjähriger, der auf die Barrikaden geht, und begann, im geistigen Sinn zu revoltieren. Angestoßen durch Barbara, die mich von Anfang an in meiner politischen Einstellung viel wacher gemacht hatte, gab ich meinem Vater eines Tages im Jahre 1968 den Schwur auf sein Augenlicht zurück, jenen Schwur auf dem Zürcher Hauptbahnhof 1943, daß ich niemals einer Partei beitreten oder mich politisch betätigen würde. In der Auseinandersetzung mit meinem Vater war mir bewußt geworden, daß seine politische Haltung vielleicht als Überlebensstrategie während der Hitlerdiktatur gerechtfertigt war, aber nicht in einer Demokratie. Wie schon das Wort sagt, muß sich jeder Mensch in einer demokratischen Gesellschaft an der Entwicklung, dem politischen Leben seines Staates beteiligen.

In den Kreisen dieser Aufständischen wider die Unvernunft bewegte sich ein Schauspieler, den ich 1969 in Frankfurt kennenlernte und der heute zu meinen engsten Freunden zählt: Dieter Kümmel. Er war einer der wenigen unter den jungen Rebellen, der nicht aus Trotz und blanker Wut protestierte, sondern aus kühler Vernunft und im Glauben an eine bessere Welt. Und bis zum heutigen Tag spricht dieser Mann nicht nur von Idealismus, sondern er lebt ihn auch.

Dieter Kümmel hat in Freiburg im Breisgau gegen viele Widerstände ein bemerkenswertes Kinder- und Jugendtheater geschaffen, wie es nur wenige im deutschen Sprachraum gibt. Vieleicht ist er heute der bedeutendste deutschsprachige, wenn nicht sogar europäische Kindertheatermacher. Obwohl er aus einem bürgerlichen Elternhaus stammt, hat er immer nur von seinem verhältnismäßig niedrigen Verdienst gelebt. Ich bewundere seine Lebensführung, die so bescheiden geblieben ist wie in den Achtundsechziger-Zeiten. Er fährt seit jeher alte, klapprige Autos, lebt in einer kleinen Hinterhauswohnung und kleidet sich unaufwendig. Seine Lebensform ist für mich ein Stück praktischer Sozialismus – wie man sich gemeinschaftlich verhält, bescheiden bleibt und trotzdem viel erreicht. Unsere leider zu seltenen Begegnungen gehören zu den Lichtpunkten des Jahres. Er ist mir der vertrauteste unter meinen Freunden, und ich bin sicher, daß mir diese Freundschaft bis ans Ende meines Lebens erhalten bleibt.

Wir trafen uns zum ersten Mal im «Künstlerkeller» von Frankfurt – ein wunderbarer Treffpunkt wirklich alternativer Menschen. Er wurde von einer außergewöhnlichen Frau geleitet. Jeder kannte sie unter dem Namen «Toni», und so hieß dieser Platz auch bald: «Tonis Künstlerkeller». Schauspieler traf man dort ebenso wie Studenten der Bewegung, Musiker, Maler, Dichter, Filmemacher. Man konnte bei Toni ungestört sitzen und ihre herrlich einfachen Gerichte essen – und wenn sie jemanden mochte, kochte sie besonders gut.

Toni war eine herrlich häßliche und in ihrer Häßlichkeit schon wieder schöne Frau, mit einem fast männlichen Charakter, obwohl sie wirklich tief weiblich war. Ich weiß nicht, wie viele Mädchen sie vor der Prostitution rettete, indem sie ihnen etwas zu essen gab und einen Halt in dieser Kneipe. Später war ich mit der Fassbinder-Gruppe oft in «Tonis Künstlerkeller». Dann starb sie tragischerweise an Krebs. Mit ihr habe ich echte Kommunikation erlebt. Ihr Tod hat eine große Lücke hinterlassen.

Dieses Jahr 1968 mit seinen Folgen machte mich politisch bewußter und interessierter, als ich mir das in den konservativen fünfziger Jahren je hätte vorstellen können. So engagierte ich mich zum ersten Mal mit einem Wahlaufruf für eine österreichische Partei, obwohl ich selbst als Auslandsösterreicher gar nicht wählen durfte.

Anfang 1970 wandte ich mich in Zeitungsanzeigen an meine österreichischen Landsleute:

«Ich bin Karlheinz Böhm, Schauspieler, Sohn des Dirigenten Karl Böhm. Ich gehöre keiner Partei an, aber ich möchte draußen in der Welt stolz auf Österreich sein. Darum wähle ich mit der SPÖ das moderne Österreich und vor allem Dr. Bruno Kreisky.»

Meine politische Parteinahme hatte auch ihre komischen Seiten. Ich trat zu jener Zeit wieder am Theater in der Josefstadt auf, und so karikierte mich eine Wiener Boulevardzeitung als Kaiser Franz Joseph, der mit einer SPÖ-Fahne auf dem Ring spazierengeht.

Noch immer galt es in Österreich als unstatthaft, sich als Künstler zu engagieren. Ich kannte nur einen Kollegen von mir, der so etwas tat, und das war Fritz Muliar. Später entdeckten wir durch einen Zufall, daß wir beide im Freimaurerbund waren. Ich war dieser esoterischen Vereinigung Ende der sechziger Jahre beigetreten, zu deren Grundsätzen es allerdings gehört, daß man sich nicht öffentlich dazu bekennt, sondern nur im geheimen wirkt. Es war eigentlich mein erster Versuch, meine humanitären Gedanken in die Praxis umzusetzen und «am harten Stein zu arbeiten», wie es in der Sprache der Freimaurer heißt.

Man wird mir heute kaum glauben, daß ich damals Dietmar Schönherr, Talkmaster der Show «Wünsch dir was!», für den österreichischen Wahlkampf gewann. Später gingen seine politische Entwicklung und seine mutigen Aktivitäten wesentlich weiter als bei mir. Dietmar Schönherr engagierte sich in der bundesdeutschen Friedensbewegung und trat bei den großen Kundgebungen von «Künstler für den Frieden» auf. Er gehörte auch zu den Prominenten, die in Mutlangen mit Sitzstreiks gegen die Stationierung der amerikanischen Mittelstreckenraketen protestierten. Ich beneide ihn ein bißchen darum, daß er vor Mutlangen saß und öffentlich für seine Überzeugungen eintrat.

Doch mich brachte mein so ganz anderer Weg dazu, nach Äthiopien zu gehen und auf meine Art gegen Ungerechtigkeiten zu protestieren. Und auch Dietmar Schönherr entschloß sich später, angeregt durch meine Gründung von «Menschen für Menschen», sich in Nikaragua mit einer Hilfsorganisation für die Sache der Sandinisten einzusetzen.

Abgesehen von meinem ersten politischen Engagement für die SPÖ, beschloß ich auch Ende der sechziger Jahre, aus der katholischen Kirche auszutreten. Der Anlaß war, daß der damalige Papst Paul VI. den Gebrauch der Antibabypille zur Geburtenregelung verdammte. Das empfand ich angesichts der Geburtenexplosion auf der Welt als fast kriminell, und so verließ ich mit meiner Frau Barbara die Institution Kirche. Damit wurde unsere Ehe in ihrer kirchlichen Form annulliert.

Ich beendete mein persönliches Krisenjahrzehnt mit einem dritten und letzten Opernregie-Versuch. Was hatte ich nicht 1969 noch für Regiepläne gehabt! Verdis «Othello» und Alban Bergs «Wozzeck» wollte ich am Staatstheater Braunschweig inszenieren, Richard Strauss' «Salome» in Neapel und vielleicht auch Mozarts «Figaro». Nun war es der «Zigeunerbaron» von Johann Strauß im Münchner Staatstheater am Gärtnerplatz. Von Anfang an wehrte ich mich entschieden dagegen, dieses Werk als Operette abzuqualifizieren. Für mich ist es eine komische Oper, im Sinne von Johann Strauß, und ich inszenierte sie im Stil eines naiven Realismus. Doch trotz harmonischer Zusammenarbeit mit den Künstlern wurde mir spätestens bei der

Premiere am 4. September 1970 klar, daß auch dieses Resultat allenfalls als «nett» zu bezeichnen war. Und damit begriff ich endgültig, daß die Opernregie für mich nicht der richtige Weg war.

Doch die Bilanz dieser krisenhaften sechziger Jahre – zwischen hochgespannten Hollywood-Erwartungen, tiefen Enttäuschungen und einem allmählichen Wieder-Fuß-Fassen auf der Bühne – fällt vielleicht doch nicht so schlecht aus, wie es in meinem Gedächtnis haften blieb.

Der Sprung zurück auf die Bühne jedenfalls, mochte er am Anfang auch noch so hart gewesen sein, war mir gelungen. Und so heftig wurde meine Theaterleidenschaft, daß mir das Medium Film oberflächlich erschien und ich am liebsten nur noch Theater spielen wollte.

12 Rainer Werner Fassbinder

Im Hinterzimmer der Schwabinger Kneipe «Witwe Bolte» saß ich, wie fast alle um mich herum, auf dem Boden. Es war die neue Bleibe des vor kurzem geschlossenen «action-theaters», das sich nun «antiteater» nannte und eine uralte Komödie spielte: «Das Kaffeehaus» von Carlo Goldoni aus dem Jahre 1750.

Was für eine verdrehte Provokation in diesen rebellischen Achtundsechziger-Zeiten! Zwischen schwarzen Stühlen bewegten sich die Schauspieler in wunderschönen Kostümen wie in Trance. Ich schaute fasziniert auf eine sehr langsame, manieristische Aufführung voller «unpassender» Film- und Theaterzitate, wie ich sie noch nie gesehen hatte. Den Mann, der so eigentümlich inszenierte, kannte ich nicht. Sein Name war Rainer Werner Fassbinder.

Ein paar Tage später entdeckte ich zufällig eine Kinoreklame mit dem Namen Fassbinder. Der Film hieß «Katzelmacher». Er war der Dichterin Marie Luise Fleißer gewidmet und trug das Motto: «Es ist besser, neue Fehler zu machen, als die alten bis zur Bewußtlosigkeit zu konstituieren (Yaak Karsunke).»

Ich besorgte mir sofort eine Kinokarte. Es ging um das Thema Gastarbeiter – ein Lehrstück geradezu. Noch heute halte ich «Katzelmacher» für den zentralsten und wichtigsten Film von Fassbinder. Er erkannte genial und weit vorausblickend dieses bis in unsere Tage hochaktuelle gesellschaftliche Problem, mit dem er sich in seinen späteren Filmen noch öfter auseinandersetzte. Man sollte «Katzelmacher» wieder ausgraben und aufführen, wo man kann.

Nach diesen beiden aufwühlenden Erlebnissen mit Fassbinder gingen einige Jahre ins Land, in denen ich mit drei großen Theatertourneen viel Erfolg hatte. Davon erzähle ich später mehr. Doch meine Bemühungen, auch im deutschen Fernsehen einzusteigen, blieben lange vergebens.

«Ich habe die Türen der TV-Gewaltigen abgeklappert wie ein Vertreter», klagte ich im Mai 1971 in einem Interview, als ich gerade auf dem Bildschirm in der vor neun Jahren abgedrehten US-Serie «Die Leute von der Shiloh-Ranch» zu sehen war. Und meinen letzten deutschen Spielfilm hatte ich 1960 gedreht – «Der Gauner und der liebe Gott» mit Gert Fröbe.

So blieb mir neben den Theatergastspielen gar nichts anderes übrig, als mein Geld ab und zu mit Synchronisieren zu verdienen – draußen in den Bavaria-Studios von Geiselgasteig, wo ich einst in den fünfziger Jahren zum Filmstar geworden war.

Eines Mittags in der Kantine, es muß im Frühjahr 1973 gewesen sein, sah ich Rainer Werner Fassbinder mit seiner Gruppe an einem Tisch sitzen. Er bereitete wohl gerade irgendeinen Film vor. Ich ging spontan auf ihn zu und sagte:

«Guten Tag, Herr Fassbinder. Mein Name ist Karlheinz Böhm. Ich habe ‹Das Kaffeehaus› und ‹Katzelmacher› von Ihnen gesehen und finde es ganz phantastisch, was Sie machen! Es wäre toll, wenn ich mal mit Ihnen arbeiten könnte!»

Fassbinder begrüßte mich nicht und stand nicht auf. Kein Mensch am Tisch stand auf. Niemand gab mir die Hand.

Der Mann in der schwarzen Lederkluft sah nur einmal kurz mit seinen Schweinsäuglein in mein Gesicht und grunzte ein kaum vernehmliches «Mmmh». Dann drehte er den Kopf weg und aß weiter.

So deplaciert habe ich mich selten gefühlt. Ich hatte eine irrsinnige Wut im Bauch und dachte:

«Dieser arrogante Kerl, was glaubt der eigentlich, wer er ist? Gut, vielleicht bin ich nicht sein Geschmack. Aber er hätte wenigstens ‹Guten Tag› oder ‹danke› sagen können!»

Eine Woche später, als ich dieses peinliche Erlebnis schon fast verdrängt hatte, rief mich meine Agentur an:

«Herr Böhm, kennen Sie den Fassbinder? Wir haben hier ein Drehbuch ‹Martha› liegen. Er hat es uns gerade geschickt. Ein Fernsehfilm. Er bietet Ihnen darin die Hauptrolle an.»

Ich war sprachlos. Ich habe das Buch in einem Zug gelesen, und als ich fertig war, habe ich nur ein paar Minuten überlegt, bevor ich die Agentur anrief:

«Sagt dem Fassbinder, ich mach's.»

Erst später erfuhr ich, daß er die Rolle des sadistischen Ehemannes Helmut Salomon vor mir Hardy Krüger angeboten hatte. Doch der hatte abgelehnt. In einem entscheidenden Moment meines Lebens war es umgekehrt gewesen: Da hatte mir Hardy Krüger, bei einem Film mit Hildegard Knef, eine Rolle sozusagen weggeschnappt – ich habe davon erzählt. Es sollte sich herausstellen, daß dieser Moment nun nicht minder bedeutungsvoll war: Neben «Peeping Tom» wurde «Martha» für mich der wichtigste Film, den ich in meinem Leben gemacht habe.

Ich fuhr im Juli 1973 nach Konstanz, wo wir zuerst drehten, später auch nach Rom und Neapel. Aus dem Grunzen der ersten Begegnung mit Fassbinder entwickelte sich eine etwas kommunikativere Form des Umgangs. Doch er ist in einem konventionellen Sinn kein freundlicher Mensch gewesen. Obwohl es auch Momente gab, in denen man mit ihm sehr lachen konnte.

Fassbinder kam aus einem zutiefst bürgerlichen Milieu und setzte sich schreiend aggressiv gegen die Bürgerlichkeit seiner Eltern und der Gesellschaft in Deutschland zur Wehr. So verstehe ich auch seine Homosexualität vor allem als eine Revolte.

Die Arbeit mit Fassbinder war für mich etwas radikal Neues. Er zeigte mir auf eine recht merkwürdige Art, daß er mich und meine Rolle in «Martha» ernst nahm: Wenn wir drehten, erschien er immer superelegant im Anzug mit Krawatte. Die anderen in der Gruppe lachten sich halbtot darüber.

Durch «Martha» wurde ich natürlich auch in seine Gruppe einbezogen, auch wenn ich versuchte, eine gewisse Distanz zu halten. Die Verhältnisse in der «Fassbinder-Familie», die aus lauter Chaoten, liebenswert Verrückten, Homosexuellen und ungewöhnlichen Frauen bestand, waren alles andere als sozial. Fassbinder beherrschte sie. Er verhielt sich total besitzergreifend und nutzte die Schauspieler auf das schamloseste aus, um mit ihnen bei Inszenierungen bestimmte Dinge auszudrücken. Auch mich – oder das, was er von mir gesehen hatte – benutzte er, so wie er das mit anderen Filmstars der fünfziger und sechziger Jahre tat, indem er sie mit genialer Beobachtungsgabe auf eine schmerzhafte, manchmal fast abstoßende Art enthüllte und bloßstellte. Das ging innerhalb seiner Gruppe manchmal bis zur Selbstzerstörung, sogar bis zum Selbstmord.

Trotzdem: Auch wenn es noch mehr Negatives über ihn zu erzählen gäbe – zum Beispiel, daß einige Mitglieder seiner Gruppe rauschgiftsüchtig waren, daß die Freiheit der Sexualität manchmal in extremen Formen ausgelebt wurde –, so kann das alles nicht das Genie dieses Mannes einschränken. Der Preis, den man für so außergewöhnliche

Menschen in der Gesellschaft zahlen muß, ist – nachweisbar in der Geschichte der Menschheit – oft sehr hoch. Und so war es auch bei Fassbinder.

Ich habe mit der Gruppe nie zusammengewohnt, doch gelegentlich mit den anderen gemeinsam gegessen. Nicht öfter übrigens, als es sonst bei Dreharbeiten üblich ist. Und auch mein Kontakt zu den Mitgliedern der Fassbinder-Familie war nicht persönlicher, als ich es in damaligen Theaterensembles gewohnt war. Ungewöhnlich für eine Theater- oder Filmgruppe war nur ein Spiel, das Fassbinder abends nach dem Essen gern initiierte: ein «Wahrheitsspiel», wie es in Wohngemeinschaften jener Jahre sehr verbreitet war.

Da saß man zusammen und mußte sich gegenseitig sagen, was man voneinander dachte, vor allem fühlte – und zwar offen, bis in schmerzhafteste Bereiche hinein. Diese radikalen Gefühlsgeständnisse lösten in vielen Fällen Verzweiflung, Haß, Wut und Hilflosigkeit aus. Fassbinder aber thronte auf seinem Stuhl und grinste, zumindest innerlich, wie ein Faun, wenn sich seine Leute gegenseitig zerfleischten.

Es war genau das, was er erreichen wollte. Die Sympathien, Antipathien und Schwächen der Schauspieler, mit denen er arbeitete, sollten bloßgelegt werden, damit er sie besser für Spielszenen einsetzen konnte. Das «Wahrheitsspiel» führte auch dazu, daß die Gruppenmitglieder mehr und mehr in emotionale Abhängigkeit von Fassbinder gerieten. Ich muß gestehen, daß es Momente gab, in denen auch ich bedroht war, in diese Abhängigkeit hineinzurutschen.

Fassbinder war in Wirklichkeit überhaupt kein Gruppenmensch, sondern ein absoluter Diktator. Er manipulierte die Menschen, mit denen er zusammenlebte, auch wenn er immer behauptete, es ginge um Gruppenarbeit. Er war ein schrankenloser Individualist. Vielleicht bin ich deshalb so gut mit ihm ausgekommen. Ich kann natürlich verstehen, daß manche Schauspieler von seiner rücksichtslosen Haltung so abgestoßen waren, daß sie mit ihm nicht mehr arbeiten wollten.

In «Martha» benutzte mich Fassbinder für eine Art «Abrechnung» mit seinem Vater. Anfangs habe ich gar nicht begriffen, daß er mich in der Rolle des gutbürgerlichen Ingenieurs und «Macho»-Ehemannes Helmut Salomon optisch fast identisch nach seinem Vater herrichtete. Fassbinders Vater hieß Hellmuth und war Arzt, seine Mutter Übersetzerin. Sie hatten sich scheiden lassen, als er fünf Jahre alt war. Als Lilo Pempeit oder Liselotte Eder spielte seine Mutter übrigens in vielen seiner Filme mit.

Fassbinder benutzte auch persönliche Eigenarten von mir – zum Beispiel, was ich frühstücke und welches mein Lieblingsgericht ist, welche Zeitung ich lese, welche klassische Musik ich bevorzuge.

Ich schreie nur einmal in der Rolle des ansonsten sanften Sadisten Helmut:

«Das ist doch keine Musik – das ist Schleim», brülle ich Martha an, als sie Donizetti hört.

Doch vor allem benutzte Fassbinder mein Filmimage der fünfziger Jahre als «anständiger junger Mann aus gutem Hause», um die Figur des Helmut als bürgerlicher «Normalehemann» scharf zuzuspitzen.

Die Geschichte geht so: Die einunddreißigjährige Martha Hyer, gespielt von Margit Carstensen, verbringt mit ihrem Vater einen Urlaub in Rom. Nach dem plötzlichen Tod des Vaters, der auf der Spanischen Treppe zusammengebrochen ist, begegnet Martha im Hof der Deutschen Botschaft einem Unbekannten. Dieser Mann bin ich, elegant gekleidet, in der Rolle des fünfundvierzigjährigen Helmut Salomon. Die Kamera umkreist Martha und mich, als wollte sie uns in einen Wirbel hineinziehen.

Nachdem Martha mit dem Sarg per Zug nach Hause zurückgekehrt ist, sagt die Mutter schreckliche Sätze zu dem «gnädigen Fräulein». Zum Beispiel: «Was hast du nur getan, Martha, daß Vater sich so aufregen mußte» und «Du bist eine widerliche alte Jungfer, Martha. Du ekelst mich an.»

Dann, bei einer Hochzeit im Bekanntenkreis, taucht der Unbekannte aus Rom auf: Helmut Salomon. Von seiner ersten Äußerung an demütigt er Martha. Im dunklen Garten sagt er ihr:

«Sie wirken auf mich, als würde Ihr Körper schlecht riechen», bevor er sie zum ersten Mal gewaltsam an sich reißt.

In der nächsten Szene sieht man uns auf einem Rummelplatz. Wir fahren zusammen Achterbahn. Martha hat Angst, muß sich übergeben. In diesem Augenblick macht ihr Helmut seinen Heiratsantrag. Und sie nimmt ihn an.

Als die Mutter erfährt, daß ihre Tochter heiraten wird, schluckt sie, um Martha zu strafen, in ihrem Beisein einen Haufen Beruhigungstabletten. (Auch Martha schluckt übrigens von der ersten Szene an dauernd Valium.) Vergiftet bricht die Mutter im Salon zusammen. Helmut hindert Martha daran, Hilfe zu holen, und fällt über seine Braut her. Sie wehrt ihn entsetzt ab. Helmut sagt:

«Tu das nie wieder, Martha! Wehr dich nie wieder gegen mich, wenn ich dich liebhaben will!»

Das junge Paar zieht in ein abgelegenes Haus, in dem einmal ein Mord passierte. «Weil es billiger ist», erklärt Helmut.

Die Hochzeitsreise geht nach Italien. Man sieht sie am Strand, sieht Marthas weiße Haut im Bikini. Helmut will, daß Martha braun wird. Er selbst sitzt im dunklen Anzug unterm Sonnenschirm und liest. Als sie in der Sonne einschläft, wendet er sich ab.

Und jetzt folgt die wohl perverseste Szene des Films: Martha liegt im Hotelzimmer mit einem furchtbaren Sonnenbrand am ganzen Körper. Der Ehemann tritt zu ihr, greift nach ihrem Bauch und ritzt mit seinen Nägeln die krebsrote Haut. Dann wirft er sich im Anzug auf die schwerverbrannte Frau, die wie ein Tier brüllt, das abgeschlachtet wird.

Nachdem das Ehepaar nach Hause zurückgekehrt ist, erfährt Martha, daß Helmut ihre Stelle als Bibliothekarin gekündigt hat. Seine Begründung:

«Ich habe ganz klar gesagt, daß ich nicht will, daß meine Frau arbeiten geht!»

Mehrmals sieht man im Film, wie Helmut seiner Frau Gewalt antut. Man beobachtet, daß er sich wie ein Vampir in ihrem Hals festbeißt. «Er ist so sonderbar», sagt Martha verschüchtert ihrer Freundin und zeigt ihr die Male.

Unterdessen treibt Helmut die Isolation und Demontage seiner Frau Schritt für Schritt weiter. Er meldet das Telefon ab. Er läßt sie ein Buch über Staudammtechnik referieren. Er sagt:

«Ich bitte dich, unsere Wohnung nicht mehr zu verlassen. Ich wünsche mir so sehr, daß du nur für mich auf der Welt da bist, für mich ganz allein!»

Martha klammert sich an eine Katze.

«Ich hab mich so sehr nach etwas Lebendigem gesehnt – die ganze Woche, als ich allein war.»

Helmut tötet die Katze. Als Martha weinend auf das tote Tier stürzt, vergewaltigt er sie.

Als er ihr ankündigt, er habe ihr ein Geschenk mitgebracht, läuft sie schreiend, dem Wahnsinn nahe, aus dem Haus.

Der Film endet damit, daß Martha, die sich von ihrem Mann verfolgt glaubt, durch einen Autounfall gelähmt im Rollstuhl landet. Der befreundete Arzt tröstet sie:

«Du hast doch Helmut! Er liebt dich!» Jetzt ist sie ihm völlig ausgeliefert.

Es ist ein böser Film, den Fassbinder selbst folgendermaßen kommentierte:

«Martha wird eigentlich nicht unterdrückt, sondern erzogen. Und diese Erziehung ist gleich Unterdrückung ... Wenn Martha zum Schluß des Films alleine nicht mehr lebensfähig ist, dann hat sie das erreicht, was sie eigentlich wollte ... Der Film erzählt nämlich eine Geschichte, die geht so: Wie wird diese Frau glücklich? ... Die meisten Männer können nur nicht so perfekt unterdrücken, wie die Frauen es gerne hätten.»

Meine erste Arbeit mit Fassbinder brachte mir beim Publikum verständlicherweise alles andere als Beliebtheit ein, im Gegenteil. Als «Martha» im Mai 1974 erstmals im Fernsehen lief, reagierten die Zuschauer mit wütenden Briefen und Beschimpfungen, beinahe wie bei «Peeping Tom». Sogar Tierschutzvereine protestierten, wegen der Szene mit der Katze.

Doch Fassbinder war natürlich nicht wie Michael Powell am Boden zerschmettert. Wir lachten viel über die Reaktionen. Der Durchschnittsbürger fühlte sich – und zwar zu Recht – durch Fassbinders Darstellung einer bürgerlichen Durchschnittsehe angegriffen.

Die Empörung des Publikums entsprach durchaus der Genialität dieses Stückeschreibers und Filmemachers, der die Figuren markant überzeichnete. So wie es jeder geniale Schriftsteller oder Künstler tut, um die Realität zu entlarven. Die Inszenierung war im übrigen von äußerster Künstlichkeit. Ein genauer Beobachter bemerkt, daß unsere Bewegungen unnatürlich und übertrieben waren und die Sprechweise manieriert. Die Kulisse, das kalkige Licht, die grelle Schminke gaben dem Geschehen zuweilen die Atmosphäre eines Vampirfilms. Dieser Fernsehfilm «Martha», den ich neben «Katzelmacher» für das größte Werk im Leben des Rainer Werner Fassbinder halte, ist bedauerlicherweise nie ins Kino gekommen.

Die Arbeit an «Martha» machte mich nachdenklich in bezug auf mein eigenes Verhalten Frauen gegenüber, sowohl in meinen ersten beiden Ehen als auch in meiner Beziehung zu Barbara Lass. Ich bin davon überzeugt, daß dieser Film eine ganz normale Ehe zeigt, wie sie vielleicht heute gar nicht so selten ist, mit ihrem ganz normalen Sadismus. Auch wenn bestimmte Vorgänge überzeichnet sind, so basieren sie doch auf dem seit Generationen anerzogenen Verhalten des Mannes der Frau gegenüber als einem «Objekt der Begierde».

Durch Fassbinder begriff ich auf einmal, welche besitzergreifenden, dominierenden Rollen man Frauen gegenüber spielte, die man eigentlich besser nicht hätte spielen sollen. All das wurde mir in einem Lernprozeß fast schmerzhaft klar. Leider Gottes war ich nicht dazu in der Lage, mich sofort zu ändern und im Handumdrehen ein progressiver, verständiger, die Frau als gleichwertigen Partner akzeptierender Mensch zu werden. Aber etwas nachdenklicher wurde ich schon, etwas mehr die Rechte des Partners anerkennend, als das vorher der Fall gewesen war.

Während der Arbeit an «Martha» bekam ich zum ersten Mal nach dreizehn Jahren wieder ein deutsches Filmangebot: Ludwig Ganghofers Bestseller-Roman «Schloß Hubertus» sollte verfilmt werden – ein Remake des Regisseurs Harald Reinl, der in den fünfziger Jahren «Die Fischerin vom Bodensee» gedreht hatte. Mein Filmcomeback mit einem Heimatfilm?

Ich fragte Fassbinder um Rat. Und er hat mich praktisch in diesen Film hineingehetzt: «Klar, das mußt du unbedingt machen! Ist doch toll, ein Heimatfilm! Zeig denen mal, was du gelernt hast!»

Ich konnte nicht zeigen, was ich gelernt hatte. Ich spielte einen jagdfreudigen Grafen, mit kurzgeschnittenen Haaren, Janker und Kniehose, der mit seinen Kindern Ärger hat. Als die Dreharbeiten im August in Berchtesgaden begannen, war auch die Presse sofort negativ gestimmt. «Im Wald wird wieder geschluchzt», titelte die «Münchner Abendzeitung».

Außer ein paar schönen Natureindrücken ist dieser fürchterliche Film nur noch schattenhaft in meiner Erinnerung. Und ausgerechnet mit diesem verunglückten Heimatfilm, der pünktlich zu Weihnachten 1973 in den deutschen Kinos anlief, hatte ich mein Filmcomeback nach dreizehn Jahren. Wer konnte schon ahnen, daß es ein solcher Reinfall und Rückfall werden würde? Ganghofer hielt ich durchaus für gute naive Literatur, für die selbst ein Ernst Bloch eingetreten war. Und später bilanzierte ich in einem Interview:

«Das war ein Versuch, den ich bitter bereut habe. Ich bejahe an und für sich Trivialliteratur. Auch Fassbinder macht im Grunde nichts anderes.»

In den kommenden zwei Jahren sollte ich mit Fassbinder noch bei zwei Theaterstücken und drei Filmen zusammenarbeiten. Nach «Martha» bat er mich, in seiner Fontaneverfilmung «Effi Briest» mit Hanna Schygulla eine kleine Gastrolle als Geheimrat Wüllersdorf zu übernehmen. Meine Partnerin bei Fassbinder blieb Margit Carstensen, auch bei den beiden Theaterinszenierungen.

Die erste war Ibsens Ehetragödie «Hedda Gabler» an der Berliner Volksbühne. Ich hatte Fassbinder von der Aufführung in der Josefstadt mit Dieter Haugk erzählt, die mir überhaupt nicht gefallen hatte. Und da sagte er:

«Okay, dann machen wir es halt noch mal!»

In diesem Stück spielte auch Eva Mattes mit, eine aufregend-unkonventionelle junge Schauspielerin, die heute zur Spitzengarnitur deutscher Bühnen- und Filmschauspieler zählt. Im Dezember 1973 war Premiere – ein Mißerfolg.

In diese Berliner Zeit fällt übrigens mein erster und einziger Versuch, in einer Wohngemeinschaft zu leben. Da ich durch die Fassbinder-Gruppe soviel mit alternativen Menschen zu tun hatte, wollte ich herausfinden, wie ich mit einer solchen Situation klarkäme. Die Mitglieder dieser Kommune gehörten zur Theaterszene. Ich habe sie allerdings nur selten gesehen und kann mich nur noch vage an ihre Gesichter erinnern.

Ich stellte sehr schnell fest, daß dieses Auf-Matratzen-Schlafen und das ganze Drum und Dran nicht meiner Kultur und Erziehung entsprachen. Es war auch nicht meine Art zu revoltieren. Mit dieser Revolte wollten die jungen Menschen ja aus der bürgerlichen Gesellschaft aussteigen. Ich aber habe mich nie als einen Aussteiger empfunden. Auch in Äthiopien bin ich eher ein Einsteiger in etwas Neues. Und ein Aussteigen dadurch zu dokumentieren, daß man anders lebt, in denselben bürgerlichen Räumen wie die Eltern – das fand ich eher ein bißchen komisch. Doch ich hatte viel Sympathie für diese Menschen in ihrer Art, auch wenn ich es für mich selbst nicht nachvollziehen konnte. So beendete ich dieses Unternehmen nach zwei, drei Monaten.

1974 übernahm die Fassbinder-Gruppe das Theater am Turm (TAT) in Frankfurt, und ich ging mit. In Fassbinders zweiter TAT-Inszenierung, dem Stück «Onkel Wanja» von Anton Tschechow – einem Dichter, den ich immer besonders geliebt habe – spielte ich den Dr. Astrow, eine Rolle, von der ich immer geträumt habe. Auch diese Aufführung war nicht gut. In meinen Augen hatte Fassbinder als Theaterregisseur überhaupt große Schwächen, da er zu ungeduldig war und so schnell wie beim Filmen arbeiten wollte, doch gleichzeitig Perfektion erwartete. Geduld aber ist beim Theatermachen eine der wichtigsten Voraussetzungen überhaupt.

Parallel zur Theaterproduktion arbeiteten wir während

dieser Zeit an zwei Filmen, die vielleicht nicht zu den besten Fassbinders gehören, aber für mich sehr interessante Erlebnisse waren. In «Faustrecht der Freiheit», in Marrakesch und München gedreht, ging es um das Thema Homosexualität. Es war typisch für Fassbinder, daß er mir, für den die erotische Verbindung zwischen Männern vollkommen undenkbar war, eine Rolle als Homosexueller gab. Ich stellte einen ebenso vornehmen wie skrupellosen Antiquitätenhändler und homosexuellen Mittelsmann dar. Fassbinder selbst spielte eine Hauptrolle. Und so, wie der Film «L'heure de la vérité» in Israel meine Beziehung zu den Juden normalisiert hatte, so tat es Fassbinders Film nun mit meiner fast unnatürlichen Einstellung Homosexuellen gegenüber. Vielleicht kam meine radikale Ablehnung daher, daß ich als achtzehnjähriger Junge einmal beinahe vergewaltigt worden wäre. Es war in Velden am Wörthersee, im Hotel meiner Tante, ein Jahr nach dem Krieg. Das Hotel war von Engländern besetzt. Ich befand mich in einer Badekabine, als ich von einem Offizier – einem nach England emigrierten österreichischen Juden – so bedrängt wurde, daß ich schreiend und nackt aus der Kabine flüchtete.

Erst durch «Faustrecht der Freiheit» und die Auseinandersetzung mit den Schauspielern, von denen in Fassbinders Gruppe ja viele homosexuell oder bisexuell waren, entwickelte ich ein völlig entspanntes und lockeres Verhältnis zu diesen verschiedenen Formen von Sexualität.

Während der Dreharbeiten in München lud ich Fassbinder zu mir nach Hause ein. Auch meinen achtzigjährigen Vater hatte ich in mein Baldhamer Haus gebeten, um ihm dieses Genie Fassbinder einmal persönlich vorzustellen. Als durch und durch Konservativer war mein Vater progressiven Menschen gegenüber generell sehr skeptisch eingestellt. (In der Kunst dagegen war er nie konservativ!) Er wußte, daß Fassbinder homosexuell – oder zumindest bisexuell – war; und obwohl er mit vielen homosexuellen Sängern und anderen Musikern gearbeitet hatte, konnte man seine Einstellung Menschen mit dieser Veranlagung gegenüber bestenfalls als humorvoll bezeichnen.

Fassbinder kam nicht allein. Er brachte den Filmemacher Werner Schroeter und den Kameramann Michael Ballhaus mit. Trotz aller Provokationen war er ein sehr scheuer Mensch. Das mag auch ein Grund dafür gewesen sein, daß er selten in seinem Leben mit einer Frau zusammenlebte.

Dann kam mein Vater. Die Stimmung war künstlich und angespannt, obwohl es ein bezaubernder Frühlingsnachmittag war. Schließlich spielten wir ein wenig Tischtennis, Fassbinders Lieblingssport, doch die Atmosphäre blieb steif. Als sich die Gesellschaft nach nicht allzulanger Zeit auflöste, blieb mein Vater noch. Neugierig fragte ich ihn nach seiner Meinung über Rainer Werner Fassbinder.

Er zögerte eine Weile, bevor er etwas kopfschüttelnd meinte: «Also, was die alle für scheußliche Stiefel anhaben! Ist das heute modern? Oder genial?»

Zu meines Vaters Ehrenrettung muß ich aber sagen, daß er den Film selbst hervorragend fand.

Meine letzte Arbeit mit Fassbinder war der Film «Mutter Küsters' Fahrt zum Himmel», den wir im Februar und März 1975 in Frankfurt drehten. Eine Geschichte aus dem kommunistischen Milieu, mit dem ich gar nichts im Sinn hatte und mich nie identifizieren konnte. Typisch für Fassbinder war, daß er gerade mich einen Kommunisten spielen ließ, so wie er mich vorher als Homosexuellen eingesetzt hatte.

Ich erinnere mich noch daran, wie er mich überzeugte, die Rolle des Redakteurs einer kommunistischen Zeitung zu übernehmen, der Mutter Küsters mit größter Freundlichkeit ausnutzt und fallenläßt. Er sagte mir:

«Ich bin einfach verzweifelt. Ein Patentrezept gibt es nicht. Mit diesem Film schreie ich meine Verzweiflung heraus.»

Margit Carstensen war wieder meine Partnerin. Brigitte Mira spielte die Hauptrolle der Mutter Küsters, eine durch die Amok-Tat ihres Mannes verwitwete Arbeiterfrau, die von einer Illustrierten, von der Kommunistischen Partei und von Anarchisten beziehungsweise Terroristen für deren Interessen schamlos ausgebeutet wird.

«Mutter Küsters' Fahrt zum Himmel» – sie kommt zum Schluß bei einer Geiselnahme des «Anarchisten» für die Freilassung aller politischen Gefangenen in der Bundesrepublik um – ist die pessimistische Antwort auf Phil Jutzis bedeutenden sozialkritischen Stummfilm von 1929, »Mutter Krausens Fahrt ins Glück».

Die Arbeit an diesem Film bleibt mir unvergeßlich – nicht wegen seiner Qualität, sondern wegen Fassbinders Geschick, mit dem er ihn zustande brachte. Zuerst wurde der Film von der Bonner Bundesfilmförderung finanziert. Als die merkten, daß er etwas mit Kommunisten zu tun hatte, stiegen sie aus. Dann ging Fassbinder zur Kommunistischen Partei (DKP) und legte der Parteiführung ein Drehbuch vor, das den Eindruck erweckte, es sei prokommunistisch. So schaffte er es, sich den Film von der DKP mitfinanzieren zu lassen. Und am Ende mußte die Partei zu ihrem Entsetzen feststellen, daß die Kommunisten in diesem Film ziemlich schlecht wegkamen. Auch dieses Beispiel zeigt, wie rücksichtslos Fassbinder über alle Bedenken hinwegging, wenn er etwas durchsetzen wollte.

Doch nicht nur die DKP-Leute empörten sich. Fassbinder setzte sich mit «Mutter Küsters' Fahrt zum Himmel» zwischen alle Stühle. Der Film löste bei seiner Voraufführung am 7. Juli 1975 in Berlin Tumulte aus. Anarchistische Splittergruppen drohten mit Bomben, falls der Film in die Kinos käme. Und die bürgerliche Presse höhnte:

«In diesem perfiden Melodrama hat Fassbinder, nüchtern besehen, wieder eine Menge Verhaltensklischees bundesdeutscher Gegenwart verarbeitet und zu einer seiner typischen Trivialnummern verkürzt», so die «Münchner Abendzeitung».

Und im «Spiegel» schrieb Fritz Rumler:

«Das Rochieren mit Klischees auf privatem Seelengrund kann viel zutage fördern, Sprachlosigkeit der Figuren und ihre eisige Einsamkeit. Polemik mit Klischees auf politischem Terrain zeugt von Denkfaulheit.»

Rainer Werner Fassbinder war ein Mensch, der mit Rundumschlägen gegen alles anging, was er für abscheulich und veränderbar hielt. Ich erinnere mich daran, daß ich, nachdem ich das Drehbuch gelesen hatte, zu ihm ins Zimmer ging. Er saß da in seiner Ledermontur, Stiefel auf dem Tisch und Hut im Gesicht. Ich sagte zu ihm:

«Sag mal, Rainer, ich versteh dich jetzt überhaupt nicht mehr. Du bist gegen die Rechten, okay. Du bist gegen die Liberalen, gegen die Linken, gegen die Anarchisten. Du bist ja eigentlich gegen alles. Für was bist du denn eigentlich?»

Er hat die Stiefel vom Tisch genommen, den Hut hochgeschoben und mich mit seinen Schweinsäuglein lange angeschaut. Dann sagte er:

«Weißt du, ich beobachte eigentlich nur, wo und was hier alles faul ist – ob das jetzt links ist, rechts, vorne, hinten, oben, unten, das ist mir ganz Wurscht. Ich schieße nach allen Richtungen.»

Dieser Satz von Fassbinder hat mir sehr zu denken gegeben und mich tief beeinflußt. Damit konnte ich mich damals absolut identifizieren. Und das kann ich heute noch.

Nach «Mutter Küsters' Fahrt zum Himmel» haben wir uns getrennt. Der Hauptgrund war, daß wir uns bei den Theaterproben nicht so gut verstanden und einige Auseinandersetzungen hatten. Eigentlich sollte es nur eine Trennung auf Zeit sein. Wir fanden es beide ganz gut, ein bißchen Ruhe voreinander zu haben und den eigenen Weg weiterzugehen. Später hat mir Fassbinder noch zweimal eine Filmrolle angeboten. Beide Male steckte ich in anderen Verpflichtungen, so daß ich ablehnen mußte. Darauf reagierte er geradezu zornig und beleidigt, so als erwartete er, daß ich für ihn vertragsbrüchig würde.

Als Fassbinder mit sechsunddreißig Jahren starb, am 10. Juni 1982, war ich schon nach Äthiopien gegangen. Ich erfuhr es, als ich wie üblich die Deutsche Welle hörte. Eine äußerst schmerzhafte Nachricht.

Die Begegnung mit dem Genie Rainer Werner Fassbinder, mit seinem Gedankengut, seiner Absolutheit, seiner Radikalität, beeinflußte mein Leben tiefgreifend. Wenn ich heute sage, daß ich ohne Fassbinder 1981 «Menschen für Menschen» nie hätte gründen können, so hat das seinen tiefen Sinn. In diesem dominierenden Einfluß auf mein Leben glich Fassbinder, so grotesk das klingen mag, in gewisser Weise meinem Vater. Sie glichen sich auch in der Absolutheit ihres Künstlertums. Doch lebten sie beide noch, so würden sie über diesen Vergleich gewiß in lautes Gelächter ausbrechen.

13 Von «Anatol» bis «König Lear» – die hohe Schule des Theaters in den Siebzigern

Der deutsche Filmregisseur Arthur Maria Rabenalt hat einmal gesagt: «Theater ist Einatmen – Film ist Ausatmen.»

Damit ist eigentlich nichts anderes gemeint, als daß man handwerklich alles können sollte, wenn man vor der Kamera steht, da man ja nicht mehr, wie auf der Bühne, die Möglichkeit hat, es am nächsten Abend neu und besser zu machen. Was die Kamera aufgenommen hat, ist endgültig.

Wenn ich in den fünfziger Jahren vielleicht zuviel geatmet hatte, ohne wirklich tief einzuatmen, so fand ich seit 1965 viel Gelegenheit, das nachzuholen.

Meine Theatertourneen zu Beginn der siebziger Jahre, bevor ich Fassbinder kennenlernte und mit ihm arbeitete, wurden in der Wahl der Autoren, der Stücke, der Partner immer anspruchsvoller. Ich konnte es mir wegen der kommerziellen Wirksamkeit meines Filmnamens leisten, gewisse Forderungen an die Tourneeunternehmer zu stellen.

Als Hauptdarsteller in Tennessee Williams' Stück «Königreich auf Erden» war ich Anfang 1971 monatelang unterwegs. Mit meiner Partnerin Helen Vita absolvierte ich achtzig Vorstellungen in den deutschsprachigen Ländern, in Holland und Luxemburg. Es war eine lange Trennung von Barbara und meiner nun sechsjährigen Tochter Kathi, die ich schon im Jahr zuvor acht Monate nicht gesehen hatte. Während der Tournee trafen wir uns nur einmal kurz in Cuxhaven, nachdem Barbara in einer kleinen Rolle im Studio Hamburg vor der Kamera gestanden hatte. Es war eine nachdenkliche Zeit, geprägt von einer immer größeren Ernsthaftigkeit. Wieder führte ich das Leben eines Nomaden. Im Herbst 1971 ging ich nach Frankfurt, um «Der Parasit» von Friedrich Schiller im Kleinen Theater im Zoo zu spielen. Anfang 1972 folgte ein kurzes Gastspiel im Hannoverschen Staatstheater mit «Anatol», einem meiner Lieblingsstücke von Arthur Schnitzler. In diesem Einakterzyklus des «österreichischen Tschechow», der in seinen Theaterstücken Zeit und Figuren des Fin de siècle eingefangen hat, spielte ich die Titelrolle, eine meiner Traumrollen. Eine meiner Partnerinnen war Anaid Iplicjian, die mit mir auch den «Idealen Gatten» gespielt hatte und die ich schon aus meinen Jugendjahren in Wien kannte. Anschließend gingen wir auf Tournee.

Meine dritte und letzte Gastspieltournee der siebziger Jahre war Ende 1972 mit «Ein Mond für die Beladenen» des amerikanischen Dichters Eugene O'Neill. Eine schöne stille Inszenierung, von der ich achtzig oder neunzig Vorstellungen spielte, mit der herrlichen Wiener Schauspielerin Maria Emo.

In meiner ersten Theaterpause Anfang der fünfziger Jahre war der Umgang mit einer Rolle viel oberflächlicher gewesen. Nun begann man sich ganz anders mit Dichtern auseinanderzusetzen, wie es zuvor selbst bei großen Schauspielern kaum denkbar gewesen war. Man wurde auch kritischer gegenüber Regieanweisungen, was man auf der Bühne zu tun oder wie man sich auszudrücken hatte.

Zu der Zeit, als ich mit Fassbinder zu arbeiten begann, gelang es mir allmählich auch, mehr und mehr im Fernsehen Fuß zu fassen. Nach der «Traumnovelle» drehte ich nun zwei Fernsehfilme in Baden Baden mit dem Autor und Regisseur Otto Jägersberg, ein sozialkritischer engagierter Mann, mit dem ich mich schnell anfreundete: zuerst 1973 den Fernsehfilm «Immobilien» und dann 1976 «Seniorenschweiz». Das waren zwar keine Starrollen mehr wie in den fünfziger Jahren, aber es war ein hochkarätiges Ensemble, in das zu integrieren mir mehr und mehr Vergnügen bereitete. Zwischendurch kam noch ein Psychothriller unter Paul Verhoeven – «Verdacht auf Barry Croft» –, mit dem ich in den frühen Filmjahren «Hochzeit auf Reisen» gedreht hatte.

Nach der Trennung von Fassbinder wandte ich mich verstärkt dem Theater zu. An den Münchner Kammerspielen trat ich 1976 in dem Stück «Operette» von Witold Gombrowicz auf, in dem ich mich fehlbesetzt fühlte. Deshalb machte es mir auch keinen Spaß, obwohl die Kammerspiele als eines der besten deutschen Sprechtheater gelten und ich mit Maria Niklisch eine der besten deutschsprachigen Schauspielerinnen zur Partnerin hatte. Während der Aufführungsserie wurde ich krank und mußte umbesetzt werden. Es war ein schwerer Bronchialkatarrh, so daß mir die Ärzte einen Genesungsurlaub in einem warmen Land empfahlen. «Am besten nach Kenia», sagten sie.

Ich war vorher nie in Afrika gewesen. Obwohl mich gerade dieser Kontinent mit seinen schwarzen und braunen Menschen schon in meiner Kindheit fasziniert hatte. Ich verdiente zu jener Zeit nicht sehr viel Geld, so daß ich allein und mit einem preiswerten Reiseveranstalter einen vierzehntägigen Aufenthalt im Indischen Ozean buchte, südlich der Hafenstadt Mombasa. Hier war der Massentourismus noch nicht eingebrochen, und ich erinnere mich daran, daß ich vom Moment meiner Ankunft an von dem Land, der Mentalität der Menschen und dem tropischen Klima begeistert war. Kälte ist mir mein Leben lang ein Graus gewesen, schon in meiner Internatszeit im Engadin, wo ich unter den

Minustemperaturen bis zu 25 Grad manchmal furchtbar litt.

Ich war erstaunt über die luxuriösen Hotelanlagen. Und da ich allein war, begann ich mich für die Lebensumstände der Afrikaner zu interessieren. Eines Abends fragte ich einen sehr netten Kellner, wo er denn wohne und ob ich ihn mal besuchen könnte.

Der Mann war erstaunt und fragte mich, ob ich das ernst meinte.

«Sicher», sagte ich.

«Gut, ich bin morgen mittag frei. Ich besorge ein zweites Fahrrad und warte vor dem Hotel auf Sie. Dann können wir zu meiner Hütte fahren.»

Am nächsten Tag stand er, wie verabredet, mit den Rädern da. Wir fuhren wohl eine halbe Stunde durch den Palmenwald, bis wir auf ein kleines Hüttendorf stießen. Außer auf Abbildungen oder Postkarten hatte ich noch nie solche afrikanischen Hütten gesehen. Die Familie des Kellners hatte für den ungewöhnlichen Gast ein Essen zubereitet: Es war ein Fischkopf, den sie mir auf einem verbogenen Blechteller servierten, in einer roten scharfen Sauce schwimmend.

Das Geld hatte für einen ganzen Fisch nicht gereicht. Und nun erfuhr ich, daß der Kellner in unserem Luxushotel umgerechnet nicht einmal hundert Mark verdiente. Er lebte mit seinem Bruder und einer Tante zusammen, die keine Arbeit hatten.

Ich holte mir an dem Fischkopf eine Amöbenruhr mit hohem Fieber. Als es abgeklungen war, nahm ich an einer Touristen-Safari in Tansania teil. Doch die Gespräche mit dem afrikanischen Kellner hatten mich nachdenklich gemacht. Kaum war ich ins Hotel zurückgekehrt, machte ich mich auf in die Slums von Mombasa. Ich wollte wissen, wie es außerhalb der Touristenzonen aussieht und wie die Menschen wirklich leben.

Der krasse Gegensatz von arm und reich, den ich in Kenia erlebte, entsetzte und verstörte mich und weckte Wut. Das Land ging mir nicht mehr aus dem Kopf. Also fuhr ich im nächsten Urlaub wieder nach Mombasa, in dasselbe Hotel südlich der Stadt, und schließlich ein drittes Mal, zusammen mit meiner Tochter Katharina. Trotz Luxusherberge und Schwimmen im Indischen Ozean vertiefte sich mein Eindruck, daß an dem Unterschied zwischen europäischem Reichtum und afrikanischer Armut etwas nicht stimmen kann.

Häufig habe ich von Europäern einen Ausspruch gehört, der mich immer empört hat: «Was willst du denn, die sind doch nichts anderes gewöhnt, so ist nun mal ihr Lebensstandard!»

Das habe ich nie akzeptieren können. Und dieser zunehmende Zorn hat wohl auch zu jener Entwicklung beigetragen, die 1981 schließlich zu «Wetten, daß ...?» führen sollte.

Aber dazwischen lag noch einiges.

Nach meinem Gastspiel an den Münchner Kammerspielen folgte als nächstes ein Engagement in Köln. Im «Theater am Dom» spielte ich in dem Stück «Don Juan in der Hölle» von George Bernard Shaw.

Eines Abends erhielt ich einen Anruf aus Basel. Am Telefon war ein Mann namens Horst Zankl, der mir ankündigte, er wolle sich die Inszenierung anschauen. Es stellte sich heraus, daß Zankl ein junger, hochbegabter Grazer Regisseur war, der am renommierten Basler Stadttheater arbeitete, unter der Intendanz des herausragenden Theatermachers Hans Hollmann. Zankl sollte später eine Karriere machen, die ihn ans Burgtheater brachte.

Dieser Horst Zankl kam nun nach Köln. Und nachdem er sich die Inszenierung angeschaut hatte, bot er mir die Hauptrolle in dem Schnitzler-Stück «Das weite Land» in

Basel an. Arthur Schnitzler ist für mich neben Büchner und Tschechow einer der bedeutendsten Dichter überhaupt. Und da ich bisher nur «Anatol» und «Liebelei» gespielt hatte, begeisterte mich die Chance, mit «Das weite Land» nun in eine andere Dimension vorzustoßen.

«Ja – mein guter Hofreiter, die Seele ... ist ein weites Land», heißt es einmal in dieser 1911 uraufgeführten Tragikomödie. Es ist eine Seelenanalyse der großbürgerlichen Wiener Gesellschaft und ihres Liebeslebens – eine Welt sterbender Konventionen kurz vor dem Untergang der Donaumonarchie.

Ich ging also nach Basel, und das sollte für mich der Beginn einer schauspielerischen Entwicklung werden, wie ich sie mir jahrzehntelang gewünscht hatte. Ich wurde Mitglied eines Ensembles mit hervorragenden Bühnendarstellern, exzellenten Regisseuren und Bühnenbildnern. Es war eine Herausforderung, in «Das weite Land» den Glühbirnenfabrikanten Friedrich Hofreiter zu spielen, einen selbstsüchtigen Erfolgsmenschen und Bonvivant, der im Mittelpunkt des Stückes steht.

Die Premiere im März 1976 war ein Riesenerfolg. In einer Schweizer Zeitung schrieb Paul Schorno:

«Für die schauspielerische Leistung von Karlheinz Böhm als Friedrich Hofreiter müßte man eigentlich Superlative einsetzen. Seine schwierige und genialische Gratwanderung zwischen Ironie und Verlogenheit, Triebhaftigkeit und Zynismus, Weichheit und Haltlosigkeit – diese Doppelschichtigkeiten waren durch und durch: Schnitzler. Böhm schreitet unaufhaltsam auf dem schmalen und nur Wenigen vorbehaltenen Weg zum großen Menschendarsteller aufwärts.»

Ich spielte in Basel in drei Inszenierungen. Auf «Das weite Land» folgte Frank Wedekinds «Musik» unter der Regie von Nicolas Brieger. Ein Stück, das ich nicht mochte – wie mir überhaupt die Literatur von Wedekind nicht gefällt.

Doch dieses Jahr 1976 schenkte mir noch eine schöne gemeinsame Arbeit mit meinem Vater in der Pariser Oper: Bei einer bedeutenden Aufführung von Mozarts «Entführung aus dem Serail», die mein Vater dirigierte und Günther Rennert in deutscher Originalfassung inszenierte, übernahm ich als Gast die heikle Sprechpartie des Bassa Selim. Es war ein großes Opernereignis, bei dem wir alle mit Ovationen gefeiert wurden.

Mein drittes Stück in Basel sollte zu einer schmerzhaften Auseinandersetzung mit meiner geliebten Tochter Katharina führen: «Der Vater» von August Strindberg. Bevor ich die Rolle akzeptierte, beschäftigte ich mich intensiv mit diesem schwedischen Autor, der mich, anders als Wedekind, trotz seiner destruktiven Züge faszinierte.

Das Stück handelt von der zerbrochenen Ehe zwischen einem Offizier und seiner Frau, die eine etwa vierzehnjährige Tochter haben. In einem Ehestreit bis aufs Messer setzt die Frau den Zweifel in die Welt, daß die Tochter, die der Mann abgöttisch liebt, nicht von ihm sei. Die Problematik basiert also auf dem alten römischen Spruch: «Mater semper certa est» (die Mutter ist immer sicher), den Strindberg gewissermaßen als Motto für dieses Stück benutzte. Der Zweifel frißt sich in Herz und Seele des Mannes hinein und führt dahin, daß er die eigene geliebte Tochter umbringen will. Am Ende verliert er den Verstand und haucht sein Leben, nach einem Schlaganfall, in den Armen einer Amme aus.

Die Regie führte wieder Horst Zankl, und seine Frau Herta Schell, eine Wiener Schauspielerin, spielte meine Ehefrau. Die Proben waren für mich sehr schmerzhaft. Katharina war öfters dabei. Sie war damals dreizehn, vierzehn Jahre alt, fast wie das Mädchen im Theaterstück, und sie hat unter der Problematik sehr gelitten. Obwohl ich nicht glaube, daß sie je einen Zweifel daran hatte, daß sie das

Kind der Liebe zwischen Barbara Lass und mir ist. Aber sie erlebte mit, wie sehr mich dieses Stück quälte. Die Folge war, daß es zwischen Katharina und mir zu extremen Ausbrüchen kam.

Wir haben in den letzten Jahren wiederholt darüber gesprochen: Es war, in der beginnenden Pubertät von Katharina, eine kritische Phase in unserer Beziehung zueinander. Die Vermischung von Realität und Schauspiel belastete auch meine Beziehung zu Barbara, und Konflikte brachen auf.

Vielleicht sollte ich einen schwachen Punkt von mir erwähnen: die Unfähigkeit zu streiten, die Unfähigkeit zur Auseinandersetzung. Barbara dagegen konnte streiten und kämpfen wie eine Weltmeisterin. Sie ist mir immer ein fordernder Partner gewesen. «Wir führen eine Kampfehe, so friedlich ist es nicht», bekannte ich noch in der Fassbinder-Zeit selbstbewußt in einem Interview. Aber von einem gewissen Zeitpunkt an belasteten und erschöpften mich diese Auseinandersetzungen so stark, daß ich nicht länger bereit war, diesen Kampf zu führen. Ich entzog mich immer mehr. Das ist vielleicht einer der Gründe dafür, warum wir auf die Dauer nicht haben zusammenleben können.

Obwohl «Der Vater» eine erfolgreiche Aufführung war, gab es auch im Theater Spannungen. Sie hingen vor allem mit meiner Entscheidung zusammen, ein Angebot des Düsseldorfer Schauspielhauses anzunehmen, um mich an einer der besten deutschsprachigen Bühnen weiterzuentwickeln.

Der Start war zunächst ein Fiasko. Ich arbeitete mit dem Regisseur Einar Schleef an Strindbergs Stück «Totentanz». Doch wir kamen bei den Proben überhaupt nicht miteinander zurecht. Nach einiger Zeit erklärte ich, wir fänden keine gemeinsame Sprache, und schmiß die Rolle hin. Es war das einzige Mal in meiner Schauspielerlaufbahn.

Mein richtiges Debüt in Düsseldorf hatte ich dann Ende

September 1977 mit «Butley» von Simon Gray, einem der kommerziell erfolgreichsten englischen Bühnenautoren der Nachkriegszeit. Ich spielte die Titelrolle des Professor Butley, der wie sein Autor Dozent für Anglistik in London ist. Wie Gray hat Ben Butley soeben die ersten vierzig Lebensjahre überschritten und hält Rück- und Ausschau. Es ist eine Humoreske, in der Lebenswirklichkeit und groteske Übertreibung aufeinandertreffen. Regie führte Joachim Preen.

Ich hatte glänzende Kritiken. Die «Frankfurter Allgemeine Zeitung» urteilte am 1. Oktober 1977 darüber so:

«Karlheinz Böhms vielschichtiges Spiel zeigt einen Mann, der resigniert. Er überträgt seinen Selbsthaß auf die Umgebung. In seinen Demütigungen und Sticheleien verbirgt er nur sein Werben um Liebesbeweise der von ihm Gedemütigten, die ihm über die Krise hinweghelfen sollen. Wenn er andere verletzt, ist dies Ausdruck seiner eigenen Beschädigungen. In seiner bösartigen Ironie liegt auch deren heimliche Zurücknahme; seine Schärfe zeigt Brüche.»

Und in den «Düsseldorfer Nachrichten» schrieb Helga Meister:

«Karlheinz Böhm ist ein herrlicher Butley. In der Rolle, die Martin Benrath in Hans Lietzaus Inszenierung 1974 zur deutschen Erstaufführung brachte, spielt er die menschlichere, die sympathischere Figur. Möglicherweise ist er selbst durch ein Fegefeuer hindurchgegangen, das nun seinen Humor human erscheinen läßt, seine Beobachtungen klarmacht, seinen Abstand zur Umwelt zynisch. Denn Böhm hatte zuvor drei Wochen lang für die Neuproduktion von Strindbergs ‹Totentanz› in Einar Schleefs Inszenierung geprobt, die dann wegen «unerwarteter Schwierigkeiten» vom Spielplan gestrichen wurde. Eine größere Kehrtwendung kann man kaum nehmen. Sie gleicht dem Wechselbad von Sissis Kaiser Franz zum Menschendarsteller. Nun spielt er den Trottel und schlägt zurück; geht in Stellung, um dennoch aufzugeben; witzelt, bis ihm das Lachen erstickt, und behält sich seinen Galgenhumor dank angelsächsischer Sprachkomik. Erst im letzten Drittel verheddert sich das Spiel in Kalauern, läuft leer.»

Am Düsseldorfer Schauspielhaus konnte ich in sieben Inszenierungen nicht nur große, wichtige Rollen spielen, sondern auch eine künstlerische Entwicklung verwirklichen, wie ich sie mir mein Leben lang erträumt hatte. Zu meiner großen Freude spielten wir nun auch in Düsseldorf Schnitzlers «Das weite Land». Wir probten lange, etwa zehn Wochen. Schwer zu sagen, welche Inszenierung besser war. Auch diese Aufführung, unter der Regie von Michael Gruner, wurde bei ihrer Premiere im November 1978 ein riesiger Erfolg.

Danach bot mir die Intendanz an, ein Stück von Thomas Bernhard zu spielen: «Immanuel Kant», eine konfuse, kuriose Komödie über die Tragödie des Individualisten – hier des Philosophen Kant. Der befindet sich auf einem Schiff nach Amerika und wird bei seiner Ankunft in den Staaten ins Irrenhaus gesteckt. Der historische Kant ist nie über Königsberg hinausgekommen.

Mit Thomas Bernhard konnte ich, ähnlich wie mit Wedekind, überhaupt nichts anfangen. Schlimmer noch: Ich konnte ihn eigentlich überhaupt nicht leiden. Wie bei Wedekind hat mich seine destruktiv-pessimistische Einstellung dem Leben und der Gesellschaft gegenüber abgestoßen, die ich schon in seiner frühen Prosa gefunden habe. Da kam eher so etwas wie Mitleid mit dem Menschen Bernhard auf. Nichtsdestotrotz brachte der Regisseur Volker Hesse im September 1978 eine ansehnliche Premiere zustande. Es ist durchaus anerkennend gemeint, was Ulrich Bumann in der «WAZ» über mich schreibt:

«Karlheinz Böhm als Kant treibt von anfänglicher Verstörtheit in die Selbstauflösung – zum Schluß gleichsam ein

Affe, der sich beim Galadiner die Bananen zwischen die Zähne schiebt.» So kann es einem mit der Schauspielerei ergehen – bis zur Karikatur, ob man will oder nicht.

Eines Tages besuchte der progressive holländische Theatermacher Eric Voss eine «Kant»-Vorstellung. Er bereitete gerade am Düsseldorfer Schauspielhaus eine Inszenierung von Shakespeares «König Lear» vor. Nachdem er meinen Kant gesehen hatte, ging er zur Intendanz und sagte: «Den will ich als Lear und keinen anderen.» Dabei hatte die Intendanz für diese Rolle, die als eine der schwersten der Theaterliteratur überhaupt gilt, schon einen anderen Schauspieler vorgesehen.

Über den «Lear», den manche meiner Kollegen als das End- und Traumziel ihrer Karriere bezeichnen, hat mir einmal ein großer Schauspieler gesagt: «Wenn man körperlich noch fit genug ist, die dreieinhalb bis vier Stunden dieser Rolle durchzustehen, ist man geistig noch nicht reif genug und begreift noch nicht die wirkliche Tragödie dieser Figur und dieses Stückes. Und wenn man sie eines Tages begreift, hat man nicht mehr die physische Kraft für die Rolle.»

Ich war einundfünfzig Jahre alt – ein Alter, das noch weitgehend in das erste Stadium dieser Definition gehört. Obwohl es Phasen gab, in denen ich bereits hinüberwanderte zum zweiten Stadium. Bei der Voraufführung zum Beispiel verlor ich am Schluß des Stückes für einen Moment das Bewußtsein, weil mich die Kraft verließ.

Es war das erste Mal in meinem Leben, daß ich mich intensiv mit Shakespeare auseinandersetzte, insbesondere mit diesem Stück und der Bedeutung seiner Hauptfiguren. Und ich begriff, daß ich nicht nur an die Grenzen meiner physischen und psychischen Leistungsfähigkeit gekommen war, sondern beide Grenzen schon teilweise schmerzhaft durchbrochen hatte. Ich kam in Dimensionen, vor denen ich mich als Schauspieler immer gefürchtet hatte – nämlich die des

Wahnsinns. Ich meine die Gefahr des Sich-Verlierens in eine andere Welt, aus der man nur schwer in die Realität des Alltagslebens zurückfindet.

Das war mir zum ersten Mal andeutungsweise bei dem «Vater» von Strindberg in Basel passiert. Und zum zweiten Mal nun hier mit «König Lear». Doch ich möchte dieses Erlebnis nicht missen in meinem Leben. Lear begreift erst im Wahnsinn die Wahrheit der Welt, in der er lebt. So wie sein Gegenpart, der Herzog von Gloster, erst als Geblendeter sehend wird.

Vielleicht hat mir diese Entwicklung geholfen, konventionelle Wege der Weiterentwicklung zu verlassen. Die Frage nach der Wahrheit, mir selbst und anderen gegenüber, begann mehr und mehr mein Denken zu dominieren. Rückblickend bin ich sicher, daß die Auseinandersetzung mit der fast nicht begreifbaren Figur des König Lear bei der Öffnung neuer Bereiche eine Rolle spielte – und insofern ein Baustein war zu der Entwicklung von «Menschen für Menschen».

Das Echo auf meinen Lear war außerordentlich unterschiedlich. Manche Kritiken las ich und lese sie jetzt nochmals himmelhoch jauchzend, um mich wiederum von anderen zu Tode betrübt in den Orkus der Unbegabten verdammt zu sehen.

Es war eine intensive Zeit, in der ich fast jeden Abend Theater spielte und vormittags probte. Doch nach «Lear» kam nicht mehr viel. Ich spielte den «Baumeister Solness» von Henrik Ibsen, ein Stück, an das ich mich kaum erinnere. Der Regisseur des Stückes war der erfolgreiche, inzwischen verstorbene Fernsehregisseur Peter Beauvais, mit dem ich in Hamburg auch ein Fernsehstück machte. Und ich spielte, wie schon ganz am Anfang dieses Buches erwähnt, die Titelrolle des wahrheitssuchenden Atomphysikers in Heinar Kipphardts kritischem Stück «In der Sache J. Robert Oppenheimer».

Anschließend sollte ich in Shakespeares «Wie es euch gefällt» die beiden Herzöge spielen, und das wollte ich nicht. Ich konnte mit beiden Figuren nichts anfangen, und noch weniger mit dem russischen Gastregisseur, der aus Armenien geholt worden war und dessen Namen ich vergessen habe. Diese Inszenierung führte für mich zu einem Zerwürfnis mit dem Intendanten. Die Folge war, nach insgesamt sieben Stücken, mein verunglückter Abgang 1981 vom Düsseldorfer Schauspielhaus.

Und dann kam schon die «Wetten, daß . . .?»-Zeit.

In diesen wichtigen Theaterjahren hat mein Vater, nun schon über achtzig, zum ersten Mal intensiven Anteil an meiner beruflichen Entwicklung genommen. Er ging auf einmal in meine Vorstellungen. Er zeigte Toleranz für meine ihm nicht verständliche politische Entwicklung. Er wurde mir in hohem Alter, auch mit all seinen menschlich so liebenswürdigen Schwächen, noch ein wirklicher Freund. Wann immer wir uns sahen, vertiefte sich unsere Beziehung. Mit großer Wehmut denke ich daran, daß ich ihn 1981 verloren habe.

Ich erinnere mich an eine Geschichte mit meinem Vater, die sich schon in den fünfziger Jahren ereignete, in jener Zeit, als er gern von «meinem Sohn, dem Filmstar» schwärmte, ansonsten jedoch wenig Interesse an meiner Arbeit zeigte. Damals fing er wieder an, bei den Salzburger Festspielen zu dirigieren, war aber von der internationalen Anerkennung seiner letzten fünfzehn Lebensjahre noch weit entfernt. Eines Tages trafen wir uns mit Furtwängler am Künstlereingang des kleinen Festspielhauses in Salzburg. Es waren ein paar Journalisten dabei, die mich zu interviewen versuchten. Furtwängler und mein Vater standen beieinander, während ich von einer Menschenmenge umringt wurde – Frauen vor allem, kleine Mädchen, aber auch einige junge Männer, die Autogramme von mir wollten.

Mein Vater sah der Szene lächelnd zu. Und Furtwängler klopfte ihm auf die Schulter und sagte:

«Sie werden schon sehen, Böhm – eines Tages werden sich die wirklichen Werte durchsetzen.»

Er sprach die Worte ganz leise, als sollte ich sie nicht hören. Aber ich hörte sie sehr wohl, diese Bewertung. Dieses Urteil aus dem Mund des großen Dirigenten, den mein Vater noch als einzigen, außer Bruno Walter, neben sich akzeptierte und manchmal fast mit einer gewissen Bewunderung betrachtete. Ich war zutiefst betroffen.

Bei dem Namen Furtwängler fällt mir noch ein, daß mich mein Vater dazu erzogen hat, großen Respekt vor berühmten Leuten zu haben. Zum Beispiel hatte ich Sängern aller Altersstufen gegenüber immer eine gewisse hochachtungsvolle Haltung einzunehmen. Das hat sich später auch stark auf meinen Beruf, ja sogar bis in die Politik hinein übertragen. Als ich in Hollywood zum ersten Mal internationalen Stars wie zum Beispiel Vincente Minnelli oder Charles Boyer begegnete, bin ich ihnen nicht natürlich und entspannt gegenübergetreten, sondern unter dem Druck einer anerzogenen Ehrfurcht. Auch bei meiner Theaterarbeit mit bedeutenden Regisseuren oder Kollegen war das so. Erst langsam lernte ich, diesen Autoritätsdruck abzubauen, besonders im letzten Jahrzehnt durch die Arbeit für «Menschen für Menschen». Während dieser Zeit hatte ich viele Begegnungen mit bekannten Politikern im deutschen Sprachraum. Und ungeachtet ihrer mehr oder weniger hohen Stellung begann ich, sie mit kritischem Blick zu prüfen und sie nach ihrem Verhalten zu bewerten.

Diesen anerzogenen Respekt vor Prominenten gilt es zu unterscheiden von einem echten Respekt vor großen Menschen, den ich gewiß auch in meinem Leben erlebt habe. Unter den prominenten Politikern möchte ich als eine besondere Ausnahmeerscheinung Richard von Weizsäcker nennen, dem ich zweimal begegnet bin. Im Gespräch mit ihm war ich stark beeindruckt von dem Wissen und der Persönlichkeit dieses Mannes. Mehr noch: Richard von Weizsäcker hat als Deutscher ein Beispiel gegeben, wie man sich seinem Leben gegenüber verhalten sollte. Von Weizsäcker war ja während des Krieges Offizier. Er bekannte sich dazu und bezog gleichzeitig eine klare, kritische Haltung, die den Menschen auf der Welt einen tiefen Respekt abverlangte. Meiner Ansicht nach demonstrierte er damit zugleich, wie man generell mit seiner eigenen Geschichte umgehen sollte.

Aus diesem Grunde habe ich auch ein kritisches Verhältnis zu unserem österreichischen Bundespräsidenten Kurt Waldheim – und zwar deshalb, weil er nicht zu dem steht, was er in seinem Leben getan hat. Und eine solche Haltung kann ich, gleich, um wen es sich handelt – ob Bundespräsidenten oder Fabrikarbeiter –, nicht akzeptieren.

Noch einmal zurück zum Theater. Oder sollte ich nicht besser sagen: zur Zirkuskuppel? Denn auch der Zirkus gehört für mich zu den aufregenden Erlebnissen meiner Theaterjahre.

Ich wurde ein paarmal eingeladen, in der populären Weihnachtssendung «Stars in der Manege» mitzuwirken, einer Wohltätigkeitsveranstaltung des Zirkus Krone zusammen mit der liberalen Münchner «Abendzeitung». Der Zirkus hat für uns Menschen aus dem Showbusineß ja noch eine tiefere Bedeutung. Was auch immer dort geschieht, ob artistische Kunststücke, Tierdressuren oder Clownsnummern: Es hat sehr viel mit Schauspielerei zu tun – nämlich damit, Menschen zum Lachen und zum Staunen zu bringen. Ich habe den Zirkus immer sehr geliebt als eine der Wurzeln des Theaters und des Showbusineß, entstanden aus der griechischen und römischen Kultur. Früher einmal war «Theater» religiöser Dienst, wie heute noch Kirche oder Gottesdienst mit Theater vergleichbar sind.

Bei einer Galavorstellung von «Stars in der Manege» trat ich mit einer Elefantennummer auf. Es war für mich eine neue Erfahrung. Ich hatte mir immer vorgestellt, diese Dickhäuter seien so friedfertige, liebe Tiere. Aber als ich bei einer Probe zwischen zwei Elefanten stand und sie zu trompeten anfingen, fuhr mir der Schreck ganz schön in die Glieder. Obwohl ich doch wußte, daß man vor Tieren keine Angst haben soll. Das hat mir meine Mutter von klein auf beigebracht. Wenn man Angst hat, strömt man einen Geruch aus, auf den das Tier unter Umständen aggressiv reagiert. Meine Eltern waren beide sehr tierliebend und hatten, solange ich mich zurückerinnern kann, immer Hunde, meistens Schäferhunde. Und meistens hießen sie Rex, König, jedenfalls in meiner Kindheit. Meinen Eltern, vor allem meiner Mutter, habe ich zu verdanken, daß ich vor Tieren nie Angst hatte. Und ohne Angst kann man auf fast jedes Tier zugehen. Das gilt auch für die Manege.

Ich habe Tiere mein Leben lang auf eine sehr natürliche Art und Weise geliebt. In all meinen Wohnsitzen hatte ich stets Tiere, Hunde meistens, manchmal auch Katzen. Und diese Liebe zum Tier brachte mich auch zum Zirkus, dem Ort der Dressur des Tieres. Und kann ich mich auch nur an weniges in meiner Kindheit erinnern, so bleiben mir doch die beiden Zirkusunternehmen Busch und Sarrasani der Dresdner Zeit tief im Gedächtnis. Meistens kamen sie im Herbst. Ich sehe noch ihre Zelte auf der Elbwiese stehen. Immer war es mein sehnlichster Wunsch, in den Zirkus zu gehen. Und das durfte ich dann auch mit meiner Großmutter, die Tiere ebenso liebte wie die Natur.

Nach der Elefantenshow führte ich bei «Stars in der Manege» als nächstes eine Pferdenummer vor. Den Zuschauern mag es einfach erscheinen, ein paar Pferdchen in der Arena rundherum laufen zu lassen. Erst als ich es selbst probierte, merkte ich, wie schwierig es ist und wie viel Arbeit dahintersteckt, die Tiere zu einem solchen geplant-spielerischen Dressurakt zu bringen.

Als drittes kam mein Auftritt mit Löwen. Das war kurz vor der Zeit von «Menschen für Menschen». Im Düsseldorfer Schauspielhaus rief mich Anneliese Friedmann, die Herausgeberin der Münchner «Abendzeitung», an, die ich schon aus den fünfziger Jahren kannte. Als sie mich fragte, ob ich bei «Stars in der Manege» Pferde oder Löwen vorführen wolle, sagte ich ohne zu zögern: «Löwen.»

Danach kriegte ich einen ganz schönen Schreck und dachte: «Ich war doch noch nie mit Löwen in einem Käfig – was wird da passieren?»

Plötzlich erinnerte ich mich wieder eines Films von vor dreißig Jahren. Als ich 1953 in München «Salto Mortale» drehte, mit der berühmten deutschen Zirkusfamilie Krone, stand ich in der Arena zum ersten Mal zwei Löwen gegenüber. Der Löwe als ein nicht zähmbares Tier hat mich mit seinem Freiheitswillen immer zutiefst beeindruckt.

Meine Kinder wollten mich von dieser Galavorführung der Löwen abhalten. Sie fanden es viel zu gefährlich. Ich versprach ihnen: «Wenn ich bei der ersten Probe mit dem Dompteur die geringste Angst spüre, höre ich sofort auf!»

Es war kurz vor Weihnachten. An einem kalten Morgen in München ging ich in die Arena. Da hockten diese Tierchen in einer Reihe, zwölf an der Zahl, und guckten mich an. Und ich muß gestehen: Ich hatte keine Angst.

Ich bin mit dem Dompteur sehr ruhig auf die Löwen zugegangen und habe mit ihnen dann fünf-, sechsmal probiert, bis ich die Nummer vorführen konnte. Einen dieser meist jungen – und daher gar nicht mal ungefährlichen – Löwen konnte ich sogar streicheln und am Ohr kraulen. Vor Dankbarkeit gab mir der Löwe, als ich mich umdrehte, mit seiner Tatze einen liebevollen Klaps. Der traf meine Lederweste, die seither von den Krallen des Tierchens durchlöchert ist.

Ich habe noch einmal Ende der achtziger Jahre im Zirkus Krone Löwen vorgeführt und hatte auch dieses Mal keine Angst. Es gefiel mir allerdings nicht, daß man mir, aus irgendwelchen Stilgründen, gegen meinen Willen eine Uniform aus der Kaiserzeit verpaßte. Daran mag es auch gelegen haben, daß die Nummer nicht gut wurde.

Ich kann über den Zirkus nicht sprechen, ohne einen meiner ältesten und engsten Freunde zu erwähnen: Rolf Knie. Er stammt aus der berühmten, traditionsreichen Schweizer Zirkusfamilie. Im Zirkus Knie werden die Tiere beispielhaft behandelt – nie unterdrückt oder unterworfen, sondern von ihrem Spieltrieb ausgehend dressiert. So entsteht in der Arena eine für den Zuschauer spürbare fröhliche Atmosphäre.

Meine erste Begegnung mit dem Zirkus Knie hatte ich 1958 in Lugano. Die Vorstellung war so bezaubernd, daß ich mehrmals hinging. Als die Familie Knie entdeckte, daß ich im Zuschauerrund saß, lud sie mich in ihren Wohnwagen ein: Freddy Knie, der ein bißchen älter ist als ich, seine Frau und seine beiden Söhne. Die Jungen saßen bald auf meinen Knien, und einer von ihnen war Rolf, der sich zu einem vortrefflichen Menschen entwickeln sollte. Von Kindheit an trat er in der Arena auf, mit Elefanten, Pferden, Löwen oder artistischen Nummern. Zudem ist er ein wunderbarer, hochbegabter Clown.

Dann entdeckte er eines Tages, daß er noch anderes kann, und begann zu malen. Er entschloß sich, aus der Zirkusarbeit auszusteigen. Heute gehört er zu den anerkannten Malern der Schweiz. Doch immer noch hält er enge Verbindung zur Zirkuswelt, reist zu den Vorstellungen seiner Familie und hockt bei ihnen im Wohnwagen. Und auch in seiner Malerei ist der Zirkus ein bestimmendes Motiv.

Eines Tages, als dieser Rolf Knie schon ein junger Mann war, sind wir uns in Zürich im Zirkus seiner Familie wiederbegegnet. Und es entstand eine der wertvollsten Freundschaften meines Lebens. Er repräsentiert für mich auch Familie. Und heute kann ich mir ein Leben ohne ihn gar nicht mehr vorstellen, ebensowenig wie ohne Dieter Kümmel und meine anderen Freunde – und meine neuen Freunde in Äthiopien.

Ende der siebziger Jahre, während meines Engagements am Düsseldorfer Schauspielhaus, zerbrach meine Ehe mit Barbara Lass endgültig. Ich trennte mich von ihr nicht wegen einer anderen Frau, sondern weil ich von dem Kampf, der unsere Ehe bis zum Exzeß geprägt hatte, ermüdet war. Ich konnte einfach nicht mehr weiter. Allerdings muß ich betonen: nicht nur ich, sondern auch sie. Barbara hat unter diesem Kampf mit mir sicher schwer gelitten. Und am liebsten widmete ich dieses Buch jenen Menschen, die ich mit meinem Fehlverhalten verletzt habe.

Noch heute bin ich für jeden Augenblick dieser siebzehn Jahre, die ich mit Barbara verbracht habe, zutiefst dankbar. Sie gehört zu den drei Frauen in meinem Leben, die mich am nachhaltigsten beeinflußt haben. Die zweite war Eva Hess, und die dritte ist meine äthiopische Frau Almaz, von der ich noch erzählen werde.

An jeder dieser Beziehungen habe ich als an etwas Definitives, Immerwährendes geglaubt und meine ganze Kraft und Liebe eingebracht. Ich fragte mich immer wieder, warum es mir nicht gelungen ist, eine konstante Beziehung mit einer Frau zu halten, mein ganzes Leben lang. Alle Frauen schieben seltsamerweise mir den Schwarzen Peter zu, ausgenommen meine damalige Lebensgefährtin Eva Hess, mit der ich, nach der Trennung von Barbara, in Ratingen bei Düsseldorf in einer Drei-Zimmer-Wohnung zusammenlebte.

Die Frauen werfen mir zum Beispiel vor, daß ich nicht kritikfähig sei, das heißt, daß ich keine Kritik annähme.

Viele Menschen sagen das von mir – ob Freunde, ehemalige Schauspielerkollegen oder heute meine Mitarbeiter im Büro von «Menschen für Menschen». Wenn ich darüber nachdenke, glaube ich, daß es tatsächlich ein Charakterzug ist, den ich wahrscheinlich von meinem Vater übernommen habe. Der Eindruck, den ich auf andere Menschen mache, muß so sein, wie mein Vater auf mich gewirkt hat.

Dabei bin ich in Wirklichkeit eher ein Mensch, der zu Selbstkritik und Selbstvorwürfen neigt, was offenbar nach außen genau gegenteilig wirkt. Und wenn Kritik kommt, denke ich: «Mein Gott, kann man denn sich selbst gegenüber noch kritischer sein, noch extremer kritisch, als ich es bin?»

Ich glaube nicht, daß eine der drei Frauen, die mit mir den Versuch einer dauerhaften ehelichen Bindung gewagt haben – «Bis daß der Tod euch scheidet», wie es im christlichen Glauben heißt –, rein existentiell einen Verlust hatten. Nach dem Scheitern der Beziehung zogen sie mich zur Verantwortung dafür, daß sie in ihrer eigenen Entwicklung stehengeblieben waren. Soweit das mit Geld auszugleichen war, habe ich es bestimmt getan. Meine Scheidungen waren so teuer, daß ich selbst nie zu sehr viel Geld gekommen bin. Jede dieser Frauen ist nach unserer jeweiligen Trennung eine oder mehrere neue Verbindungen eingegangen und hat so sicher auch die Erfahrung gemacht, daß auch sie Ursachen für Auseinandersetzungen bis hin zur Trennung geliefert hat.

Für jede Frau, die meinen Lebensweg gekreuzt und begleitet hat, sei es für kurze oder für lange Zeit, hege ich eine zärtliche Dankbarkeit und einen tiefen Respekt. Sie alle sind ein integrierter Teil meines Lebens und haben mir so viel Schönes, Aufregendes und Vertiefendes geschenkt – nicht nur diese sechs Kinder, die ich liebe.

Die Trennungen waren sicher eine schwere Hypothek für

meine Kinder, die ich aufs tiefste bedauere. Das habe ich bei der Geburt meines Sohnes Nicolas in Addis Abeba – ich werde noch darüber berichten – doppelt schmerzhaft empfunden. Ich kann nur versuchen, bis zu meinem Lebensende den erwachsenen Kindern so freundschaftlich-väterlich wie möglich zur Seite zu stehen und zu diesem jüngsten Kind eine Beziehung zu entwickeln, die aus den Fehlern der eigenen Vergangenheit Konsequenzen zieht.

Um so glücklicher bin ich darüber, daß ich heute zu fast allen meinen erwachsenen Kindern eine enge Beziehung habe. Kristina, meine erste Tochter aus der Ehe mit Gudula Blau, hat als Schauspielerin und Musikerin gearbeitet und einen Roman veröffentlicht. Sie hat einen Schweizer Geschäftsmann geheiratet und lebt in einer beneidenswert glücklichen Ehe in der Nähe von Bern. Im Mai 1990 hat sie meinem zweiten Enkelkind das Leben geschenkt, einem entzückenden Mädchen namens Yasmin.

Mein Sohn Michael ist Computerfachmann und hat als Autodidakt eine bemerkenswerte Karriere gemacht. Als gefragter Software-Spezialist unterhält er ein eigenes Büro und entwickelt sich so, wie man es sich als Vater nur wünschen kann.

Daniela, mein drittes Kind aus der Ehe mit Gudula Blau, hat in den verschiedensten Berufen gearbeitet, darunter auch als Stewardeß, und lebt in München.

Über meine jüngste Tochter Katharina, die Schauspielerin, habe ich ja schon viel erzählt. Nur zu meiner ältesten Tochter Sissi, aus der Ehe mit Elisabeth Zonewa, habe ich bislang ein gestörtes Verhältnis. Aber das könnte selbst in einer «normalen» Ehe passieren, daß ein Vater oder eine Mutter nicht zu allen Kindern eine gleich gute Beziehung hat.

Ich glaube nicht, daß meine Kinder 1981 meinen Aufbruch nach Afrika wirklich ernst genommen haben. Auch ich habe ja erst in Äthiopien begriffen, auf was ich mich einließ. Doch dort, in meiner neuen Heimat, wurde mir endlich klar:

Ich habe dreiundfünfzig Jahre gebraucht, um meine Wurzeln zu finden, und damit meine Zukunft.

14 Das Projekt Erertal und meine neue Heimat Äthiopien

Am Abend des 27. Oktober 1981, gut vierzehn Tage vor Gründung von «Menschen für Menschen», flog ich von Frankfurt aus zum ersten Mal nach Äthiopien. Die äthiopische Flüchtlingshilfsorganisation «Relief and Rehabilitation Commission» (RRC) hatte mich eingeladen. Ich flog in ein Land, das mir als Militärdiktatur beschrieben worden war. Offen gesagt, stellte ich mir darunter so etwas wie das Hitlerdeutschland meiner Jugend vor.

Doch schon bei meiner Ankunft sollte ich begreifen, daß in Äthiopien die Uhren anders gehen. Nicht nur wegen des Zeitunterschieds und des Rechnens in anderen Zeitabläufen, sondern wegen der Mentalität und des Denkens dieser Menschen. Was man bei uns eine Militärdiktatur nennt, hat in Äthiopien eine ganz andere Dimension.

Als ich bei strahlendblauem Himmel auf dem von Japanern erbauten Flugplatz von Addis Abeba landete, sah ich dort zum Beispiel zwei finster blickende Militärpolizisten stehen. Ich lachte die beiden einfach an und streckte ihnen die Hand hin. Da vergaß der eine sofort seine Kalaschnikow und ließ sie fallen, um mir herzlich die Hand zu schütteln und übers ganze Gesicht zu strahlen.

Dieser erste Eindruck hat sich bei mir in all den Jahren

erhalten: daß man in diesem Land selbst die ernstesten Dinge sehr leicht mit einem Lächeln aufbrechen kann. Auch dann, wenn man nicht eine der zahlreichen Landessprachen beherrscht und deshalb mit den Menschen nicht auf geistiger Ebene kommunizieren kann. Ich wurde als VIP empfangen, brauchte keinen Paß vorzuzeigen, und mein Gepäck landete unkontrolliert in einem Auto. Der deutsche Botschafter Rüdiger von Pachelbel, der österreichische Botschafter Dr. Camillo Schwarz, der Schweizer Botschafter Franz Birrer und einige Äthiopier kamen auf mich zu und brachten mich zu einer improvisierten Pressekonferenz.

Nachdem ich eine Nacht in einem äthiopischen Hotel verbracht hatte, traf ich am nächsten Tag in Addis einige Minister und Vertreter der RRC-Organisation. Durch die Vermittlung des deutschen Botschafters von Pachelbel lernte ich auch den damaligen äthiopischen Außenminister Dr. Feleke Gelde Giorgis kennen, eine außerordentlich interessante Persönlichkeit. Er hat einen zweifachen Doktor, in Politischen Wissenschaften und Jura, und spricht mehrere Sprachen. Obwohl wir häufig streitbare Diskussionen hatten, war mir selten bewußt, daß er der Regierung des Präsidenten Mengistu Haile Mariam angehörte. Mit diesem außergewöhnlichen Mann entwickelte sich im Laufe der Jahre eine immer intensivere Freundschaft, die heute für mich zu den wertvollsten in diesem Land zählt. Auch mit dem damaligen deutschen Botschafter Rüdiger von Pachelbel, der mir sowohl als Mensch wie als Diplomat imponierte, freundete ich mich an. Ich mochte ihn vom ersten Handschlag an und kann nur sagen: Gäbe es nur Diplomaten wie ihn, könnten gewiß viele Konflikte und Probleme vermieden werden. Später, als ich von meinem ersten Ausflug in den Osten Äthiopiens zurückkam, lud er mich ein, in der Botschaft zu wohnen.

In den wenigen Tagen meines ersten Aufenthaltes in

Äthiopien stürzten die Eindrücke in solcher Fülle auf mich ein, daß ich kaum in der Lage war, sie zu verarbeiten. Am dritten Tag flog ich in einer kleinen Cessna der RRC mit dem stellvertretenden Chef der «Commission», Major Tesfaye Berhanu, und einigen anderen nach Dire Daua, zirka vierhundert Kilometer Luftlinie östlich von Addis Abeba – eine Handelsstadt am Rand der Wüste mit einer uralten muslimischen Geschichte, in die auf Kamelen Waren aus Somalia, dem Sudan und Djibouti hereingeschmuggelt und auf dem berühmten Taiwan-Markt, einem halb grauen, halb schwarzen Markt, feilgeboten werden.

In Dire Daua setzte man mich in einen alten klapprigen Landrover, und wir fuhren los. Es ging zuerst nach Harar, der Hauptstadt der Provinz Hararghe, die etwa so groß wie die Bundesrepublik Deutschland ist. Harar ist eine faszinierende Stadt aus dem 11. Jahrhundert und gilt mit seinen vielen Moscheen als heilige Stadt des Islam und als die älteste Äthiopiens. Gleich hinter Harar hörte die asphaltierte Straße auf. Wir fuhren auf einer Schotterpiste weiter und bogen nach etwa fünfundzwanzig Kilometern von der Straße ab; man wollte mir eine Leprastation und eine Farm zeigen.

Wir hielten in dem kleinen Dorf Bisidemo, wo ich dem Leiter der Leprastation, Ato Belege Mekuria, vorgestellt wurde. Dieser Mann, der in den USA studiert hat, arbeitet inzwischen im äthiopischen Gesundheitsministerium und zählt heute zu meinen engeren Freunden. Er zeigte mir diese vorbildlich geführte Leprastation, die vor vierzig oder fünfzig Jahren von deutschen Augustiner-Mönchen gegründet worden war. Später wurde sie von den Äthiopiern übernommen und wird schon seit Jahren vom deutschen «Aussätzigen-Hilfswerk» unterstützt. Es ist eine Arbeit, die ich in ihrer Konsequenz und Ausschließlickeit stets sehr bewundert habe und die für mich – wie auch die Arbeit der «SOS-Kinderdörfer» – eine gewisse Beispielfunktion hatte. Diese Hilfsorganisationen konzentrieren sich – wie «Menschen für Menschen» – auf «nur» eine Sache und versuchen, diese so gut wie möglich zu machen.

Dann bestiegen wir wieder den klapprigen Landrover, und weiter ging es in den Busch. Der Weg war so schlecht, daß wir ein paarmal im Sand steckenblieben. Rechts und links des Weges erstreckte sich ein undurchdringliches Dikkicht aus bis zu drei Meter hohen Kakteen und Dornakazien.

Als wir die Farm auf einem etwas erhöhten Gelände erreichten, fielen mir als erstes einige verrostete «Fortschritt»-Traktoren aus der DDR auf, die in einer offenen Garage standen. Ich entdeckte eine Lagerhalle aus Wellblech, eine verwahrloste Mechaniker-Werkstatt und ein paar verfallene Hütten, in denen offensichtlich Landarbeiter wohnten.

Wir stiegen aus. Zu meinem Erstaunen bemerkte ich in Sichtweite des Hofes gerodete, abgeerntete Landflächen und bewässerte Gemüsefelder. In einer der Hütten gab es sogar eine Art Büro mit einem Telefon und einer Lampe. Doch alles machte einen hoffnungslos heruntergekommenen Eindruck.

Ein paar Leute kamen uns neugierig entgegen. Von Major Tesfaye erfuhr ich, daß die Farm früher einem Großgrundbesitzer gehört hatte. Nach der Revolution von 1974 war er enteignet worden.

«Jetzt wird sie von der RRC bewirtschaftet», berichtete er. Man hatte einen Verwalter eingesetzt und die Farm – 540 Hektar groß – mehr schlecht als recht weitergeführt.

«Man baut Hirse und Mais an», fuhr Major Tesfaye fort. «Doch der Ertrag ist gering. Jedes Jahr gibt es ein Defizit von fünfundzwanzig bis fünfzig Prozent. Deshalb ist die Regierung nicht besonders interessiert an der Farm.»

Ich blickte von der Anhöhe hinunter auf das weite fruchtbare Tal, das sich zehn bis zwölf Kilometer längs des Flusses Erer erstreckt.

Da kam mir zum ersten Mal der Gedanke, den Ort gefunden zu haben, wo ich ein Projekt aufbauen könnte. Noch ahnte ich nicht, daß dieses Tal einmal die «Gebärmutter» von «Menschen für Menschen» werden würde, wie es später einmal ein Äthiopier ausdrückte.

Nach ein paar kurzen Gesprächen fuhren wir weiter nach Babile, einem vielleicht dreißig Kilometer entfernten Dörfchen auf einem etwa vierhundert Meter höher gelegenen Hochplateau. Dort, am Fuß einer bizarr geformten Felsenformation, sollte ich zum ersten Mal in meinem Leben ein Flüchtlingslager sehen. Tausendfünfhundert Menschen hatten sich in elendigen winzigen Hütten angesammelt, große Familien, zusammengepfercht auf sechs bis sieben Quadratmetern. Sie trugen nur schmutzige Fetzen an ihrem Körper, und viele, selbst die jüngeren Männer, stützten sich auf Stöcke, weil sie nicht die Kraft hatten, sich auf ihren Beinen zu halten.

Die meisten lebten schon seit mehr als drei Jahren in diesem Flüchtlingslager, seit dem Ende des Nachbarschaftskrieges zwischen Somalia und Äthiopien 1978, einem dieser wahnsinnigen Spätfolgekriege des Kolonialismus. Sie waren Nomaden oder Halbnomaden, überwiegend Hauiwas aus dem Stamm der Oromos – ein am Horn von Afrika weitverbreiteter Stamm. Der Krieg hatte ihre Herden und damit ihre Existenzgrundlage zerstört. Schon vorher, während der langen Trockenperiode zwischen 1973 und 1978, waren ihre Weideplätze verdorrt. Jetzt war ihnen auch noch der letzte Rest an Lebensraum genommen.

Über diesen Krieg einmal nachzudenken lohnt sich. Somalia, das Nachbarland Äthiopiens, ist wie mit einem Lineal aus dem Siedlungsgebiet eines Stammes, der Hauiwas, geschnitten, durch ein Abkommen zwischen dem Herrscher Haile Selassie und den damaligen Kolonialmächten Italien und England abgetrennt. Das hat immer wieder zu Spannungen geführt, wie in so vielen Teilen dieses Kontinents.

In die deutschen Schlagzeilen kam Somalia mit seiner Hauptstadt Mogadischu, als am 13. Oktober 1977 ein Lufthansa-Flugzeug von Mitgliedern der RAF dorthin entführt wurde. Auf einmal wurde uns bewußt, daß dort seit vielen Jahren eine von den Sowjets beeinflußte Volksdemokratie herrschte. Der gesamte Militärapparat dieses Landes unter seinem Diktator Siad Barre war von den Russen aufgebaut. Nun sahen die Amerikaner ihre Chance und verdrängten fast unbemerkt – wie schon vorher in Ägypten – die Russen aus diesem strategisch so wichtigen Raum am Horn von Afrika. Der Nachbar Äthiopien war unter dem Kaiser Haile Selassie ohnehin schon unter amerikanischem Einfluß; mit einer von den Amerikanern modernst ausgerüsteten Armee und den dazugehörigen Militärberatern. Als nun die Revolution der Studenten und des Militärs 1974 den Kaiser stürzte, bewegte sich die neue Regierung in Addis rasch auf einen damals «modernen» Sozialismus zu, was die Amerikaner dazu brachte, sich aus Äthiopien zurückzuziehen; das fiel ihnen nicht schwer, da sie ja das strategisch viel wichtigere Somalia unter ihrem Einfluß hatten.

Siad Barre, der somalische Diktator, wiederum nützte den Augenblick der nachrevolutionären Wirren in Addis Abeba, um mit seinen von den Sowjets aufgerüsteten Truppen unter dem stillschweigenden Einverständnis der Amerikaner im Ogaden, der Halbwüste im Südosten Äthiopiens, einzumarschieren. Dort besetzte er ein Gebiet, das fast so groß ist wie die alte Bundesrepublik Deutschland. Die Äthiopier antichambrierten verzweifelt in Washington, um den fehlenden militärischen Nachschub zu erhalten. Doch die Amerikaner unter ihrem Präsidenten Jimmy Carter lehnten ab. Was die Regierung in Addis schließlich zu der mehr oder weniger ungeliebten Alternative zwang, die Russen um Unterstützung zu bitten. Diese sagten, wenn auch zunächst zögernd, zu und schickten ihre Militärberater in das ehemalige Kaiserreich. Der Preis war ein Staat kommunistischen Zuschnitts, der im wahrsten Sinn des Wortes zu Äthiopien (wie überhaupt zu Afrika) paßt wie die Faust aufs Auge.

Nun begannen die Äthiopier, mit Hilfe der neuen russischen Freunde die Somalier aus der Provinz Hararghe zu verjagen. Was das bedeutet, muß man sich einmal wirklich klarmachen: auf der einen Seite die von der Amerikanern ausgerüstete äthiopische Armee mit russischem Nachschub und russischen Militärberatern – und auf der anderen Seite die von den Russen ausgerüsteten Somalier mit ihren neuen amerikanischen Freunden im Hintergrund. Es ist grotesk, aber so werden die Kriege nach dem Ende des Zweiten Weltkrieges und der Aufteilung des Planeten in zwei Wirtschaftszonen geführt, deren Opfer immer wieder die Ärmsten der Armen sind. Ob das nun in Vietnam, in Kambodscha, in Angola, in Libyen oder eben in Äthiopien ist. Ich weiß, daß es nicht sehr populär ist, aber sehr wichtig, daß man diese Dinge beim Namen nennt.

Am Ende waren sie in Babile gelandet, einem der Auffanglager, die die Regierung als Maßnahme gegen die Hungerkatastrophe errichtet hatte. Täglich erhielten sie eine Notration von fünfhundert Gramm pro Kopf, von der UNHCR, der Flüchtlingshilfsorganisation der Vereinten Nationen, oder vom Roten Kreuz. Zum Leben zuwenig und zum Sterben zuviel. Sie wirkten, als hingen sie am Tropf – wie Menschen in der letzten Stunde ihres Lebens.

Ich stieg aus dem Wagen und sah diese Menschen in

ihrem unvorstellbaren Elend, in ihrer Verlassenheit und Hilflosigkeit, und ich kann meinen Schock und meine Verstörung kaum beschreiben. Noch im Lager fragte ich daraufhin Major Tesfaye, ob er mir die Farm im Erertal für ein Umsiedlerprojekt zur Verfügung stellen könnte. Er antwortete fast spöttisch, daß ich die Insassen dieses Flüchtlingslagers niemals dazu bringen würde, in eine andere Gegend umzuziehen! Das hätte die Regierung schon seit Jahr und Tag immer wieder versucht.

«Und wenn es mir gelänge – könnte ich dann die Farm bekommen?»

Der Major lachte.

«Sicher, dann können Sie sie haben.»

Ich habe dann noch größere, noch grauenhaftere Flüchtlingslager gesehen, in Jijiga, etwa eine Autostunde von Babile entfernt, und nach einer Flugstunde das Lager Deghabur, in der Halbwüste Ogaden. Aber dies alles waren nur noch Verstärkungen meines ersten Eindrucks. Meine Motivation war schon da. Ich brauchte keinen Anstoß mehr. Ich brauchte mich auch nicht mehr zu fragen, in welches Land ich gehen oder wo ich arbeiten wollte. Ich dachte von nun an immer nur an diese tausendfünfhundert Menschen und an sonst gar nichts.

In Addis Abeba schloß ich mit der RRC einen Vorvertrag, eigentlich eine mündliche Absprache, bevor ich nach Deutschland zurückflog. Immer wieder standen mir die Bilder dieser entsetzlichen Armut vor Augen, die um so schlimmer auf mich wirkten, als ich sie aus der Perspektive unseres reichen, am Überfluß fast erstickenden Europa sah, wo wir buchstäblich nicht mehr wissen, wohin mit unseren Überschüssen. Ich hatte das dringende Bedürfnis, diesen Menschen etwas zu geben, damit sie besser, und zwar wesentlich besser leben können.

Nachdem am 13. November 1981 die Stiftung «Menschen für Menschen» (MFM) als gemeinnütziger Verein anerkannt worden war, versuchte ich händeringend ein paar Leute zu finden, die mit mir gehen würden. Sicher war, daß meine damalige Lebensgefährtin Eva Hess mitkommen wollte, die der ganzen Sache wesentlich reservierter und sachlicher gegenüberstand als ich. Zweitens ein Mann, den ich in den Ferien kennengelernt hatte: der Benediktinerpater Placidus aus Österreich, der mich nicht als Missionar begleiten, sondern einfach die Ärmel hochkrempeln und helfen wollte. Und als dritten fand ich durch eine Zuschrift – es waren ja schon viele Zeitungsberichte erschienen – den Bremer Techniker Joachim Gröger, Mitglied des Technischen Hilfswerks und technischer Ausbilder bei der Bundespost, der sich in den nächsten Jahren als einer der getreuesten und besten Mitarbeiter von «Menschen für Menschen» erweisen sollte. Einmal durch seine praktische Arbeit in Äthiopien bei drei Aufenthalten, zum anderen durch die beispielhafte Weise, wie er später im norddeutschen Raum einen MFM-Arbeitskreis aufbaute und viele Spenden sammelte – wirklich nur der Sache dienend, ohne an sich selbst zu denken, und das bis zum heutigen Tag.

Die Wochen bis zu unserer Abreise waren angefüllt mit einer fast hektischen Öffentlichkeitsarbeit. Ich sprach unentwegt mit Journalisten. Hätten die Medien nicht in einer beispielhaften Form mitgezogen, wären die bis heute knapp 150 Millionen Mark Spendengelder niemals zusammengekommen. All diesen ungenannten Journalisten möchte ich bei dieser Gelegenheit danken. Gewiß, sie hatten mich als Medienfigur, als Zugpferd – mein größtes Kapital, das ich in den letzten zehn Jahren für «Menschen für Menschen» einbringen und das wenigstens teilweise mein fehlendes Fach- und Expertenwissen ersetzen konnte.

Als Büro diente mein Haus. Ich hatte einen Raum mit

meinem Telefon zur Verfügung gestellt, von dem aus wir die notwendigen Dinge für Äthiopien organisierten und einkauften. Wir versuchten, alles billiger zu bekommen. Nie zuvor habe ich so betteln gelernt wie in den letzten zehn Jahren. Ich muß gestehen, daß ich mich dessen nicht im geringsten schäme. Wenn es um MFM geht, bettele ich heute hemmungslos jeden Menschen auf der Welt an bis hinauf zum Staatspräsidenten, denn ich tue es ja für Menschen in extremster Not.

Es gelang mir, zwei kleine grüne Toyota-Landcruiser von einem Düsseldorfer Händler wesentlich billiger zu erstehen. Wir erhielten auch sehr günstig zwei große Zelte mit der Aufschrift «Menschen für Menschen» und besorgten billige Campingmöbel und Medikamente.

Der große Aufbruch nach Äthiopien kam Anfang Dezember 1981. Zunächst mußte ich mich in Addis Abeba mit meinen drei Mithelfern um die bürokratischen Hürden kümmern. Wir brauchten Nummernschilder für die beiden Autos, Führerscheine, Identitätskarten. Ich war wieder Gast beim deutschen Botschafter von Pachelbel und zwei Jahre später dann beim österreichischen Botschafter Dr. Herbert Traxl. Auch er wurde ein enger Freund von mir und wird es sicher bleiben, trotz seiner Versetzung nach Teheran. Acht Jahre meiner Arbeit in Äthiopien wohnte ich in Botschaften, denen ich viel Dank schulde, zuletzt beim Schweizer Botschafter Gaudenz Ruf. Dadurch konnte ich viel Geld sparen. Wie ich überhaupt am Rande erwähnen muß: Durch die Tatsache, daß ich von meinen Eltern viel Geld geerbt habe, bin ich in der Lage, fast alle Kosten, die durch meine Arbeit für MFM entstehen – bis auf die Flüge – privat zu decken. Ich kann es mir leisten und werde es mir hoffentlich bis an mein Lebensende leisten können, daß ich kein Gehalt von MFM beziehe, sondern ehrenamtlich arbeite – wie übrigens fast alle MFM-Mitglieder.

Dann endlich war es soweit: Am 20. Dezember 1981 starteten wir vier in unseren beiden bis übers Dach beladenen Toyota-Landcruisern, begleitet von dem RRC-Vertreter Mattewos Adaye, der als Dolmetscher und «Mädchen für alles» mitfuhr. Vor uns lagen ungefähr 550 Kilometer Fahrt in den Osten Äthiopiens. Es ging wieder nach Bisidemo. In der Leprastation redete man uns als erstes aus, die Zelte oben auf der Anhöhe der Farm aufzuschlagen. Das sei wegen der Hyänen, Löwen und Elefanten viel zu gefährlich. Damals haben wir noch gelacht. Heute lache ich nicht mehr, weil wir nun seit vielen Jahren mit diesen wilden Tieren zusammenleben.

Man bot uns in der Leprastation für einen geringen Unkostenbeitrag ein Haus mit einem kleinen Garten an, wo wir dann unsere beiden Zelte aufschlugen. Am Anfang lebten wir wie in einer Wohngemeinschaft, so wie ich es in Berlin erfolglos versucht hatte. Es kamen noch der ungarische Agronom und Rinderzuchtexperte Dr. Tibor Horvath dazu und der deutsche Arzt Dr. Meier, der nur kurze Zeit für uns im medizinischen Sektor tätig war. Außerdem besuchten uns Journalisten und Fotografen, um diese allererste Zeit der Entwicklung von «Menschen für Menschen» zu dokumentieren.

Am Tag nach unserer Ankunft fuhr ich zum zweiten Mal ins Lager Babile. Große Begrüßung – die Leute erkannten mich wieder. Mattewos Adaye und ein junger Sozialarbeiter von der Leprastation, Berhanu Negussie – heute einer meiner liebsten Freunde und Mitarbeiter in Äthiopien –, halfen mir, mich mit diesen Menschen zu verständigen. Ich sagte ihnen, ich wolle sie unten im Erertal in einer Kooperative ansiedeln. Sofort kam die Frage, was die Regierung damit zu tun hätte. Es kam genau das, was mir die RRC prophezeit hatte: Mißtrauen.

Ich hatte dann die Idee, am 24. Dezember in Babile ein Fest zu feiern, um zu den Bewohnern des Lagers Kontakt zu finden. Wir kauften drei Ochsen, und am frühen Nachmittag begannen die Vorbereitungen. Die beiden äthiopischen Leiter des Lagers und eine Krankenschwester vom Roten Kreuz halfen uns. Ich sehe noch heute diese tausendfünfhundert Flüchtlinge in langen Reihen sitzen, zuerst die Kinder, dann die Männer und hintendran die Frauen. Viele hatten seit Jahren kein Fleisch mehr gegessen. Wir gingen zu ihnen und verteilten das gekochte Ochsenfleisch – Pater Placidus, Joachim Gröger, die Eva und ich mit meinem Dolmetscher Berhanu. Und dann fragte ich eine Gruppe dieser Menschen, ob sie Lust hätten, mit uns das Projekt zu beginnen. Ich stieß zuerst nur auf Ablehnung.

Schließlich schlug ich vor, so viele Leute auszusuchen, wie in meinen kleinen Geländewagen paßten; ich wollte ihnen das Erertal zeigen.

«Ich komme morgen wieder», versprach ich ihnen.

Abends saßen wir noch lange vor unserem Haus in der Leprastation von Bisidemo und feierten bei achtundzwanzig Grad im Schatten ein schönes, harmonisches Weihnachtsfest.

Am nächsten Tag in Babile waren drei Männer und eine Frau mit Baby dazu bereit, mit mir ins Erertal hinunterzufahren. Die Frau hatte noch nie in einem Auto gesessen und mußte sich ständig übergeben. Wir fuhren durch die Leprastation und kamen in den Busch. Ich wußte, daß im Dickicht der hohen Kakteen noch etwa zehn eng beieinanderstehende Tagelöhnerhütten aus der Zeit des reichen Großgrundbesitzers standen, wellblechgedeckt, ohne Türen und sehr verfallen. Aber es waren Behausungen, und die zeigte ich ihnen.

«Wir könnten doch einfach ein paar Familien herunterholen und hier anfangen», sagte ich.

Und dann geschahen ein paar Dinge, die ich nie vergessen werde. Ich nahm eine Handvoll Erde vom Acker auf und gab sie den Leuten zu riechen.

«Seht doch mal, was für ein fruchtbarer Boden das ist! Was könntet ihr daraus machen!»

Die Mienen wurden schon etwas heller. Wir fuhren weiter zu einem bewässerten Gemüsefeld. Es war voller Ungeziefer und sah vernachlässigt aus, doch an den Sträuchern wuchsen Tomaten. Ich pflückte eine Tomate und gab sie einem von ihnen, dem Ibru Ahmed. Er nahm sie in die Hand und roch daran. Dann biß er hinein und begann auf einmal zu lachen. Er reichte die Tomate an den nächsten weiter. Als die vier Hauiwas sahen, daß man auf den Feldern auch Mais und Hirse – ihre Hauptnahrungsmittel – anbauen konnte, redeten plötzlich alle durcheinander, und das Baby fing an zu schreien, weil die Frau schrille Trillerlaute im höchsten Falsett ausstieß. Dann rissen die drei Männer ihre Kalaschnikows – die sie wegen vagabundierender Räuber trugen – von den Schultern und feuerten wie wild in die Luft und tanzten und jubelten und sprangen.

Als ich mit den aufgeregt schwatzenden und lachenden Hauiwas ins Lager zurückfuhr, schlug ich ihnen vor, eine Generalversammlung abzuhalten.

«Ruft alle zusammen und erzählt ihnen, was ihr gesehen habt. Ich komme in ein paar Tagen wieder, und dann sagt ihr mir, ob ihr mitkommen wollt oder nicht.»

Ich ahnte noch nicht, was die Fröhlichkeit dieser vier Hauiwas bewirken würde. Bei der Generalversammlung ein paar Tage später spürte ich sofort, daß die Stimmung umgeschlagen war. Das Mißtrauen gegen die Umsiedlung war wie weggeblasen: Alle wollten ins Tal.

Der 4. Januar 1982 ist ein unvergeßliches Datum für mich. An diesem Tag luden wir im Lager Babile die wenigen Habseligkeiten der ersten zehn Familien auf einen Lastwagen und brachten diese siebenundvierzig Menschen ins Erertal – johlend, singend und uns vor Freude andauernd gegenseitig umarmend. Es war bitter für die anderen, die zurückbleiben mußten, weil wir nicht genug Behausungen für alle hatten. Doch ich versprach ihnen, sie sehr bald nachzuholen.

Wir begannen dann, die 1500 Flüchtlinge im Lager Babile zu registrieren. Der RRC-Mitarbeiter Mattewos Ataye half uns viel in dieser ersten Zeit, denn keiner von uns hatte Erfahrung. In den folgenden Monaten bis zum Februar 1983 siedelten wir nach und nach gruppenweise um. Ich sehe noch die immer gleichen Bilder des Transports vor mir, diese jubelnden Menschen auf den geliehenen Lastautos. Zuerst lebten sie in provisorischen Behausungen. Doch schon bald schlossen wir einen ersten Vertrag mit einem Bauunternehmer in Addis ab, der an Stelle der Tukuls, der Hütten, in denen die Hauiwas vorher gelebt hatten, einfache Häuser bauen sollte, um ihnen ein menschenwürdigeres Dasein zu geben. Die Baumaterialien, selbst die Entfernung der Häuser voneinander wurden mit ihnen abgesprochen.

So entstanden Schritt für Schritt die ersten drei Dörfer Nagaya («Frieden»), Abdi («Hoffnung») nahe der Farm und Biftu («aufgehende Sonne») am Ende des Tales. Erst später, 1983, kam noch ein viertes Dorf dazu. Als mir bewußt wurde, daß wir im Tal noch Platz genug hatten, entschloß ich mich, weitere vierhundertfünfzig Flüchtlinge anzusiedeln, und zwar aus einem großen Lager bei der Stadt Jijiga, hundert Kilometer vom Erertal entfernt und nochmals hundert Kilometer von der Grenze zu Somalia. Schließlich folgten noch hundertzwanzig Menschen aus einem anderen Tal, das unter dem Problem der Übervölkerung zu leiden hatte. Dieses vierte Dorf nannten die neuen Siedler Ifa – nach dem biblischen Namen Eva, was zugleich «großes Licht» bedeutet. Bis auf meinen Vorschlag «Nagaya» stammen alle Dorfnamen von den Bauern.

Es dauerte genau vierzehn Monate bis zu dem denkwürdigen Tag, einem meiner schönsten in den letzten zehn Jahren, als ich mit eigener Hand Feuer an die Überreste des Flüchtlingslagers Babile legen konnte und es niederbrannte. Dieses Lager existiert nicht mehr.

Ich muß jetzt eine Schwäche von mir erwähnen, einen scheinbaren Fehler, zu dem ich aber voll stehe und den ich nicht zu ändern gedenke. Was sich bei «Menschen für Menschen» in den letzten zehn Jahren entwickelt hat, ist immer aus den Erfahrungen und Notwendigkeiten der jeweiligen Situation heraus entstanden. Wenn zum Beispiel irgendwo eine Firma oder eine Kirche oder sonst etwas gegründet wird, ist meistens die Konzeption schon auf etwas Großes ausgerichtet. Nicht so bei «Menschen für Menschen». Ich bin nie davon ausgegangen, daß Großes passieren würde, so daß mein Büro anfangs nur ein kleines Zimmer war. Später stellte uns die Gründerin des Quelle-Konzerns, Else Schikkedanz, umsonst ein Büro zur Verfügung. Sie hat nie für sich oder ihren Konzern auch nur die geringste Gegenleistung verlangt, zum Beispiel in Presseveröffentlichungen, und ist damit bis heute für mich beispielgebend für humanitäre Hilfe aus der Wirtschaft.

Nun, dieses Büro war eigentlich damals schon fast zu klein, aber unseren Bedürfnissen angemessen. Man konnte ja nicht voraussehen, was später passieren würde.

So war es auch am Anfang in Äthiopien, im Erertal, mit unseren beiden kleinen Landcruisern und einem gemieteten beziehungsweise von der RRC zur Verfügung gestellten Lastwagen. Immer habe ich erst dann angefangen zu expandieren, wenn es unumgänglich war. Das ist auch einer der Gründe dafür, warum unsere Verwaltungsspesen immer relativ gering waren. Das ging so weit, daß zum Beispiel 1984/85, als die große Hunger- und Dürrekatastrophe kam, von der ich noch erzählen werde, unser Büro innerhalb von acht Monaten den Zuwachs von 42 Millionen Mark Spendengeldern verkraften mußte. Wir hatten keinen Computer und nur begrenzte personelle Möglichkeiten. Ich war innerhalb weniger Wochen gezwungen, ein größeres Büro und bezahlte qualifizierte Angestellte zu finden, um unserer Initiative eine professionelle Basis zu geben. Andernfalls hätte ich fahrlässig gehandelt. Doch ich war überhaupt nicht darauf vorbereitet, daß wir uns so plötzlich und so schnell vergrößern würden.

In diesen vierzehn Monaten einer wirklich hektischen Betriebsamkeit kehrte ich zwischendurch nach Deutschland zurück, weil ich dort noch Verpflichtungen hatte. Schon vor der Gründung von «Menschen für Menschen» hatte ich einen Vertrag über eine Theatertournee abgeschlossen, mit meinem Freund, dem Theatermacher Dieter Kümmel. Es war das Stück «Gottes Utopia» von Stefan Andres, ein merkwürdiges Anti-Kriegsstück, das meiner Einstellung gegenüber der Sinnlosigkeit von Krieg und Militär sehr entgegenkam. Natürlich verband ich diese Theatertournee mit Auftritten in Funk und Fernsehen und mit Zeitungsinterviews für «Menschen für Menschen». Über Arbeitsmangel konnte ich mich in dieser Zeit bestimmt nicht beklagen.

Ich hatte währenddessen auf der Ererfarm einen Mann als meinen Vertreter eingesetzt, der zwar ein hervorragender Landwirt war und begeistert von unserer Sache, aber – und auch das mag ein bißchen mit meinem vorher erwähnten «Fehler» zu tun gehabt haben – alles andere als ein Verwalter oder ein Planer, der etwas konzipieren konnte. Ich meine den Ungarn Dr. Tibor Horvath, der dann die nächsten fünf Jahre für «Menschen für Menschen» in Äthiopien arbeiten sollte; der mit mir das erste Projekt aufbaute und noch das zweite begann, bevor ich mich 1986 von ihm trennte.

Nach und nach bauten wir im ersten Jahr vier Wasserstellen. Wir hatten keine Bohrmaschinen, sondern die Neuansiedler selbst gruben bis zu fünfundzwanzig Meter tief. Ich sehe noch diese fast nackten schwitzenden Menschen, wie sie in der Hitze arbeiteten. Manchmal sagt man mir in Deutschland, die Einheimischen hier seien faul und täten nichts. Ich werde jedesmal sehr zornig und wünsche solchen Leuten, daß sie nur einmal unter derartigen klimatischen Bedingungen arbeiten müßten.

Wir gruben also die vier Brunnen. Zuerst versahen wir zwei davon mit Elektrizität. Doch das gaben wir schnell wieder auf, weil es viel zu teuer und unzuverlässig war. Dann installierten wir Handpumpen, so daß die Farmer ihr Wasser selbst heraufpumpen können. Damit haben sie etwas, was viele Menschen in Äthiopien entbehren müssen: eine eigene Trink- und Waschwasserversorgung.

Wie oft sind mir in diesen letzten zehn Jahren Frauen begegnet, die mit schweren Krügen oder Kanistern auf dem Kopf manchmal bis zu dreißig Kilometer am Tag laufen müssen, um nur den minimalsten Bedarf an Trink-, Koch- und Waschwasser einer Familie zu decken. Die Frauen sind die Hauptleidensträger der bitterarmen äthiopischen Bauernfamilie. Was es für eine Dorfgemeinschaft bedeutet, eine Handpumpe zu erhalten, kann ein Europäer kaum nachempfinden.

Unsere Häuser bauten wir zuerst aus einem Lehm- und Grasgemisch, «Tschika» genannt, das von einer fachwerkähnlichen Struktur aus Eukalyptushölzern abgestützt wird. Das Dach ist aus Wellblech – der Inbegriff von Luxus für den äthiopischen Bauern. Doch wir merkten schnell, daß diese traditionelle Bauweise für uns eher Nachteile hatte. Wir mußten den Lehm per Lastwagen hertransportieren, da es im Tal keinen gibt. Die Kosten für die notwendigen Renovierungen der Tschika-Häuser alle zwei bis drei Jahre waren daher sehr hoch. Deshalb fingen wir bei dem dritten und vierten Dorf an, mit Zementhohlblöcken zu bauen. Das ist zwar zunächst etwas teurer, dafür werden diese Häuser aber auch vierzig bis fünfzig Jahre halten. Den anfänglichen Rat meiner ökologisch bewußten Freunde, lokale Materialien zu benutzen, halte ich deshalb für falsch.

Ein ähnliches Problem wirft die Frage der Technik auf. Schon in den dreißiger Jahren hatte der feudale Großgrundbesitzer, übrigens ein Armenier, die Felder mit Traktoren und Bulldozern gerodet, und die staatliche RRC hatte die Farm samt Maschinen übernommen. Als dann die Farm uns zur Verfügung gestellt wurde, haben wir die Technik weitergeführt. In Diskussionen bin ich häufig gefragt worden, warum ich nicht zu traditionellen Farmmethoden zurückgekehrt bin. In diesem bereits technisierten Tal hätte die Benutzung eines Ochsen- oder Hakenpfluges indessen einen unverzeihlichen Rückschritt bedeutet.

Ein paar Jahre später wurde mir das bei unserem großen Projekt in Illubabor sehr klar. So richtig und gut es vielleicht wäre, die modernen Techniken aus diesen anders entwickelten Teilen der Welt herauszuhalten, so wenig kann man das Rad der Zeit zurückdrehen, noch können wir verleugnen, daß die Erde in bislang noch nicht verstandener Form eine Einheit geworden ist und verschiedene Entwicklungsstufen nicht mehr denkbar sind.

Diese zehn Jahre seit unserem ersten Siedlertransport am 4. Januar 1982 bis heute – das war ein weiter und manchmal auch sehr steiniger und harter Weg. Ich ging diesen Weg in ständigem Kontakt mit Europa, mit den Spendern, die mir das Geld anvertraut hatten, mit der Öffentlichkeit und den inzwischen dazugekommenen Mitgliedern von «Menschen für Menschen». Andererseits war ich ununterbrochen mit den Problemen der Projekte konfrontiert. Am Anfang verbrachte ich jedes Jahr fünf bis sechs Monate in den Projekten und lebte mit den neuen Siedlern. Heute, zurückblikkend, sehe ich die Entwicklung der ersten Jahre kritischer als damals. Manche Fehler lassen sich sicherlich aus der

Elendssituation dieser Menschen erklären. Aus dem Faktum, daß sie Nomaden waren und nun als seßhafte Bauern eine ganz neue Art zu leben erlernen mußten. Aber vor allem mag man mit Recht einwenden, daß wir den Siedlern anfangs zuviel Starthilfe gaben. Ich sollte besser «ich» sagen, weil ich mich voll dafür verantwortlich fühle. Sie erhielten pro Familie monatlich 125 Kilogramm Nahrungsmittel und noch zusätzlich Öl zum Kochen und für den Haushalt, Kerosin für ein Lämpchen in ihrer Hütte und zweimal im Jahr Kleidung. Außerdem gaben wir ihnen Hühner, Schafe, Ziegen und Ochsen, und ich weiß nicht, was noch.

Einem Experten mag das viel erscheinen. Für mich, der ich aus dieser europäischen Welt kam, wo selbst die Ärmsten im Vergleich zu diesen Menschen noch reich erscheinen, war es wenig. Und ich bedauere es heute nicht. Obwohl ich mir klar darüber bin, daß ich durch dieses viele Geben zweifellos das Verlangen dieser Menschen nach mehr geweckt und den Prozeß ihrer Verselbständigung hinausgezögert habe. Es gab immer häufiger Auseinandersetzungen zwischen den Menschen und mir – wenn auch noch auf einer freundschaftlichen und väterlichen Basis. Sie forderten immer mehr, weil sie am Anfang so viel bekommen hatten, und konnten nicht verstehen, daß dieses Mehr auf einmal Schritt für Schritt reduziert werden sollte.

Zu dem Zeitpunkt, 1985, als wir begannen, die monatlichen Getreiderationen auf hundert Kilogramm herabzusetzen und Kleidung nur noch einmal im Jahr zu geben, nahmen mir das einige Leute sehr übel. Eine kleine Gruppe in unserer Gesellschaft von zweitausend Menschen, sozusagen die «Rebellen» vom Erertal, agitierten daraufhin die Kinder in der von uns gegründeten Schule. Sie schickten die Kinder auf einen Hungermarsch nach

Harar. Sie ließen sie achtunddreißig Kilometer durch den Busch bis zur Provinzhauptstadt laufen, um gegen mich als Person und gegen «Menschen für Menschen» zu demonstrieren.

Das war für mich der vielleicht bitterste Moment in den letzten zehn Jahren.

Als die etwa vierzig oder fünfzig Kinder in Harar ankamen, nahmen die staatlichen Behörden diesen «Aufstand» stillschweigend und achselzuckend zur Kenntnis, luden die Kinder auf einen Lastwagen und fuhren sie zurück ins Erertal.

An einem der nächsten Abende ging ich mit meinem Dolmetscher Berhanu Negussie zu der Schule. Wir hatten alle Männer der vier Dörfer zusammengetrommelt. Ich war so verbittert und zornig, daß ich es kaum beschreiben kann. Ich dachte daran, daß diese Bauern so viel mehr hatten als alle anderen in den umliegenden Dörfern und daß sie diesen Protestmarsch eigentlich organisiert hatten, weil sie zuvor zuviel bekommen hatten.

Vor der Schule auf dem Farmgelände waren ungefähr 350 Männer versammelt. Ich verlangte, daß sich die Schuldigen dieses Aufstandes bekannten. Nicht, daß ich sie bestrafen wollte, es ging mir viel mehr darum, mich mit ihnen auseinanderzusetzen. Und ich wollte zumindest auch, daß sich die verantwortlichen Bauernvertreter ihrer annehmen.

Doch die Schuldigen haben sich nicht gemeldet.

Da habe ich in meiner Wut das lange Messer, das ich im Gürtel trug, herausgezogen und auf den Boden geschleudert, daß es dort zitternd steckenblieb. Es war eines dieser schönen selbstgemachten Messer der Hauiwas, die sie immer bei sich tragen und bei der täglichen Feldarbeit benutzen. Und dort steckte also das Messer so kerzengerade im Boden, wie es mir, wenn ich es heute gezielt werfen würde, nie mehr gelingen würde. Und ich sagte zu den Männern:

«Ihr habt mir dieses Messer geschenkt. Ich will es nicht mehr haben. Es soll hier so lange steckenbleiben, bis ihr mir die Schuldigen nennt, die den Aufstand angezettelt haben.»

Tödliches Schweigen herrschte unter den Bauern. Ich ging mit Berhanu fort. Er zitterte am ganzen Körper, und Schweiß stand auf seiner Stirn.

«Was ist los mit dir? Warum bist du so erschrocken?» fragte ich.

«Weißt du überhaupt, was du da eben gemacht hast?» fragte Berhanu zurück.

«Wie meinst du das?»

«Bei den Hauiwas und Oromos gibt es eine Sitte: Wenn man einen Mörder sucht, dann wirft man das Messer in den Boden, wie du es getan hast. Der Verdächtige muß über das Messer steigen. Doch wenn er schuldig ist, traut er sich nicht, denn seine Schuld würde sich erweisen. Nur wenn er wirklich unschuldig ist, geht er über das Messer. Verstehst du, Karl? Die Bauern haben natürlich gedacht, daß du diese Sitte kennst, und genauso haben sie dich verstanden!»

Ich kannte die Sitte nicht und hatte nur meiner Wut Ausdruck geben wollen. Später brachten mir die Hauiwas mein Messer zurück, als sie drei Schuldige gefunden hatten, die von der Bauernvertretung zur Rechenschaft gezogen wurden. Ich selbst drückte diesen Rebellen gegenüber sehr unmißverständlich meine Enttäuschung und mein Unverständnis aus. Es war vielleicht eines der tiefsten Täler in der Beziehung zwischen diesen Menschen und mir, die mich als ihren «Vater» bezeichnen, wie es ihrer Tradition entspricht; in Äthiopien wird jeder Mann, der einem anderen hilft oder etwas gibt, Vater genannt.

Dennoch besteht zwischen den Hauiwas und mir keineswegs ein Herrschaftsverhältnis, sondern wir sind wie eine Familie. Unsere Kooperative entstand in gemeinschaftlicher Arbeit und Absprache. Als die ersten zehn Familien ins

Erertal kamen, schlug ich zum Beispiel vor, einen Vertreter zu wählen, damit ich nicht immer mit zehn Leuten reden mußte, die ja so auch von der Arbeit abgehalten würden, also aus ganz praktischen Erwägungen. Früher war das der Dorfälteste; jetzt wählten sie den, der sie am besten vertrat. Mein Vorschlag jedoch, auch eine Vertreterin der Frauen zu wählen, rief zunächst heftiges Gelächter hervor und stieß auf völliges Unverständnis. Die Hauiwas sind Moslems; und in der islamischen Gesellschaft werden die Probleme der Frauen von Männern gelöst.

Nach längerer Überredung wählten sie tatsächlich eine Frau und einen Mann. Im ersten Dorf Nagaya gab es von den verschiedenen Siedlergruppen dann vier männliche und vier weibliche Bauernvertreter, und nach einer Anregung von mir wählten sie unter diesen wiederum einen Bürgermeister und eine Bürgermeisterin. So lief es in allen vier Dörfern, für die zusammen schließlich auch noch eine Art Oberbürgermeister und -meisterin samt Stellvertretern bestimmt wurden. All diese Dinge entstanden nicht etwa aus einem vorgefaßten Konzept von mir, sondern aus den praktischen Erfordernissen des alltäglichen Lebens.

Parallel zu dieser Entwicklung in Äthiopien hatte ich 1983 meinen letzten Theaterauftritt. Es war, wie schon erwähnt, im Wiener Theater in der Josefstadt, dem ich bis heute zutiefst als meiner künstlerischen Heimat verbunden bin, in dem Theater, in dem mir meine Tochter Katharina als Schauspielerin folgte und wunderbare Rollen spielt. Man hatte mir eine Traumrolle angeboten, die ich schon immer spielen wollte: den «Schwierigen» in dem gleichnamigen Stück des österreichischen Endzeitdichters Hugo von Hofmannsthal. «Endzeit» sage ich deshalb, weil er, wie zum Beispiel Schnitzler oder Tschechow, ein Dichter der auslaufenden Kaiserreiche war, also einer sterbenden Gesellschaftsordnung. Diese nachdenkliche, manchmal liebenswürdig verspielte und dann auch wieder beinahe ernste Komödie «Der Schwierige» war für mich ein Abschied von der Welt des Theaters, wie ich ihn mir schöner nicht hätte wünschen können; und die letzte Vorstellung am 30. Oktober 1983 in der Josefstadt wird mir für immer im Gedächtnis bleiben. Es war genau richtig für mich, in der Rolle des «Schwierigen» – manch einer mag sagen: «nomen est omen»; ich weiß es nicht, das sollen andere beurteilen – meinen Abschied von Kostüm und Maske zu nehmen. Was indessen nicht heißt, daß ich auch meinen Abschied von der Bühne genommen hätte. Das sage ich ganz bewußt, denn ich bin Schauspieler und werde Schauspieler bleiben bis zu meinem Lebensende – auch wenn meine Bühne nun Äthiopien ist und überall dort, wo ich versuche, etwas zum Guten zu verändern. Letzten Endes habe ich vorher in meinem Leben auch nichts anderes getan.

Während des Sommers hatten wir das Stück schon bei den Bregenzer Festspielen gespielt, dort war auch die Premiere gewesen. Ich hatte zum ersten Mal meinen Sozialarbeiter und Dolmetscher Berhanu Negussie nach Europa mitgenommen. Er ist ein Bauernjunge, aus einem kleinen Dorf nahe dem Erertal. Von Anfang an habe ich ihn immer sehr eng an mich herangezogen, fast wie einen Adoptivsohn. Und ich habe ihn dringend gebraucht, als Übersetzer – Berhanu spricht sehr gut Englisch – und als verständigen Vermittler der mir so fremden Denk- und Handlungsweise der Äthiopier.

Wir flogen zusammen nach Europa, in jenem heißen Sommer 1983, als die Temperaturen in Frankfurt höher waren als in Addis Abeba. Berhanu sah von oben dieses Europa wie auf einer Profillandkarte. Ich hatte mir vorgestellt, daß ihn schon der Frankfurter Flughafen vollkommen umwerfen würde. Doch als wir ankamen, nahm Berhanu die vielfältigen neuen Eindrücke in dieser ihm total fremden reichen Welt mit einer Gelassenheit auf, die mir unvergeßlich bleiben wird.

Ebenso unvergeßlich war sein Besuch in einem Theater, nämlich in der Festspiel-Premiere des «Schwierigen». Berhanu wußte ja, daß ich Schauspieler bin. Ich hatte immer wieder versucht, es ihm zu erklären. Nach der Vorstellung fragte ich ihn, wie es ihm gefallen hätte.

«Ich bin nach der Pause gegangen», antwortete er.

«Ist es dir langweilig geworden, weil du es nicht verstanden hast?»

Berhanu schaute mich empört an. «Eines möchte ich dir mal sagen, mein Lieber», begann er sich Luft zu machen, «du weißt, daß ich die Eva Hess sehr gut kenne. Ich weiß, daß ihr ein Paar seid. Und da stehst du auf dieser Bühne und knutschst dich mit einer Dame nach der anderen ab! Was denkst du dir eigentlich dabei? Ich konnte das jedenfalls nicht mehr mit ansehen und bin nach der Pause weggeblieben.»

Ich mußte lachen.

Und dabei fällt mir wieder ein, wie ich vergeblich versuchte, den Hauiwas meinen Beruf zu erklären. Sie fragten mich immer wieder danach. Eines Abends, es muß ein paar Monate nach meiner letzten Theatervorstellung gewesen sein, sah ich eine größere Menschengruppe im Dorf Nagaya vor der ersten Häuserreihe stehen. In ihrer Mitte gestikulierte wild ein Mann mit einer Kalaschnikow in der Hand. Ich fuhr gerade im Geländewagen vorbei und dachte, es sei etwas passiert. Also stieg ich mit Berhanu aus und gesellte mich zu der Gruppe. Es stellte sich heraus, daß die Leute einem Mann mit Namen Schekul zuhörten, der gerade eine Geschichte erzählte. Er erzählte, wie er am vorigen Abend als Rinderhirte von «Schiftas», von Räubern, überfallen worden war. Die Schiftas waren bewaffnet und wollten ihm seine Rinder wegnehmen. Schekul hatte seine Waffe wohl irgendwo abgelegt. Da begann er offenbar, sie in ein Gespräch zu verwickeln. Sie hatten Hunger. Sie müssen eine Ziege geschlachtet und zu essen begonnen haben. Und dann schilderte der Mann mit einer ungeheuer ausdrucksvollen Gestik und Mimik, was sich weiter zugetragen hatte. Obwohl ich seine Worte nicht verstand, konnte ich der Handlung folgen, so phantastisch war seine Ausdrucksfähigkeit. Selbst ein Peter Stein von der Schaubühne in Berlin wäre, glaube ich, zutiefst beeindruckt gewesen, hätte er das gesehen. Schekul erzählte also, wie die beiden Viehdiebe schließlich müde wurden und einschliefen. Wie er dem einen die Kalaschnikow wegnahm, die beiden weckte, indem er in die Luft schoß, und sie dann davonjagte. Wohlbehalten kehrte er mit seinen Rindern in sein Dorf zurück.

Wir freuten uns alle über die Geschichte. Und zum Schluß sagte ich zu den Hauiwas:

«Jetzt habt ihr endlich einmal gesehen, was ich für einen Beruf ausgeübt habe: genau das nämlich, das Erzählen von Geschichten, war mein Beruf als Schauspieler. Also, ich habe etwas nachempfunden für andere, die zuschauen.»

Als Berhanu meine Sätze den Bauern übersetzte, brachen sie in ein gewaltiges Gelächter aus. Sie glaubten wirklich, ich wollte sie auf den Arm nehmen. Und auch Berhanu gelang es nicht, ihnen die Ernsthaftigkeit meiner Aussage begreiflich zu machen.

Damals, in jenem Sommer 1983, als Berhanu aus meiner letzten Aufführung weggegangen war, sah er noch in Blitzgeschwindigkeit ein bißchen Österreich und ein bißchen Deutschland. Er lernte ein paar Europäer kennen. Später sprach er viel von dieser Zeit. Er wollte gern in Deutschland oder Österreich studieren. Doch ich brauchte ihn zu dringend für die Entwicklung des Erertal-Projekts. Heute, im nachhinein, muß ich sagen, daß es ohne Berhanu nicht hätte entstehen können. Stärker noch als durch das Geld und meinen Enthusiasmus, oder durch die Mitarbeit anderer Ausländer gelang es mit seinem Einsatz, daß diese Bauern im Erertal eine neue Heimat fanden und allmählich zu einer Selbständigkeit zurückkehrten, von der sie wohl selber kaum zu träumen gewagt hätten.

Als wir uns kennenlernten, war es sechsundzwanzig Jahre her, daß Berhanu in einem kleinen Dorf zwischen Harar und Bisidemo geboren worden war. Seine Eltern sind hart arbeitende Bauern. Sieben Geschwister hat Berhanu. Mit eiserner Energie gelang es ihm, sich von einer bescheidenen Dorfschule zum Gymnasium in Harar und zum Landwirtschafts-College in Alemaya hochzuarbeiten. Er wußte um die Probleme der Region. Im Somalia-Krieg hat er wie viele andere Bauern in der «Militia» sein Land gegen die somalischen Besatzer verteidigt.

Für die Neusiedler im Erertal war Berhanu im tiefsten Sinne des Wortes der «Sozialarbeiter». Nicht der «Vater» war er, wie sie mich nennen, sondern ihr «Bruder». Er war derjenige, der mit ihnen lebte, mit ihnen das Verständnis für das Projekt entwickelte. Ich bin sicher, daß ich mit anderen Leuten aus Europa genausogut hätte arbeiten können wie mit denen, die mit mir gekommen waren. Aber ohne Berhanu, mit einem anderen Äthiopier an meiner Seite – das ist für mich ein großes Fragezeichen. Ich glaube es nicht.

Und solange ich lebe, werde ich alles tun, um Berhanu Negussie, der heute Manager des Ererprojektes ist, als einen unserer wichtigsten und profiliertesten Mitarbeiter bei «Menschen für Menschen» zu behalten.

Bei meinem letzten Theaterauftritt im Oktober 1983 konnte ich mir noch nicht vorstellen, daß die Bauern heute ihren eigenen Lebensunterhalt verdienen. Nachdem wir Anfang

1989 den Versuch «Kooperative Erertal» beendeten und den entscheidenden Schritt der Reprivatisierung beschlossen – möglicherweise fast schon ein bißchen spät –, da nahm das Projekt eine überaus positive Entwicklung. «Menschen für Menschen» kommt nur noch für die Schulen, die Krankenstation, die Verwaltungsgebäude und einen Teil der Technik auf. Damals ahnte ich auch noch nicht, welche gewaltige Dimension «Menschen für Menschen» noch durch unseren Einsatz in der Provinz Illubabor bekommen sollte.

Aber auch die vielen Enttäuschungen der kommenden Jahre, vor allem im menschlichen Bereich, hatte ich nicht vorausgesehen – die Tiefpunkte in der Beziehung zwischen den 2147 Dorfbewohnern und mir ebenso wie mit meinen europäischen Mitarbeitern. Doch ich sollte diese Begleitumstände wahrscheinlich nicht überbewerten. Jeder Mensch, der nicht stagniert, der sich entwickelt und nach vorne geht, wird solche Enttäuschungen mehr oder weniger schmerzhaft erleben.

Die Menschen, die am Anfang mit mir nach Äthiopien gekommen waren – ob das meine damalige Lebensgefährtin Eva Hess war oder der eingangs erwähnte Pater Placidus, der in den ersten drei Wochen dabei war, später noch einige Male die Projekte besuchte und sich mit dem damaligen Projektleiter Dr. Tibor Horvath anfreundete; ob das Joachim Gröger vom Technischen Hilfswerk oder der deutsche Arzt Dr. Meier war, der am Anfang mithalf und später zum Aussätzigen-Hilfswerk ging –: Sie alle sehe ich heute sicherlich in einem kritischeren Licht als damals. Aber ich kann nicht umhin, eine tiefe Dankbarkeit für all diese Menschen zu empfinden, ungeachtet der Tatsache, daß Eva Hess und ich uns nach einigen Jahren zu einer Trennung entschlossen, die vorübergehend zu gewissen Enttäuschungen auf beiden Seiten führte. Ungeachtet der Tatsache auch, daß der katholische Priester Placidus zu meinem erbittertsten

Feind wurde, der sich in den Medien trotz seiner Theologie der Liebe voller Haß gegen mich äußert, kann ich nicht umhin, auch diesem Menschen für die Unterstützung in der ersten Zeit dankbar zu sein. Das Verhalten dieser und auch anderer Menschen in Deutschland, die zu meinen Mitarbeitern der ersten Jahre gehörten und dann ausstiegen – wegen persönlicher Enttäuschungen mit mir oder auch aus Enttäuschung über die Weiterentwicklung von «Menschen für Menschen» –, wird meine Dankbarkeit ihnen gegenüber in keiner Weise beeinträchtigen. Es ist ihre eigene Verantwortung, daß sie die Sache nicht mehr vertreten können. Mir tut es zutiefst leid um jeden; es wäre schön gewesen, mit ihnen diesen Weg weiterzugehen. Aber das Leben bleibt nicht stehen, Beziehungen verändern sich, und für mich wird die Idee immer wichtiger sein als einzelne Personen, die mich während dieser Zeit verließen – und damit eine Idee aufgaben, die meines Erachtens mehr wert ist als persönliche Sympathie oder Antipathie.

Vor kurzem hatte ich ein Gespräch mit dem Farmer Abdi Ali. Er kam als einer der ersten Flüchtlinge aus dem Lager Babile ins Erertal. Ich weiß noch, in welcher schwachen Verfassung Abdi Ali damals war. Und heute sagt er zu mir ganz gelassen:

«Also, Karl, entspann dich mal ein bißchen. Wir brauchen dich nicht mehr so sehr. Wir kommen jetzt schon allein zurecht!»

Wenn ich morgen von der Erdenbühne abgehen müßte, würde ich bestimmt noch bei meinem letzten Atemzug daran denken, was aus diesen einst hungernden Flüchtlingen des Lagers Babile heute geworden ist.

Seit dem ersten Heiligabend 1981 in der Leprastation Bisidemo feierte ich jedes Jahr Weihnachten im Erertal. Es wurde eine schöne Tradition. Nur letztes Jahr blieb ich in der äthiopischen Hauptstadt Addis Abeba, zu der ich kaum eine Beziehung habe. Doch in dieser Stadt wurde am 10. Dezember 1990 meiner Lebensgefährtin Almaz Teshome und mir unser Sohn Nicolas geboren. Und wir verbrachten dieses Weihnachtsfest unter einem kleinen Plastikchristbäumchen, an einem warmen Tag in unserem gemieteten Haus in Addis.

Seit vier Jahren teile ich mein Leben mit der Äthiopierin Almaz Teshome. Wenn ich versuche, diese wunderbare siebenundzwanzigjährige Frau zu beschreiben, habe ich sofort Hemmungen und das Gefühl, ihre Intimsphäre zu verletzen. Denn was immer ich über sie schreiben würde, wäre etwas Intimes. Und Banalitäten, daß sie zum Beispiel gut kochen kann oder daß sie sich meinem Lebensrhythmus in einer großartigen Weise anpaßte, oder daß sie eine phantastische Mutter ist – das alles würde wenig wiedergeben von dieser Frau Almaz Teshome, dieser Äthiopierin aus einer sehr armen und vielköpfigen Familie.

Sie wurde nahe der somalischen Grenze geboren, in dem kleinen Städtchen Jijiga, dort, wo wir heute mit unserem Nothilfeprogramm von «Menschen für Menschen» versuchen, vielen Bauern die Existenz und das nackte Leben zu retten. Almaz wuchs in extremer Armut auf und schaffte es, wie Berhanu, sich hinaufzuarbeiten bis zum Abitur und zum Studium der Landwirtschaft. Sie wurde Rinderzuchtexpertin und arbeitete in unserem Projekt im Erertal, wo ich sie kennenlernte. Eigentlich nur durch einen Zufall. Denn es waren meine Mitarbeiter, die sie unter Vertrag genommen hatten.

Es war keine heftige Liebe, die uns überfiel, sondern eher ein zögerndes Zueinanderfinden. Obwohl das, was in diesen vier Jahren zwischen uns entstand, seit meiner Zeit mit Barbara Kwiatkowska bestimmt das tiefste Gefühl in meinem Leben geworden ist.

Wenn ich heute an mein Leben mit Frauen zurückdenke, so waren wunderbare Beziehungen darunter, wie ich schon mehrfach betont habe. Begegnungen, die ich nie vergessen werde. Doch nur diese beiden Frauen, die Polin Barbara Kwiatkowska und die Äthiopierin Almaz Teshome, brachten mir jenen Begriff nahe, den wir allzuleicht mißbrauchen: den Begriff Liebe.

Bei Almaz kommt dazu, daß sie in der Kultur Äthiopiens aufwuchs, geprägt von Traditionen, die sich von den unsrigen sehr unterscheiden. Und das betrifft besonders die Beziehungen innerhalb der Familie. Früher gab es vielleicht auch bei uns in Deutschland einen stärkeren Familienzusammenhalt: dieses absolute Zueinanderhalten, dieses Gefühl der Geborgenheit – etwas, das ich in meiner Familie nicht mehr kennenlernte und das ich nun seit vier Jahren in Almaz' Familie erlebe. Mich, einen Fremden aus Europa, einen «Ferenchi», nahm diese Familie in einer Art und Weise auf, wie ich das nie zu hoffen gewagt hätte. Obwohl ich Almaz aus gesetzlichen Gründen erst 1991 heiraten konnte.

Sie ist der Mensch, auf den ich mein ganzes Leben gewartet habe. Sie gibt mir so viel von dem, was ich früher nicht gefunden habe. Dabei können wir uns nicht einmal in einer unserer Muttersprachen miteinander verständigen, sondern nur in einer dritten Sprache, nämlich Englisch. Doch Almaz wird sicher ebenso schnell Deutsch lernen wie damals die Polin Barbara.

Ein Bruder von Almaz lebt mit seiner Familie in der Provinzhauptstadt Harar, nicht weit von unserem Projekt im Erertal entfernt. Und wann immer ich nach Harar komme, wäre es eine tiefe Kränkung für die Familie, wenn ich nicht wenigstens einmal zum Essen oder auf ein paar Stunden oder auch nur Minuten vorbeischaute. Man unterhält sich über die aktuellen Probleme und Sorgen, darüber, was die Kinder machen und wie sie aufwachsen.

Ähnliches erlebte ich auch mit meinen beiden äthiopischen Freunden Berhanu Negussie und Taye Gurmu. Freundschaft ist in Äthiopien etwas Außergewöhnliches. Sie gibt eine ungeheure Kraft, die sich immer wieder aufs neue beweist, indem man für einen anderen wirklich eintritt. Bei uns habe ich zum Beispiel nie erlebt, wie wichtig ein Patenonkel oder eine Patentante sein können. Mein Freund und persönlicher Stellvertreter von «Menschen für Menschen» in Äthiopien, Taye Gurmu, und seine Familie haben mich vor zwei Jahren gebeten, Patenonkel ihres Sohnes zu sein. Das bedeutet gleichzeitig auch, ein aktives Mitglied ihrer Familie zu werden. Wenn man diese Rolle akzeptiert, übernimmt man damit eine wichtige Verantwortung dem Kind und der Familie gegenüber. Auch das bezeugt den großen Zusammenhalt der Äthiopier in ihrem Familienverband.

Vielleicht habe ich in diesem Land mit seiner so anderen Kultur all das gefunden, was ich in meiner Kindheit vermißte. Erst in den letzten Jahren lernte ich zum Beispiel meine beiden Vettern und meine Kusine väterlicherseits, deren Frauen und Mann sowie deren Kinder – also meine Neffen und Nichten – näher kennen und entwickelte zu ihnen eine enge familiäre Beziehung. Früher habe ich sie ja nie getroffen oder gesehen, bedingt durch das Nomadendasein mit meinem Vater.

Hier, in Äthiopien, hat sich all meine Sehnsucht in einer wunderbaren Weise erfüllt. Dieses Land mit seiner geheimnisvollen, jahrtausendealten Geschichte ist meine neue Heimat geworden. Ich will damit nicht sagen, daß ich, der «gelernte Österreicher», mich nun von meinem Vaterland abwende. Auch Österreich ist mir in den letzten Jahrzehnten ans Herz gewachsen und wird immer mein Vaterland bleiben. Es ist im wahrsten Sinne des Wortes das Land meines Vaters, die Kultur meines Vaters und seiner, meiner Familie.

Doch ich möchte inzwischen nicht gelebt haben ohne die

Begegnung mit dem Land Äthiopien, mit seiner Kultur, seinen Menschen, seinem Klima, seiner Wildheit, seiner Verrücktheit und so vielen anderen Dingen, die man kaum versteht. Für mich ist es kein Zufall, daß diese Menschen im Erertal früher Nomaden waren. Gemeinsam haben wir in diesem Tal ein neues Heim gefunden. Nicht nur ein neues, sondern zum ersten Mal auch ein ständiges Heim. Ein Heim, wo man im dichterischen Sinn des Wortes Wurzeln schlagen kann. Und deshalb habe ich hier im Erertal, in diesem kleinen Sechsundsiebzig-Quadratmeter-Häuschen – dem kleinsten, in dem ich je gelebt habe – ein wirkliches Heimatgefühl. Hier ist heute meine wirkliche Heimat auf Erden.

15 «Menschen für Menschen» und die große Hungerkatastrophe 1984

Im Frühjahr 1984 brach in Äthiopien eine große Dürre- und Hungerkatastrophe aus. Es war die erste schwere Hungersnot, die ich in diesem Land miterleben sollte. Unser Projekt im Erertal war allerdings kaum betroffen. Zwar war ich in Äthiopien schon viel herumgekommen: Ich war zum Beispiel in Lalibela in diesen wunderschönen monolithischen Kirchen gewesen; ich war in Gondar, am Tana-See, in Bahadar; aber ich kannte noch nicht die nördlichen Provinzen Tigre, Eritrea und Wollo, die von der Dürre am stärksten betroffen waren.

Als ich zum ersten Mal von dieser Dürrekatastrophe hörte, war ich so geschockt wie viele. Und ich war entsetzt, wie wenig die Medien daran Anteil nahmen. Schon im März 1984 hielt der damalige Leiter der staatlichen äthiopischen Hilfsorganisation «Relief and Rehabilitation Commission» (RRC), Dawit Wolde Giorgis, vor der UNO in New York eine Rede, in der er verzweifelt auf die Dürre und die Hilfsbedürftigkeit seines Landes hinwies. Doch die Reaktion der Welt war gleich Null.

Sieben Monate später, im Oktober 1984, erteilte die äthiopische Regierung einem BBC-Fernsehteam die Erlaubnis, in Tigre und Wollo Hungerlager zu filmen. Kurz darauf sollte dieser Film des BBC-Korrespondenten in Südafrika, Michael Buerk, und des Fotoreporters von «Visnews», Mohammed Amin, eine monatelange beispiellose Medienhysterie auslösen, anders kann man es nicht bezeichnen. Ich sage das bewußt mit einem ironischen Unterton, weil es im Grunde reiner Zufall war, daß diese Hungerkatastrophe entdeckt und als Medienphänomen ausgeschlachtet wurde. Als nämlich eines Abends im deutschen Fernsehen ein geplanter Spielfilm ausfiel, nahm man diesen BBC-Film, der noch nicht einmal in England gelaufen war, ins Programm. Er hatte den Titel «Seeds of Despair» – Saat der Hoffnungslosigkeit.

Das englische Fernsehteam zeigte ohne jede Beschönigung verhungernde Menschen jeder Altersstufe – nicht nur Kinder, die am medienwirksamsten sind. Es zeigte die Hungerlager von Korem und Makale, wo die Menschen verzweifelt auf Hilfe hofften und viele täglich an Hunger starben. Es zeigte bis zum Skelett abgemagerte Männer, Frauen und Kinder und Hunderte, ja Tausende von verhungerten Rindern, die als Skelette auf den Feldern lagen.

Der Schock, den diese Reportage auslöste, hatte eine ungeheure Wirkung auf die Zuschauer. Die Weltöffentlichkeit nahm entsetzt Notiz von der grauenhaften Not. Der BBC-Film wurde innerhalb weniger Tage von vielen Sendern gezeigt und setzte eine in den letzten Jahrzehnten wahrscheinlich einmalige Spendenaktion in Gang. Auf einmal kam Hilfe von beinahe allen westlichen, aber auch von östlichen Ländern. Die Sowjetunion beteiligte sich genauso wie die Vereinigten Staaten mit großen Getreidelieferungen.

Die äthiopische Regierung, belastet durch den Bürgerkrieg mit den oppositionellen Eritrea-, Tigre- und Oromo-Bewegungen, versuchte, diese Hilfe zu koordinieren. Zugleich wurde die Regierung konfrontiert mit der sicher bis zu einem gewissen Grad gerechtfertigten Anklage, sie hätte zwar für den Bürgerkrieg einen Staatsetat und schicke Waffen und Lastwagen, aber für die Verhungernden hätte sie kein Geld.

Ich bin mit dem damaligen zweiten Mann der RRC, Taye Gurmu, im Oktober 1984 nach Wollo gefahren. Es waren noch ein Vertreter des Lutherischen Weltbundes und ein amerikanischer katholischer Priester dabei. Wir flogen zuerst bis Dessi, der Hauptstadt von Wollo. Dann ging es mit einem Auto weiter, bis wir nach etwa vierstündiger Fahrt im Hungerlager Korem an der Grenze zwischen Tigre und Wollo ankamen.

Was ich dort mit ansehen mußte, ist das Entsetzlichste und Verstörendste, das ich je in meinem Leben sah. Bilder der Konzentrationslager aus der Nazizeit kommen mir in den Sinn, Bilder aus dem Zweiten Weltkrieg oder dem Vietnamkrieg mit verbrennenden Kindern, ausgerotteten Wäldern, zerbombten Städten. Aber es fällt mir nichts vergleichbar Entsetzliches ein wie dieses Lager, in dem 25 000 Menschen vor sich hin vegetierten. Auf dem Höhepunkt der Krise starben dort pro Tag ungefähr hundertfünfzig Menschen an Hunger.

Was heißt das: an Hunger sterben?

Der Körper eines Menschen wird, weil er keine Zufuhr an Flüssigkeit und Nahrungsmitteln erhält, von Tag zu Tag schwächer, bis der Organismus eines Tages einfach aufhört zu funktionieren. Schon in den ersten Minuten nach meiner Ankunft im Lager Korem wurde mir genau das drastisch vor Augen geführt. Ich stieg aus dem Auto und wollte mich von den anderen absondern, um mir selbst ein Bild zu machen. Da stand ich plötzlich vor einem Mann, der – wie man so sagt – nur noch Haut und Knochen war. Er starrte mich mit riesigen Augen aus seinem entfleischten Gesicht an. Wie ein Totenkopf. Ich fühlte mich völlig hilflos. Und in diesem Augenblick kippte dieser Mensch, ohne einen einzigen Laut von sich zu geben, vornüber und fiel aufs Gesicht. Am entsetzlichsten war für mich, daß sich überhaupt kein Glied seines Körpers bewegte, sondern daß er einfach der Länge nach flach auf den Boden schlug.

Ich wagte nicht, mich zu rühren. Fassungslos blickte ich auf das, was sich vor meinen Augen abspielte. In dem Moment kamen zwei Rotkreuzhelfer mit ein paar Säcken unterm Arm vorbei. Der eine ging zu dem am Boden liegenden Mann, drehte ihn mit dem Fuß um, kniete nieder und hielt die Hand vor dessen vom Sturz blutiggeschlagenen Mund. Dann sagte er etwas in einer Sprache, die ich nicht verstand. Daraufhin warf der zweite einen Sack über diesen Menschen, und sie gingen fort.

Das war also ein Hungertoter.

Hätte ich diese Szene in Farbe fotografiert, hätte es bestimmt sehr eindrucksvoll gewirkt. Doch mir fehlen die Worte, mein Entsetzen wiederzugeben. Diesen fürchterlichen Anblick, der mir noch häufig vor Augen kommen sollte. Und jedesmal denke ich dann: Es gibt viele Formen des Todes, die wir Menschen nicht verhindern können, weder den Tod am Ende des Alterungsprozesses noch den Unfalltod, noch tödliche Krankheiten. Das ist Schicksal und der normale Ablauf eines Lebens, den wir nicht kontrollieren können. Aber an Hunger sterben muß niemand. Diese Verantwortung haben wir alle zu tragen, die wir auf diesem Planeten leben. Es muß kein Mensch an Hunger sterben; und wenn es trotzdem geschieht, ist das ein Verbrechen an der Menschlichkeit, an dem wir alle direkt beteiligt sind.

Bis zum heutigen Tag ist die genaue Anzahl der Verhungerten, der Dürreopfer von 1984 und 1985 nicht bekannt. Nach Schätzungen der großen internationalen Hilfsorganisationen schwankt die Zahl zwischen 500 000 und 1,5 Millionen Menschen. Wenn man bedenkt, daß jeder einzelne Mensch, der an Hunger stirbt, eine Tragödie ist, dann sind diese Zahlen doppelt entsetzlich.

Damals im Hungerlager Korem sah ich in wenigen Stunden noch viele schreckliche Bilder, die an Grauen kaum zu überbieten waren. Ich sah Kinder in Zelten dahindämmern und Frauen mit ihren verhungernden Babys an leeren Brüsten. Und als ich dieses Elend sah, hörte und roch – denn Elend stinkt auch –, drängte sich mir die Frage auf, was ich denn praktisch tun könnte. Das sagte ich auch dem stellvertretenden RRC-Leiter Taye Gurmu, der mich im Lager begleitete; heute ist er wie gesagt mein engster Mitarbeiter und einer der mir in Äthiopien nahestehendsten Menschen überhaupt.

Wir haben dann von «Menschen für Menschen» als erstes einen Nothilfefonds zur Verfügung gestellt, um Getreide, Decken, Kleidung, Zelte und Medikamente zu kaufen. Die Verteilung haben wir genau kontrolliert; denn es wurde häufig behauptet, die äthiopische Regierung verwende Hilfesendungen für die Armee. In meinem Kopf aber blieb das Bild dieses sterbenden Mannes, der vielleicht 35 oder 40 Jahre alt gewesen sein mag, und immer die Frage: Wie kann man verhindern, daß sich so etwas in Zukunft wiederholt?

Im Januar 1985 erhielt ich eine Einladung des RRC-Chefs Dawit Wolde Giorgis zu einer großangelegten Informationstour, an der Leiter von Hilfsorganisationen, Botschafter und Journalisten westlicher Länder teilnehmen sollten. Man wollte uns eine Reihe neuer Siedlungen im Südwesten des Landes zeigen. Denn seit Herbst 1984 hatte die äthiopische Regierung begonnen, Hunderttausende aus den nördlichen, von Dürre und Bürgerkrieg verwüsteten Gebieten in die fruchtbareren, regenreicheren Provinzen Wollega, Illubabor und Kaffa umzusiedeln – eine besonders im westlichen Ausland heftig umstrittene Aktion.

Noch während der Herrschaft Kaiser Haile Selassies hatte es ähnliche Pläne gegeben. Als Anfang der siebziger Jahre schon einmal eine schwere Dürrekatastrophe in

Äthiopien ausgebrochen war, plante die Regierung des Negus zusammen mit der Weltbank und der amerikanischen Hilfsorganisation «US AID», drei Millionen Menschen aus den nördlichen Provinzen Tigre, Eritrea und Wollo in den tropischen, noch von Waldflächen bedeckten Südwesten umzusiedeln. Doch die Aktion blieb, nachdem etwa 85 000 Menschen in die südliche Provinz Gamo Gofa umgesiedelt worden waren, in den Wirren der Revolution von 1974 stekken. Es war nicht zuletzt diese Hungersnot, die zu sozialen Unruhen von Studenten und Arbeitern und schließlich zu einer Erhebung der Streitkräfte führte. Kaiser Haile Selassie mußte nach fast vierzigjähriger Herrschaft abdanken, und ein «Provisorischer Militärrat» übernahm die Macht. Noch jahrelang schüttelten verschiedene Terrorbewegungen das Land, bis schließlich 1977 der inzwischen wieder vertriebene Machthaber Mengistu Haile Mariam dank seiner starken Position im Militär die Oberhand gewann.

Die Regierung Mengistu, auf der einen Seite konfrontiert mit dem seit den siebziger Jahren anhaltenden Bürgerkrieg im Norden des Landes, auf der anderen Seite mit den internationalen Anschuldigungen, nicht genügend Mittel aus ihrem Staatsbudget für die Hungerhilfe zu investieren, zog die alten Umsiedlungspläne aus der Kaiserzeit wieder aus den Schreibtischschubladen. Zwar sollten «nur» noch 1,5 Millionen Bauern umgesiedelt werden, doch Mengistus Bitte um finanzielle Unterstützung dieser Aktion stieß im gesamten westlichen Ausland auf radikale Ablehnung. Das lag wohl auch daran, daß äthiopische Oppositionsgruppen verbreitet hatten, die Zentralregierung wolle mit der geplanten Umsiedlung die Bürgerkriegsprovinzen ausdünnen und damit die Oppositionskräfte schwächen. Eine These, die ich für sehr unwahrscheinlich und schwach halte.

Man kann der Regierung Mengistu vorwerfen, daß sie sich nicht die Mühe machte, die alten Pläne zu überarbeiten und die Bauern zur Umsiedlung zu motivieren. Die Geschwindigkeit, mit der diese Aktion organisiert wurde, ist aber auch darauf zurückzuführen, daß die Regierung wegen der Kritik der westlichen Medien unter extremem Zeitdruck stand. Die Russen stellten Transportflugzeuge zur Verfügung, «Antonows» ohne Druckausgleich, in denen die Menschen zu Hunderten zusammengepfercht wurden. Andere wurden nach tagelangen Aufenthalten in Transitlagern mit Bussen oder auf offenen Lastwagen befördert. Ich habe einige dieser Kolonnen gesehen, die vom Norden bis in den Südwesten des Landes viele Tage lang unterwegs waren.

Manche westlichen Hilfsorganisationen wie zum Beispiel die französische «Médecins sans frontières» (MSF – Ärzte ohne Grenzen) nahmen dies allerdings zum Anlaß, eine Kampagne gegen die Regierung Mengistu zu starten. Die MSF, zu der auch der bekannte französische Philosoph André Glucksmann gehört, gab vor ihrer Ausweisung aus Äthiopien im Dezember 1985 bei einer Pressekonferenz zu Protokoll, sie hätte in der Nähe ihrer beiden kleinen Projekte in Tigre und an der Grenze zu Wollo beobachtet, wie Soldaten mit Maschinengewehren die Bauern auf die Lastwagen getrieben und zur Umsiedlung gezwungen hätten. Sie hätten auch gesehen, daß man die Menschen dabei geschlagen und verletzt hätte.

Ich halte das durchaus für möglich und möchte deshalb keinem der Männer von «Médecins sans frontières» zu nahe treten. Nur behaupten sie bis zum heutigen Tag, daß etwa 150 000 Menschen bei der Umsiedlung ihr Leben verloren hätten. Diese Zahl erscheint mir absolut unglaubwürdig. Es würde bedeuten, daß bei der Umsiedlung von insgesamt 600 000 Menschen jeder vierte umgekommen wäre. Wir haben in den letzten sechs Jahren mit vielen Familienoberhäuptern in diesen neuen Siedlungsgebieten gesprochen. Gewiß, man hat uns auch erzählt, daß besonders alte Menschen, geschwächt durch den Hunger, den Transport nicht überlebten und daß andere den Klimawechsel in den regenreichen kühleren Südwesten nicht überstanden. Aber es wäre vermessen, irgendwelche Zahlen zu nennen. Sie wären in jedem Fall eine Lüge, um die Regierung anzugreifen und zu belegen, daß gewaltsam umgesiedelt wurde.

Auch wenn tatsächlich viele zur Umsiedlung gezwungen wurden, was ich gar nicht bezweifle, so gab es andererseits zu dieser Aktion in den ökologisch verwüsteten Gebieten keine Alternative; und heute wollen im übrigen die meisten Siedler in ihrer neuen Heimat bleiben.

Zurück zu jener Informationstour, die der RRC-Chef Dawit Wolde Giorgis im Januar 1985 veranstaltete. Wir waren etwa sechzig Personen: Leiter humanitärer Organisationen, dazu der deutsche, der Schweizer, der österreichische, der britische und der schwedische Botschafter; unter den Journalisten ein amerikanisches und ein deutsches Fernsehteam. Per Flugzeug und mit zwei Omnibussen gelangten wir in den Südwesten des Landes, wo man uns eine Reihe dieser neuen Siedlungen zeigte.

Es war selbst für Außenstehende leicht zu erkennen, daß man uns «getürkte» Situationen präsentierte. Ich kannte Illubabor noch nicht, aber ich hatte das Glück, in unserem Bus einen Äthiopier kennenzulernen, der als amerikanischer Staatsbürger und Journalist an dieser Tour teilnahm, um sich über die Umsiedlungspolitik zu informieren.

Er sprach perfekt die Sprachen Tigrinia, Amarinia und Orominia. Ich habe mich bald mit ihm zusammengetan und mit ihm die offiziellen Routen verlassen. Wir versuchten, hinter die Fassaden zu schauen. Und als wir zu den Neusiedlern auf die Felder hinausgingen, entdeckten wir allmählich das tatsächliche Elend. Ein Elend, das für mich genauso bestürzend war wie die Hungerlager, die ich im Oktober und November 1984 in Wollo besucht hatte. Ich sah, daß die Menschen ebenso wie in den Hilfslagern nur Fetzen trugen; daß sie außer den Tukuls, den Hütten, die ihnen die lokale Bevölkerung auf Befehl der Regierung gebaut hatte, überhaupt nichts besaßen – nicht einmal Dekken, Kochgeschirr oder landwirtschaftliche Geräte.

Einmal habe ich während dieser Tour gesehen, wie eine Familie – samt der Hausfrau, der Kinder, der älteren Leute – mit ihren bloßen Händen den Boden umgrub. Ich ging mit dem äthiopischen Amerikaner zu ihnen und fragte sie:

«Was macht ihr da?»

«Wir haben keine Schaufeln und keine Hacken», antworteten sie zögernd. «Damit wir wenigstens ein paar Maiskörner in den Boden bringen, bleibt uns gar nichts anderes übrig, als mit den Händen zu graben.»

Am nächsten Morgen ging ich zu Dawit Wolde Giorgis und sagte zu ihm: «Da die äthiopische Regierung und die RRC offensichtlich kein Geld haben, möchte ich Ihnen meine Unterstützung anbieten. Ich habe mich entschlossen, den neuangesiedelten Menschen zu helfen.»

Dawit Wolde Giorgis schaute mich einen Moment lang sprachlos an. Dann sagte er:

«Wissen Sie eigentlich, was Sie mir da vorschlagen? Die gesamte westliche Welt steht dieser Umsiedlungsaktion sehr kritisch gegenüber.»

Wer konnte in diesem Augenblick ahnen, daß der RRC-Leiter ein paar Monate später, im Oktober 1985, in die Vereinigten Staaten flüchten sollte, da er die Politik seines Landes nicht mehr vertreten konnte.

Ich antwortete Dawit Wolde Giorgis:

«Ja, natürlich weiß ich das. Auch wenn die äthiopische Regierung Unrecht getan haben mag, so sind es doch diese umgesiedelten Menschen, die darunter leiden. Und wenn man ihnen nicht hilft, werden sie nicht überleben.»

Zu dieser Antwort stehe ich heute noch genauso wie damals. Und auch die Bauern in diesen Gebieten geben immer wieder dieselbe Antwort: «Hätte es ‹Menschen für Menschen› nicht gegeben, hätten wir nicht überlebt.» Nach unserer Schätzung mindestens ein Viertel der 85 000 Menschen, denen wir seit Juli 1985 helfen.

Zweifellos befanden sich die umgesiedelten Bauern in Illubabor in noch größerer Not als die Flüchtlinge im Lager Babile. Und wenn ich über etwas in meinem Leben glücklich bin, dann ist es die Entscheidung, dieses Illubabor-Projekt begonnen zu haben, und zwar gegen die Meinung sehr vieler Leute.

Ein paar Wochen nach der Informationstour fuhr ich mit meinem Mitarbeiter vom Erertal, dem Agronomen Dr. Tibor Horvath, nach Illubabor. Ich wollte herausfinden, wie wir dieses Projekt beginnen könnten. Vielleicht half mir auch diesmal eine gewisse Naivität; denn hätte ich die Dimensionen dieses Vorhabens im voraus geahnt, ich bin mir nicht sicher, ob ich nicht davor zurückgeschreckt wäre.

Wir wohnten anfangs im «Mehtu-Hilton», wie wir es nannten. Es war ein für europäische Begriffe unvorstellbar ärmliches Hotel, noch dazu total heruntergewirtschaftet. Duschen und Klos funktionierten nicht. Ein ständiger Gestank von Kloake strömte in die kleinen Zimmer. Die dünnen Drahtunterlagen auf den Bettgestellen bogen sich unter dem Gewicht auch des Leichtesten so durch, daß man am nächsten Morgen mit schmerzendem Rücken aufwachte. Zumindest wirkten die Bettbezüge einigermaßen sauber. In eigentümlichem Kontrast zu der Schäbigkeit dieses Hotels wuchsen im Garten wunderschöne weiße Trompetenblumen, die man in tropischen Gegenden oft findet.

Abends war im «Mehtu-Hilton» stets viel los. Ununterbrochen lief der Fernseher, brüllend laut, mit dem einzigen äthiopischen TV-Programm. Bis Mitternacht gab es ein ständiges Kommen und Gehen, und die Matratzen in den

Nebenräumen quietschten manchmal bedenklich rhythmisch.

Bei unserem zweiten Illubabor-Besuch im Sommer 1985, als wir schon zu arbeiten begonnen hatten, war in Mehtu irgendein Parteikongreß. Im «Mehtu-Hilton» war kein Zimmer mehr frei. Wir fuhren im Geländewagen in das etwa eine dreiviertel Stunde entfernte Gore, eine kleine Ortschaft auf einem Tafelberg. Dort gibt es auch einen Flugplatz mit der aufregendsten Landepiste, die ich je gesehen habe.

Es ist eine Graspiste. Der Flugwart, ein älterer Mann, pfeift mit einer Trillerpfeife, wenn er das herannahende Flugzeug hört. Und dann treiben die Hirten ihre Esel, Rinder, Ziegen und Schafe von der Landebahn. Gore war übrigens in der Kaiserzeit ein Verbannungsort für regimefeindliche Adelige und Geschäftsleute.

An diesem Spätnachmittag war der aus dem Urwald herausragende Tafelberg in dichten Nebel gehüllt; es nieselte und war unangenehm kalt. In den drei Herbergen von Gore suchten wir vergeblich nach einer Unterkunft. Wir hatten seit dem Morgen nichts mehr gegessen, und die Chancen, irgendwo etwas zu bekommen, waren gleich Null. Auf einmal sah ich einen offenen Laden. In Äthiopien richtet sich der Einkauf grundsätzlich nicht danach, was man gerade haben möchte oder braucht, sondern nach dem jeweils vorhandenen Angebot. Und das ist meist mehr als bescheiden.

In dem kleinen Laden entdeckte ich zu meinem Erstaunen italienische Spaghetti und Zwei-Kilo-Dosen mit geschälten Tomaten. Ich kaufte beides und sagte zu Tibor:

«Vielleicht kocht uns die morgen jemand!»

Wir liefen weiter in den grauen Nebel hinein und fanden schließlich irgendwo eine Kneipe. Der Wirt erklärte uns, er hätte Zimmer zu vermieten. Wir waren so unvorstellbar müde, daß uns alles recht war.

In dem kleinen Raum, den man mir gab, hing eine Glühbirne an der Decke. Der Dreck stand buchstäblich überall. Ich blieb angezogen, breitete meinen Schlafsack aus und legte mich hin. Die Matratze schien sogar verhältnismäßig gut zu sein. Ich schlief sofort ein.

Irgendwann nachts wachte ich fröstelnd auf. Ich hörte ein eigenartiges Quietschen und Pfeifen. Als ich das Licht andrehte, sah ich zwei große, fette Ratten, die sich über die Plastiktüte mit den Spaghettis hergemacht hatten. Ich brüllte los, um die Biester zu verjagen. Sie drehten sich, fast ein bißchen indigniert, zu mir um. Angesichts meiner Drohgebärden marschierten sie auf ein Loch zu, das ich bislang übersehen hatte. Es war fast in der Mitte des Zimmers und ziemlich groß.

Nachdem die Viecher verschwunden waren, überlegte ich verzweifelt, was ich tun könnte. Geschichten über Ratten, die in Gefängnissen die Zehen von Gefangenen angeknabbert hatten, gingen mir durch den Kopf. Plötzlich kam mir die rettende Idee. Ich stellte die Zwei-Kilo-Dose geschälter Tomaten auf das Rattenloch und wartete. Tatsächlich – wenige Minuten später versuchten die beiden herauszukommen. Mit demselben Quietschen und zornigen Pfeifen wie vorher bewegten sie die Dose zwar ein bißchen, aber sie waren nicht stark genug, sie wegzuschieben. Nach einer Weile schlief ich wieder ein.

Als ich am nächsten Morgen aufwachte, war es noch immer neblig und dunkel. Es gab keine Elektrizität, und auch der Generator lief nicht. Eine Toilette war nicht vorhanden, so daß ich irgendwo im Freien pinkelte. Dann packte ich meine wenigen Habseligkeiten zusammen. Tibor war auch schon auf, und wir gingen schweigend und frierend zu unserem Geländewagen. Beim Einsteigen sah ich plötzlich vor dem Laden, in dem ich gestern die Spaghettis gekauft hatte, etwas Undefinierbares in der grauen, schmutzigen Nässe am Boden liegen. Ich stockte und schaute näher hin. Da erkannte ich, daß es eine obdachlose Frau war, die, mit einem Sack zugedeckt, hier die Nacht verbracht hatte.

In diesem Augenblick schämte ich mich darüber, daß ich mir so toll vorgekommen war, weil ich die letzte Nacht in einer von Ratten geplagten Unterkunft verbracht hatte. Oft erscheint mir das Bild dieser im tiefsten Dreck schlafenden Frau, wenn mich Selbstmitleid zu übermannen droht.

Genauso wie bei den Hungerlagern im Norden des Landes leisteten wir in der ersten Phase unseres Projektes Katastrophenhilfe. Das heißt, daß «Menschen für Menschen» die 85 000 Neusiedler in Illubabor mit dem Notwendigsten versorgte – mit Decken, Kleidung, Kochgeschirr, Medikamenten, Werkzeug. Sie erhielten einen Holzpflug, Saatgut und nach und nach auch Zugochsen.

Jeden Tag fuhren wir in eine oder mehrere dieser Neuansiedlungen. Immer wieder begegnete uns das gleiche Bild eines verzweifelten Elends. Die Bauern aus den nördlichen Provinzen Tigre und Wollo trugen nur zerrissene, schmutzigbraune Fetzen am Leib, die man nicht als Kleider bezeichnen konnte. Ihre Arme und Beine waren von Krätze bedeckt, weil es kein Wasser, schon gar nicht zum Waschen, gab. Manche hatten unsere Decken schon erhalten als Schutz gegen die nasse Kälte zur Regenzeit.

Oft werde ich in Europa nach meiner Motivation zum Helfen gefragt. Sie hat in den letzten zehn Jahren eher zu- als abgenommen. Die ständige Konfrontation mit der Armut in diesem riesigen Land, mit einer Armut, die alles in den Schatten stellt, was man sich in Europa überhaupt darunter vorstellen kann, erübrigt diese Frage. Nur der Zorn, die kreative Wut wächst immer mehr.

Als man in westlichen Zeitungen so viel schrieb über die Zwangsumsiedlungen durch das Militärregime, das die Menschenrechte verletze, war von Menschen selbst kaum die Rede. Ich bin vielen Hunderten von Menschen begegnet – nicht nur den Kindern, mit denen man mich fotografierte (das macht sich ja so schön!). Und jedesmal ergibt sich eine andere, sehr eigene Geschichte.

Zum Beispiel die des Bauern Gabrezadik aus Tigre. Er gefiel mir vom ersten Treffen an. Nicht nur, weil er uns, bei all seiner Armut, zu Fladenbrot und Kaffee einlud. Er erzählte mir, unter welchen unwürdigen Umständen er nach Illubabor transportiert worden war und wie sehr er unter Heimweh litt. Eines Tages, als ich wieder in sein Dorf kam, war er nicht mehr da. Man berichtete mir, er sei nach Tigre, in seine Heimat, zurückgekehrt. Per Bus. (So einfach ging das damals noch; heute, angesichts der Reisebeschränkungen im Land, bedingt durch den Bürgerkrieg, wäre es gar nicht mehr möglich.)

Es tat mir leid, daß er fort war. Ich fand die Gespräche mit ihm über die Probleme dieser Menschen sehr aufschlußreich. Fast hatte ich Gabrezadik schon vergessen, als er eines Tages, nach etwa neun Monaten, wieder da war. Große Begrüßung. Ich fragte ihn, warum er weggegangen, warum er wiedergekommen sei. Er sagte:

«Schau mal, Karl, ich hatte so sehr Heimweh. Es gab auch noch Familienmitglieder zu Hause. Also ging ich zurück. Ich begann auf dem kargen Boden wieder Landwirtschaft zu betreiben. Als die ersten Halme standen, kamen Regierungstruppen und verbrannten die Erde und meine Hütte. Ich versteckte mich in den Bergen. Dann ging ich wieder hinunter, baute meine Hütte wieder auf, pflügte das Land und säte wieder. Als das Getreide zu wachsen begann, kam die ‹Tigre People's Liberation Front›, die Truppe der Rebellen. Sie verjagte die Regierungsarmee, brannte die Äcker nieder, zerstörte unsere Hütten. Und so kam ich hierher zurück, in unser neues Zuhause.»

So ist das mit allen Freiheitskämpfern. Die um die Macht,

für sogenannte Gerechtigkeit kämpfen. Sie denken nicht an diejenigen, die darunter leiden.

Das Gebiet, in dem wir den Neusiedlern halfen, ist etwa zwanzigtausend Quadratkilometer groß. Wir haben zum Beispiel 23 600 Zugochsen gekauft. Wenn man in Texas auf den Markt geht und Tausende Ochsen kauft, ist das wahrscheinlich kein Problem. In Äthiopien war es ein unvorstellbares Problem. Es hat drei oder vier Jahre gedauert, bis wir alle Ochsen verteilt hatten.

Einmal kamen wir in ein Dorf, mein Dolmetscher Serfu, der Projektleiter Daniel, einige Mitarbeiter und ich, und brachten den Bauern zehn Ochsen. Alle Dorfbewohner samt Frauen und Kindern waren angetreten. Vor der Übergabe hielt ich eine kleine Rede und sagte zum Dorfältesten: «Ich bin so stolz und froh, dir diese Ochsen im Namen der Spender aus Deutschland, Österreich und der Schweiz übergeben zu können.»

Der alte Mann hätte nun, der äthiopischen Tradition entsprechend, auf mich zukommen, mich umarmen und küssen müssen, um sich zu bedanken. Nichts von alledem geschah. Statt dessen schaute mich der Dorfälteste kühl an und sagte dann einen Satz, der sogar Serfu für einen Augenblick sprachlos machte, bis er ihn übersetzte:

«Warum kaufst du uns keinen Traktor?»

Diese Frage beschreibt präziser als seitenlange theoretische Erklärungen ein Mißverständnis unserer entwickelten Welt gegenüber der sogenannten dritten Welt. Wir glauben nämlich, ihnen sagen zu müssen, daß sie keine Technik benutzen sollen. Weil wir entdeckt haben, was mit unserer Technik alles falsch gelaufen ist, wollen wir am liebsten zur Natur zurückkehren.

Die Frage des Dorfältesten aber machte mir schlagartig bewußt: Diese Menschen wissen von uns alles. Sie kennen ganz genau unsere technische Entwicklung im zweiten Jahrtausend. Und sie fragen zu Recht: Warum sollen wir das nicht auch haben? Ich kann den Menschen ja nicht zur Antwort geben: Du lebst im 15. Jahrhundert! Also pflüg weiter mit deinen Ochsen vor dem Hakenpflug.

Wir haben mit dem Dorfältesten noch lange diskutiert. Er wußte alles. Er sagte:

«Ist es nicht wahr, daß ihr wesentlich höhere Erträge habt, weil ihr mit Traktoren pflügt und der Eisenpflug tiefer geht? Weil ihr Kunstdünger benutzt, Insektizide, Pestizide? Habt ihr dadurch nicht sogar eine so große Produktion, daß ihr uns in Notsituationen eure Überschüsse geben könnt?»

Es wäre lächerlich gewesen, mit ihm über die schädlichen Auswirkungen von Chemikalien diskutieren zu wollen. Er hätte es nicht verstanden.

Ich bin davon überzeugt, daß wir unsere Welt technischer Erfindungen nicht mehr aus der so anders entwickelten sogenannten dritten Welt heraushalten können. Die Menschen wissen davon, und wir müssen sie so vorsichtig wie möglich mit in unser Jahrtausend hinüberziehen. Viele glauben aber, die Bauern sollten, weil sie auf einer anderen Entwicklungsstufe stehen, den Mund halten und die Esel oder Ochsen nehmen, die wir ihnen geben, und mit dem Holzpflug pflügen, weil es besser und gesünder ist. Nach dem Motto: Geht zurück ins Mittelalter!

Aber das funktioniert nicht mehr. Auch wenn diese Menschen noch nicht dazu in der Lage sein mögen, bildlich gesprochen, den Sprung vom Kamel zum Traktor zu schaffen. Denn den Traktor haben sie ja nicht selbst gebaut. Und der Bauer hat nicht genug Geld, um sich einen Traktor zu kaufen. Doch selbst wenn er genug Kamele hätte, um sich einen Traktor zu leisten, könnte er ihn ja noch nicht bedienen. Und er hätte keine Ersatzteile, wenn der Traktor kaputt ist, und könnte ihn nicht reparieren. Aber er will zweifellos einen Traktor haben. Er will einen Mähdrescher und einen

Bulldozer haben und alle modernen technischen Möglichkeiten, von denen er gehört hat.

Gerade hier, in Äthiopien, bin ich zu einem Leitsatz zurückgekehrt, der mich schon in meiner Schulzeit beeindruckte, der Lehrsatz des großen griechischen Philosophen Sokrates: «Ich weiß, daß ich nichts weiß.» In den letzten zehn Jahren hat dieser Satz für mich eine überraschend neue Bedeutung gewonnen. Erst nach und nach fange ich an zu begreifen, wie wenig ich eigentlich von dieser anderen Kultur weiß. Obwohl ich in den Projektgebieten intensiv mit den Menschen und ihren Problemen zusammenlebe, obwohl ich seit vier Jahren eine Lebensgemeinschaft mit einer Äthiopierin eingegangen und ein Mitglied äthiopischer Familien geworden bin, müßte ich doch, wenn ich mich heute ehrlich frage, was ich denn wirklich über Äthiopien weiß, diesen sokratischen Satz zur Antwort geben.

So geht es mir auch mit der Frage, wie man den Menschen helfen kann, wie man Projekte konzipieren sollte, um ihren Lebensstandard zu heben und zu sichern, ohne dabei ihre Traditionen, ihre Kultur zu verletzen. Und umgekehrt: Wie man versuchen sollte, seine europäische Denkungsart der Mentalität dieser Menschen anzupassen, ohne damit die eigene Persönlichkeit zu verlieren. All das sind Denk- und Entwicklungsprozesse, die ich mir früher in dieser Form nie hätte vorstellen können.

Deshalb stehe ich dem Wort «Entwicklungshilfe» auch sehr kritisch gegenüber. Zu was wollen wir denn bitte diese Menschen entwickeln? Daß sie in unsere Welt passen mit den chemischen Waffen und den Atombomben, mit den ökologischen Zerstörungen, die wir anrichten? Wollen wir sie in dieselbe Welt hineinentwickeln? Oder wäre es nicht besser – und das ist mein Kredo geworden –, sich mit ihnen an einen Tisch zu setzen und zu sagen: Was habt ihr falsch gemacht? Und im gleichen Atemzug: Was haben wir falsch gemacht? Und was können wir gemeinsam neu entwickeln, damit es besser wird? So begreife ich «Entwicklungshilfe».

Im intensiven Kontakt mit den Menschen haben wir fes tgestellt, daß es in Illubabor überhaupt keine soziale Infrastruktur gab. Auch nicht für die ansässige Bevölkerung, die Oromos, die vor der Revolution von Feudalherren als Kaffeebauern ausgebeutet worden waren.

Übrigens stammt das Wort «Kaffee» wahrscheinlich aus der äthiopischen Provinz Kaffa, wo seit uralten Zeiten Kaffeepflanzen angebaut werden und das Brauen des belebenden Getränks ebensolange bekannt ist. Die Araber haben den Namen übernommen und ihn auf der ganzen Welt verbreitet. Vor der Revolution beherrschte ein Fürst namens Ras Masfen das Hochland von Illubabor. Er besaß Hunderttausende von Leibeigenen, die für ihn die Kaffeebohnen pflückten und verkauften, so daß er unermeßlich reich wurde. Man sagte sogar, reicher als Kaiser Haile Selassie selbst.

Bei Beginn der Umsiedlung lebten ungefähr 935 000 Menschen in Illubabor, in einem riesigen, sehr dünn besiedelten Gebiet, so daß die gesamte Bevölkerung zusammen mit den 85 000 Neuankömmlingen etwas mehr als eine Million betrug. Doch nicht einmal die dort ansässigen Bauern hatten ausreichend Schulen für ihre Kinder noch Kliniken oder saubere Wasserstellen. Es gab keine Getreidemühlen und keine größeren Brücken über Urwaldflüsse, die der Regenzeit standhielten. Und was den Oromos fehlte, gab es für die Neusiedler schon gar nicht.

Mir wurde sehr schnell bewußt, daß es nicht genügte, den Menschen Ochsen und Hacken zu geben. Sie brauchten auch ein Minimum an sozialen Diensten, um zu einer selbständigen Existenz zurückzufinden. Daraus folgte für «Menschen für Menschen» zwangsläufig die Notwendigkeit, unsere Projekte weiterzuentwickeln. Was auch immer wir anpackten – es ergab sich aus dem täglichen Erleben mit der Bevölkerung.

Wir bauten in den folgenden Jahren für 413 Siedlungen Hunderte von Trinkwasserstellen, fünfzig Getreidemühlen, einundzwanzig Schulen und fünfzehn Krankenstationen. Übrigens sind die Frauen die Hauptnutznießer unserer Projekte, denn sie haben noch immer die Hauptlast der äthiopischen Bauernfamilie zu tragen. Ich kann das an einigen Beispielen leicht erklären.

Die Wasserstellen, die wir in der Nähe der Dörfer oder in den Dörfern selbst bauen, ersparen den Frauen die kilometerweiten Wege zur nächsten Wasserstelle. Jetzt können sie sogar ihre Kinder zu den nur ein paar Meter von ihren Hütten entfernten Brunnen schicken. Das bedeutet besonders für die Frauen eine ungeheure Lebenserleichterung, was wohl für einen Europäer nur schwer nachzuvollziehen ist.

Oder eine Getreidemühle. Wenn man einmal beobachtet hat, wie Frauen das Getreide, die Hauptnahrung dieser Menschen, mit einem Stößel in einem ausgehöhlten Stein zerstampfen, was für eine Kraft es braucht, auf diese Weise das Getreide auch nur für eine Mahlzeit zu mahlen, dann weiß man, welche enorme Hilfe eine Mühle bedeutet. Jetzt muß die Frau oder die Tochter einer Familie vielleicht eine halbe Stunde oder weniger zu Fuß mit dem Getreide zur Mühle gehen. Dort schüttet sie das Korn in die Maschine, sieht es durchlaufen, und feinst gemahlen kommt es unten wieder heraus. Währenddessen kann sie sich mit den anderen Frauen unterhalten. Also ist auch ein soziales Moment dabei, weil die Frau nun mit anderen Frauen kommunizieren kann, statt ihre ganze Kraft in das Mahlen des Getreides zu stecken.

Drittens unsere Krankenstationen. Nur wer einmal selbst durch Äthiopien gefahren ist, weiß, daß es in diesem Land kaum Krankenhäuser gibt. Daß man oft stundenlang mit dem Auto fahren muß, um eine Klinik zu finden. Und «Klinik» meint nicht viel mehr als eine bescheidene Nothilfestation. Wenn zum Beispiel ein Kind krank ist, muß die Mutter mit ihm auf dem Rücken bis zu einem Tag lang zu Fuß durch den Urwald zur nächsten «clinic» gehen. Die womöglich auch noch geschlossen ist, weil das Gesundheitsministerium kein Geld hat, um den Krankenpfleger zu bezahlen oder für Medikamente zu sorgen. Das alles muß man wirklich einmal erlebt haben, um zu begreifen, was es bedeutet, daß wir in Illubabor fünfzehn Krankenstationen gebaut haben. Wir haben sie der Regierung übergeben, aber nach kurzer Zeit festgestellt, daß das Gesundheitsministerium sie wegen Geldmangels kaum unterhalten kann. Deshalb haben wir als «Menschen für Menschen» die Versorgung mit Medikamenten übernommen. Wir bezahlen zum Teil auch die Krankenpfleger, damit die Menschen überhaupt irgendeinen Gesundheitsdienst bekommen. Jetzt gibt es wenigstens dort, wo wir arbeiten, in einigermaßen erreichbarer Nähe eine Versorgung der Kranken.

Sehr wichtig für die Kommunikation und Selbstversorgung sind die drei stabilen Eisenbrücken, die wir über die Urwaldflüsse gebaut haben. Nun können die Menschen auch in der Regenzeit, von Juni bis Oktober, zum Markt gehen, um ihre Produkte zu verkaufen. Sie sind dann nicht mehr von der Außenwelt abgeschnitten. Nicht weit von einer unserer Brücken entfernt lebt die Siedlerin Etenesch aus der Provinz Wollo. Bei meinem zweiten oder dritten Besuch in Illubabor habe ich sie kennengelernt. Wieder fuhr ich mit Dr. Tibor Horvath, der nun der erste Projektleiter in Illubabor war, durch die verschiedenen Siedlungsdörfer, wie wir es neben der täglichen organisatorischen Arbeit häufig taten. Nach einer längeren Strecke kamen wir zu einer Neuansiedlung mit Namen Saké, mitten im Urwald gelegen, der hier an vielen Stellen gerodet war, um den Bauern die Möglichkeit zum Anbau ihrer Grundnahrungsmittel zu geben.

Wir sahen Kinder auf der Straße spielen, hielten an und stiegen aus. Unser stellvertretender Projektmanager, der äthiopische Agronom und Sozialarbeiter Serfu, begleitete uns. Dieser Mann ist übrigens ein Oromo aus Schoa, und seine Position bei uns ist derjenigen von Berhanu Negussie in Erer vergleichbar. Die Kinder führten uns zu einer Hütte, vor der eine einfache Frau stand. Sie war noch immer mit den armseligen Fetzen bekleidet, die diese Menschen aus den Notlagern des Nordens als einzige Kleidung mitgebracht hatten.

Sie begrüßte uns freundlich und nannte uns ihren Namen:

«Etenesch.» Ein Kind hielt sie an ihrer Hand, ein zweites trug sie auf dem Rücken.

Wir fragten Etenesch nach ihrer Herkunft und ob ihre Familie freiwillig hierher gekommen sei. Auch ihr Mann, ein Bauer namens Mollo, gesellte sich zu dem Gespräch.

Etenesch bat uns, auf einem Baumstamm vor ihrem Tukul Platz zu nehmen, und verschwand im Haus. Wir unterhielten uns mit Mollo und den inzwischen dazugekommenen Bauern aus der Nachbarschaft.

Kurze Zeit später erschien Etenesch wieder mit einem zerbeulten Blechteller, auf dem drei kleine gekochte Eier lagen. Sie trat zu uns und bot jedem von uns ein Ei an. Natürlich lehnten wir zunächst ab, was sie beinahe beleidigt hätte. Obwohl sie fast nichts besaß, teilte sie mit uns das Wenige aus Gastfreundschaft – eine Geste, die mich zutiefst berührte.

Dieses Erlebnis wird mir unvergeßlich in Erinnerung bleiben. Es hat übrigens dazu geführt, daß Etenesch eine Hauptperson in einem Film wurde, den ich zusammen mit dem deutschen Filmemacher Hans Georg Peschke 1990 für das österreichische Fernsehen über die Arbeit von «Menschen für Menschen» in Illubabor machte.

Heute, erzählte Etenesch in unserem Film, hat sie nicht nur für sich und ihre Familie genügend zu essen, sondern sie kann sogar Überschüsse ihrer landwirtschaftlichen Produktion auf den umliegenden kleinen Märkten verkaufen. Von dem Geld, das übrigbleibt, ersteht sie ab und zu ein bescheidenes Kleidungsstück für sich und ihre Familie.

So geht es heute vielen Neusiedlern auch in anderen Dörfern. Zum Beispiel im Dorf Didschena Guntsche, in dem Bauern aus Tigre leben. Auch dort produzieren die Bauern inzwischen so viel Überschüsse, daß sie schon mal bei «Menschen für Menschen» einen Lastwagen mieten, um auf einem fern gelegenen Markt, in Gambela, ihre Produkte zu verkaufen.

Aus der täglichen Erfahrung entstanden auch unsere zahlreichen ökologischen Projekte. Ich stellte wiederholt fest, daß die Bauern überall brandroden und die Bäume schlagen. Daß sie genau den Mißbrauch mit der Natur treiben, der in Wollo und Tigre die Wälder zerstört hat. Deshalb habe ich mit meinen Mitarbeitern ein Öko-Projekt entwickelt, das die Schädigungen der Natur, die durch die Umsiedlung entstanden sind, wieder reparieren und gleichzeitig der Bodenerosion entgegenwirken soll. In Zusammenarbeit mit dem Kaffee- und Tee-Ministerium in Addis Abeba schaffen wir Kleinbewässerungsanlagen, Terrassierungen und ausgedehnte Wiederaufforstungen.

Ich möchte noch einen letzten wichtigen Punkt unserer Arbeit erwähnen, und das ist die schulische Bildung. Sie ist fast das wichtigste an dem, was wir immer so kühn «Entwicklungshilfe» nennen. Man muß der jungen Generation die Chance geben, durch schulische Erziehung die Vorgänge auf unserem Planeten zu begreifen. Die äthiopische Regierung hat schwerste Menschenrechtsverletzungen begangen, das steht außer Frage. Positiv anrechnen muß man ihr aber, daß sie seit fünfzehn Jahren überall im Land Alphabetisierungskampagnen durchführt. Es heißt, daß noch 1974, als Kaiser Haile Selassie abdanken mußte, zirka 92 Prozent der Bevölkerung Analphabeten waren. Heute sollen es nur noch etwa 27 Prozent sein.

Doch wir sind durch unsere Schulen sowohl in Illubabor als auch im Erertal noch mit einem anderen Problem konfrontiert worden: Äthiopien ist eine bäuerliche Gesellschaft, in der es für qualifizierte junge Leute kaum Arbeitsplätze gibt.

Ich habe unsere älteren Schüler gefragt: «Was macht ihr denn nach dem Abitur?»

Und sie haben mir zur Antwort gegeben: «Was sollen wir schon machen? Wir gehen halt aufs Land zurück.»

Als Bauern nun, die Algebra und Physik gelernt haben, die schwierige mathematische Gleichungen lösen und europäische Sprachen sprechen können. Deshalb wollen wir jetzt auch für eine weitere Ausbildung nach der zwölften Abschulklasse sorgen. Besonders erfolgreiche Schüler sollen in Addis Abeba auf der Universität oder in unserem neuen agrotechnischen Trainingszentrum in Harar studieren können. Gerade die Ausbildung in landwirtschaftlichen und handwerklichen Berufen, zum Beispiel als Traktorfahrer und Mechaniker, als Bewässerungsfachmann oder Straßenbauer, als Schweißer, Maurer, Schmied oder Schreiner bietet jungen Äthiopiern eine Zukunftsperspektive. Ein zweites agrotechnisches Trainingszentrum planen wir in Illubabor.

Alle diese Projekte waren nur in enger Kooperation mit den entsprechenden Regierungsstellen zu verwirklichen. In den letzten Jahren hat man mir häufig vorgeworfen, ich hätte mit der äthiopischen Regierung zusammengearbeitet. Ich bekenne mich voll dazu. Und zwar nicht aus Sympathie für ihren Sozialismus oder für ihre Militärdiktatur, sondern weil es anders gar nicht ging. Mir soll mal einer sagen, wie man Schulen oder Kliniken in den Urwald stellt, ohne daß dies in Absprache mit den Fachministerien geschieht. Wenn eine humanitäre Organisation behauptet, sie arbeite in einem Land der sogenannten dritten Welt nicht in irgendeiner Form mit der jeweiligen Regierung zusammen, dann schmeißt sie entweder das Geld zum Fenster hinaus, oder sie lügt. Eine andere Möglichkeit gibt es nicht.

Auch der Vorwurf, ich hätte mit unserer Arbeit ein diktatorisches Regime unterstützt, trifft mich nicht. Wenn wir keine Brunnen, Schulen oder Kliniken gebaut hätten, wären sie überhaupt nicht gebaut worden. Darunter würde aber nur die Bevölkerung leiden und niemand sonst. Denn die Regierung hat kein Geld und ist nicht dazu in der Lage, eine Infrastruktur aufzubauen und soziale Hilfen zu geben. Sie kann ja nicht einmal den Unterhalt der von uns gebauten und finanzierten Kliniken übernehmen. Auch das müssen vorläufig wir finanzieren. Aber die notleidende Bevölkerung schuldlos für einen Bürgerkrieg büßen zu lassen oder für eine Regierung, die sich ihrer nicht annimmt, das ist nicht meine Aufgabe als Leiter einer humanitären Organisation.

Deshalb haben wir die Infrastruktur in Illubabor in wohlüberlegter Zusammenarbeit mit der Regierung aufgebaut. Zukunftsplanungen müssen mit den Verantwortlichen einer Gesellschaft abgestimmt werden. Das werden wir auch künftig so machen – ob das nun die neue oder eine andere Regierung ist, ob sie mir gefällt oder nicht, spielt dabei überhaupt keine Rolle. Daß ich mir dabei nicht unbedingt das Image eines Menschenrechtlers erwerbe, nehme ich in Kauf. Unsere Arbeit ist nicht darauf ausgerichtet, daß wir selbst in einem besonderen Licht dastehen, sondern darauf, Menschen in Not und Armut zu helfen.

Die damalige äthiopische Regierung hat mir weitgehend

freie Hand gelassen. Natürlich liegt der Verdacht nahe, sie hätte mich deshalb nicht gestört, weil wir so viel Geld investierten. Ich will das gar nicht leugnen. Wir finanzieren ja sämtliche Vorhaben, während die Regierung keinen Pfennig zahlt. Aber vielleicht verhielt sie sich auch deshalb kooperativ, weil ich meine Hilfe an keine politischen, wirtschaftlichen oder religiösen Bedingungen knüpfte. Jedenfalls konnten wir bis jetzt weitgehend tun, was wir wollten. Voraussetzung ist natürlich nach wie vor, daß wir die zuständigen Fachministerien informieren und unsere Projekte mit ihnen absprechen, damit sie in deren Planung hineinpassen.

Wenn ich zum Beispiel wie in Harar ein agrotechnisches Trainingszentrum aufbaue, dann soll es ja auch von dem zuständigen Landwirtschafts- und Erziehungsministerium übernommen werden. Also müssen wir die Lehrpläne mit den Fachministerien abstimmen. Abgesehen von der Investition tragen wir in den ersten fünf Jahren auch die laufenden Kosten. Dann sollen sie schrittweise abgebaut werden, bis in etwa zehn Jahren die Fachministerien die Kosten voll übernehmen. Falls nicht der Bürgerkrieg fortdauert und weiterhin einen großen Teil des Staatsbudgets verschlingt.

Diesen Bürgerkrieg habe ich stets verdammt, und zwar auch öffentlich. Aber ich wage nicht vorauszusagen, wann und ob es für den bewaffneten Konflikt eine Lösung geben wird. Und wann endlich der Zeitpunkt gekommen sein wird, daß sich eine wirkliche Demokratie entwickelt. Ein Blick auf die europäische Geschichte zeigt, wie lange es auch bei uns gedauert hat, bis nach Jahrhunderten voller Kriege aus autokratischen Monarchien endlich Demokratien entstanden.

Im Rückblick auf diese zehn Jahre bis zum unrühmlichen Abgang des Diktators Mengistu kann ich heute voll zu meiner Haltung stehen. Ich habe es mir zur Pflicht gemacht, den Regierungsverantwortlichen alles direkt ins Gesicht zu sagen, was mir aufgefallen ist. Bis hin zu der Tatsache, daß es drei Kollegen und mir gelungen ist, durch eine Studie über die Folgen der Umsiedlung in Illubabor und Wollega eine weitere Umsiedlung von 1,5 Millionen Menschen zu verhindern.

Von einer wichtigen Begegnung möchte ich noch erzählen, die für mich den Anstoß für unser drittes großes Projekt in Merhabete geben sollte. 1987 lernte ich in Addis Abeba den Schweizer Geographen Dr. Hans Hurni von der Universität Bern kennen. Wir verstanden uns auf Anhieb ausgezeichnet, auch in unseren humanitären Zielsetzungen. Hurni lebte schon seit elf Jahren in Äthiopien. Er hatte längere Zeit im Semijen-Gebirge verbracht, einer der unzugänglichsten Bergregionen im Norden des Landes, mit Gipfeln bis zu 4600 Metern hoch. Dort leben viele Bauern in selbstgegrabenen Höhlen unter der Erde. Und Hurni teilte ihr Höhlenleben, um ihre Gewohnheiten zu studieren und ihre Probleme besser kennenzulernen.

Ich war so fasziniert von Hurnis Arbeit, daß er mir ein Vorbild wurde. An ihm nahm ich mir ein Beispiel, wie man in diesem Land wirklich etwas bewegen kann. Und häufig diskutierten wir darüber, was man in Äthiopien noch tun und welche Projekte man beginnen könnte.

Eines Tages besuchten wir auf seinen Vorschlag hin gemeinsam eine Gegend namens Merhabete im Norden der Provinz Schoa, etwa 180 Kilometer nördlich von Addis Abeba. Eine Gegend, die so aussieht, als hätte man den amerikanischen Grand Canyon einige Male nebeneinandergestellt. Oder, poetischer gesagt, als wäre der liebe Gott mit seinen Fingern durch die Landschaft gefahren. Wir erkundeten Merhabete in langen Fußmärschen. Die Hochebenen dort zählen zu den von der Erosion am schwersten betroffenen Gebieten Äthiopiens. Überall sieht man Erosions-Risse, die sich wie Gräben durch die Felder ziehen und die jedes Jahr durch die Regenfälle breiter ausgewaschen werden. So weichen die Bauern in die fruchtbareren Täler aus, in denen es auch Flüsse gibt. Aber die Täler sind viel heißer und von Moskitos und Tsetsefliegen verseucht, so daß Malaria und Schlafkrankheit grassieren. Tatsächlich gibt das Land nur noch so wenig her, daß etwa ein Drittel der 300 000 Bewohner Merhabetes jedes Jahr – also unabhängig von Dürrekatastrophen – mit Nahrungsmitteln aus Nothilfeprogrammen versorgt werden müssen.

Wir haben Anfang 1988 in diesem Gebiet ein umfangreiches Projekt begonnen. Es sollte der gesamten Bevölkerung Merhabetes zugute kommen. Zusammen mit dem äthiopischen Landwirtschaftsministerium planten wir die Entwicklung einer ländlichen Infrastruktur. Ähnlich wie in Illubabor wollte «Menschen für Menschen» Schulen, Krankenstationen und Wasserstellen bauen. Andererseits wollten wir durch Aufforstungen, Terrassierungen und die Befestigung durch Abrutsch bedrohter Hänge die Erosion aufhalten. Dazu hat der Bevölkerungszuwachs hier solche Ausmaße angenommen, daß Hans Hurni und ich uns wahrscheinlich an die äthiopische Regierung gewandt hätten, um ihr eine Umsiedlung der Bauern in andere Gebiete vorzuschlagen. So schrecklich das für die betroffenen Menschen auch sein mag. Aber es ist ein notwendiges Übel, zu dem es keine Alternative gibt.

Doch zu dieser Initiative ist es nicht mehr gekommen. Wegen des Bürgerkriegs mußten wir dieses Projektgebiet vorübergehend aufgeben. Im November 1989 wurde Merhabete von Soldaten der Oppositionsbewegung aus der Provinz Tigre besetzt. Ein geflüchteter Bauer erzählte uns, daß die Rebellen die Lagerhäuser der Baumschulen geplündert hätten. Die Soldaten hätten auch einen Container mit IKEA-Möbeln für die Wohnhäuser unseres Projektzentrums aufgebrochen und ausgeraubt.

Diese – zumindest zeitweilige – Unterbrechung unseres dritten Projektes in Merhabete sollte keineswegs zu der Annahme führen, daß ich eine der Oppositionsgruppen im

Lande ablehne. Das ist nicht der Fall. Vielmehr bin ich prinzipiell gegen kriegerische Auseinandersetzungen zur Lösung politischer Probleme. Und im Falle Äthiopiens und der Länder dieser sogenannten dritten Welt kommt noch hinzu, daß solche Konflikte fast ausschließlich auf dem Rücken der notleidenden Bauern ausgetragen werden.

Immer mehr kristallisieren sich für mich die wahren Schwerverbrecher auf unserem Planeten heraus: Das sind die Waffenproduzenten dieser Erde. Einen Bürgerkrieg wie in Äthiopien machen sie überhaupt erst möglich. Und es sind die Waffenhändler, die sich an dem unvorstellbaren Leid der einheimischen Bevölkerung dumm und dämlich verdienen. Sie alle gehören vor einen internationalen Gerichtshof, gleich den Schwerverbrechern des Nationalsozialismus bei den Nürnberger Prozessen.

Um richtig verstanden zu werden: Ich meine nicht die zur Selbstverteidigung notwendigen Waffen, sondern das Waffengeschäft durch Export in nichtwaffenproduzierende Länder. Bei aller Verurteilung des Kriegsverbrechers Saddam Hussein z. B. sollte man nicht vergessen, wer es ermöglichte, sein Land zu einer waffenstarrenden Macht aufzurüsten.

Die Probleme am Horn von Afrika – ob es nun Somalia ist, der Sudan oder Äthiopien – erscheinen oft unlösbar. Trotzdem werde ich nie den Mut verlieren, mit den Ärmsten dieser Region für eine bessere Zukunft zu kämpfen. Diesen Mut habe ich mir einerseits intellektuell aus der geschichtlichen Entwicklung der letzten Jahrhunderte in Europa geholt, andererseits emotional aus meiner wachsenden Liebe zu diesem Land und seinen Menschen. Aus der täglichen Konfrontation mit der Armut, dem Leid und den Problemen, die sich aus dem Zusammenschluß mit unserem so anders entwickelten Teil der Welt ergeben. Ein Leben ohne Äthiopien kann ich mir heute nicht mehr vorstellen. Auch wenn Europa immer meine kulturelle Heimat bleiben wird.

Epilog
Über die Angst, das Altwerden und den Tod

Eine der Fragen, die mich immer wieder beschäftigt hat und mit der man vor allem als älter werdender Mensch konfrontiert wird, ist die Frage nach der Beziehung zum Tod. Das heißt: zum Verlöschen der physischen Existenz, zur Endlichkeit als solcher. Was die seelische Existenz betrifft, wissen wir Menschen nichts oder wenig. Diese Unwissenheit ist einer der Gründe für das Entstehen von Religion, für das Erfinden eines Gottes und Gottglaubens; wir wollen uns so Dinge, die wir nicht begreifen können, irgendwie faßbar und begreifbar machen.

Auch mit dem Begriff Todesangst haben sich die Menschen immer wieder auseinandergesetzt, in allen Kunstformen und in philosophischen Abhandlungen. Ich muß gestehen, daß es für mich ein nicht ganz begreifbares Phänomen in meiner eigenen Entwicklung ist, daß ich eine Angst vor dem Tod effektiv nicht kenne. Ich bin überhaupt ein Mensch, der Angst nur in ganz seltenen Situationen gespürt hat. Obwohl ich mit dem Tod schon einige Male in meinem Leben konfrontiert war, bei einem schweren Autounfall 1949 mit meiner Mutter zum Beispiel, als sie am Steuer saß. Oder als ich 1989 in Äthiopien, vor meinem Haus im Erertal, von einer giftigen Schwarzen Viper gebissen wurde. Ich war fest davon überzeugt, daß das Ende meiner physischen Existenz gekommen wäre und daß ich noch höchstens fünfundvierzig Minuten zu leben hätte.

Etwa zehn Menschen standen wie erstarrt um meine Couch herum – Berhanu Negussie, ein paar Mitarbeiter der Farm und einige Siedler. In einer Ecke des Zimmers saß meine Frau Almaz und weinte. Marc Spoelstra, unser Agronom, ging im Zimmer auf und ab und las ein Buch über Schlangenbisse und mögliche Gegengifte. Die meisten hatten den Kopf gesenkt, einige weinten.

Mir war eher komisch zumute. Ich gab mit klarem Kopf Anweisungen und fühlte nicht einen Moment lang etwas, das man als Todesangst bezeichnen könnte. Unserem österreichischen Projektleiter Dr. Moll diktierte ich mein Vermächtnis für «Menschen für Menschen» und bat ihn, meinen Anwalt zu verständigen und mein Testament aus dem Regal zu ziehen.

Der Biß dieser Viper hat sich dann schließlich als harmlos herausgestellt. Nicht, weil die Schlange harmlos gewesen wäre, sondern weil ich ihr auf den Leib getreten war, so daß das Tier nicht in der Lage war, sich durch Gift zu verteidigen.

Was bedeutet das Fehlen dieses Angstsyndroms, und zwar nicht nur in Extremsituationen? Das Fehlen von Angst vor der Endlichkeit des Lebens, nämlich davor, daß die Restzeit, die einem zu leben übrig bleibt, logischerweise schrumpft? Bedeutet die Abwesenheit von Angst etwas Positives? Etwas Negatives? Bedeutet es eine gewisse Oberflächlichkeit? Angst ist ja auch ein Zeichen von Sensibilität.

Manchmal, wenn ich auf mein Leben zurückschaue, kommt es mir so vor, als hätte ich vielleicht zu oberflächlich gelebt. Als hätte ich die Begegnungen mit Menschen, mit Situationen in meinem Beruf, die Eindrücke in der Natur oder in der Kunst nicht intensiv genug erlebt und umgesetzt. Das ist die eine Möglichkeit. Oder ist es vielleicht so, daß man aus Angst vor der Konfrontation mit sich selbst bestimmte Erlebnisse ins Unterbewußtsein verdrängt? Daß es ganz besonderer Ereignisse bedarf, um die verschütteten Phasen der Vergangenheit wieder aus dem Unterbewußtsein heraufzuholen?

Fragen über Fragen, die ich auch vor mir selbst schwer beantworten kann. Die Frage nach der Beziehung zum Tod ist ja auch mit religiösem Empfinden verbunden. Mein Verhältnis zu dem, was man als Gott bezeichnet, zum Glauben schlechthin, ist sehr frei und gelöst von dogmatischem Denken. Auch das prägt möglicherweise meine Einstellung zum Tod. Vielleicht glaube ich in meinem Unterbewußtsein an eine Fortsetzung der seelischen Existenz in irgendeiner Form. Vielleicht ist mir bewußt, daß das Körperliche letzten Endes sehr wenig Bedeutung im Leben hat. Auf der anderen Seite muß ich mich aber fragen, ob das nicht der Tatsache widerspricht, daß ich ein sehr sinnlicher, ein sehr erotischer Mensch bin – «sinnlich» im Empfinden mit all meinen Sinnen.

Ich kann mich erinnern, daß ich in frühester Jugend einmal einen Brief von Wolfgang Amadeus Mozart an seinen Vater gelesen habe. Dieser Brief beeindruckte mich sehr. Mozarts Vater war krank, und sein Sohn sorgte sich um ihn. Am 4. April 1787 schrieb ihm Mozart:

«Diesen Augenblick höre ich eine Nachricht, die mich sehr niederschlägt – um so mehr als ich aus ihrem letzten vermuthen konnte, daß Sie sich gottlob recht wohl befinden; Nun höre aber, daß Sie wirklich krank seyen! wie sehnlich ich einer tröstenden Nachricht von Ihnen selbst entgegen sehe, brauche ich Ihnen doch wohl nicht zu sagen; und ich hoffe es auch gewis – obwohl ich es mir zur Gewohnheit gemacht habe mir immer in allen Dingen das schlimmste vorzustellen – da der Tod (genau zu nemmen) der wahre Endzweck unseres Lebens ist, so habe ich mich seit ein Paar Jahren mit diesem wahren, besten Freunde des Menschen so bekannt gemacht, daß sein Bild nicht allein nichts schrekkendes mehr für mich hat, sondern recht viel beruhigendes und tröstendes! Und ich danke meinem Gott, daß er mir das Glück gegönnt hat mir die Gelegenheit (Sie verstehen mich) zu verschaffen, ihn als den Schlüssel zu unserer wahren Glückseligkeit kennen zu lernen. Ich lege mich nie zu Bette ohne zu bedenken, daß ich vielleicht (so jung als ich bin) den andern Tag nicht mehr seyn werde – und es wird doch kein Mensch von allen die mich kennen sagen können daß ich im Umgange mürrisch oder traurig wäre – und für diese Glückseeligkeit danke ich alle Tage meinem Schöpfer und wünsche sie vom Herzen Jedem meiner Mitmenschen. –»

In der Oper «Entführung aus dem Serail» läßt Mozart zwei Menschen, die sich lieben, mit der Frage des Todes ringen, nämlich einer möglichen Hinrichtung. Da sagt die Frau den wunderbaren Satz: «Was ist denn der Tod? Ein Übergang zur Ruhe» – eine Definition, die mich immer sehr berührt hat.

Ob es nun das Zitat aus der «Entführung» ist oder dieser Brief – es gibt nichts in der Literatur oder in religiösen Schriften, mit dem ich mich mehr identifizieren kann als mit diesem Brief des einunddreißigjährigen Mozart. Es entspricht ohne jede Einschränkung meinem eigenen Bild vom Tod. Und dieses einmalige Genie hat das ebenso vollkommen formuliert, wie es sich endgültig und vollkommen in der Musik ausdrücken konnte.

Wir Menschen sind Teil der Natur und als solcher in unserer Lebenszeit begrenzt. So ist meine Beziehung zum Tod auch sehr stark durch mein Verständnis für und meine tiefe Liebe zur Natur geprägt. Für mich ist all das, was Gott und was Tod ist, in der Natur wiederzufinden. Das ist kein Geheimnis, sondern alles ist begreifbar. Die Griechen haben es Pantheismus genannt.

Möglicherweise ist diese Verbundenheit mit der Natur eine Erklärung für die fehlende Angst vor dem Tod. Denn in der Natur sieht man ja, wie alles stirbt und wieder aufblüht und wächst. Wir selbst erleben dieses Wunder in einem kleinen Kind, das von Menschen gezeugt wurde, das geboren wird und aufwächst, das größer und älter wird, schließlich weißhaarig und dann stirbt und verlöscht. Wozu also sich ängstigen – und vor was?

Weil ich mich vor der Endlichkeit meines Lebens nicht fürchte, bedeutet das Altwerden für mich keine Belastung. Angst habe ich eigentlich nur vor einer schweren Erkrankung. Einer Erkrankung, die mich zum Beispiel ans Bett oder einen Rollstuhl fesselt. Oder die mein Gehirn teilweise ausschaltet, daß ich mich nicht mehr ausdrücken kann. Wie ich es bei Menschen erlebt habe, die jahre- oder sogar jahrzehntelang vor sich hin dämmern. Davor habe ich Angst.

Krankheit ist für mich überhaupt etwas ganz Entsetzliches. Ich habe zu meinem Körper ein ausgesprochen hypochondrisches Verhältnis. Das heißt, ich bin ununterbrochen darauf bedacht, daß ich um Gottes willen nicht da und dort krank werde. Wenn es mich mal irgendwo zwickt, ist das für mich so unerträglich, daß ich gleich etwas dagegen tun muß. Auch das habe ich übrigens von meinem Vater als Erbteil. Ich schlucke dann sofort Pillen jeder Art und habe auch gar keine Angst davor, ob das nun Antibiotika sind oder sonst etwas. Solange es mir hilft, nehme ich die Pillen halt. Der Pharmazie gegenüber habe ich keinerlei Hemmungen. Mein Vater hat bis zu seinem siebenundachtzigsten Lebensjahr Unmengen von Pillen geschluckt und es ganz gut überlebt. Und ich überlebe es bis jetzt auch ganz gut.

Ich könnte mir vorstellen, daß ich, wenn ich ernsthaft erkrankt oder behindert wäre, meinem Leben selber ein Ende setzen würde. Ich betrachte den Freitod heute mit anderen Augen, als ich das als junger Mensch getan habe. Eher als die Möglichkeit des Menschen, seine Existenz auf natürliche Weise zu beenden. Das wäre keine Verletzung der natürlichen Gesetze, auch nicht des religiösen Denkens oder Handelns gegenüber Gott. Auch dieses Tun wäre ja ein Teil der Natur. Allerdings sollte man abwägen, ob man den Verantwortlichkeiten, die man im Leben hat – seien es Menschen, die von einem abhängig sind, oder Aufgaben, die man sich selbst gestellt hat – nicht gerechter wird, wenn man trotz einer Behinderung weiterlebt.

Wenn ich vom Tod spreche, dann muß ich auch an die Geburt denken. Beides liegt so nah beieinander. Und ich denke an das, was mir erst vor kurzem als großes Glück geschenkt wurde: die Geburt meines Sohnes Nicolas am 10. Dezember 1990.

Daß die Angst vorm Tod bei mir wirklich keine Rolle spielt, zeigt vielleicht auch der Mut, mit zweiundsechzig Jahren noch ein Kind in diese fragwürdige Welt zu setzen. In einem viel größeren Verantwortungsbewußtsein diesem Kind gegenüber, als ich es bestimmt als junger Mensch meinen anderen Kindern gegenüber hatte. Einem Kind gegenüber, das einen achtzigjährigen Vater haben wird, wenn es achtzehn Jahre alt ist.

Die Geburt meines Sohnes Nicolas habe ich in einem äthiopischen Krankenhaus miterleben dürfen. Schief angesehen von zwei Hebammen, die ungeachtet der von den Ärzten erteilten Erlaubnis einen Mann nicht bei der Geburt dabeihaben wollten, weil es ihrer Tradition widerspricht. Diese beiden Frauen haben zum Schluß zugegeben, daß sie meine Anwesenheit, obwohl sie zuerst dagegen waren, doch als sehr positiv für die Mutter erlebt haben.

Ich habe bereits früher, bei der Geburten zweier meiner

Kinder, dieses wunderschöne und verwirrende Erlebnis miterlebt, allerdings mit viel weniger Bewußtsein als dieses Mal. Heute, mit meinen zweiundsechzig Jahren, war das für mich so, als ob man das wirkliche, letzte, tiefe Geheimnis der Natur hätte sehen, hören, fühlen, riechen, empfinden dürfen. Mit allen Sinnen, derer man überhaupt fähig ist. Daß man tief in dieses Geheimnis hat hineinempfinden können und damit gleichzeitig auch in das Geheimnis der Sexualität, aber auch des Todes, und daß es sich für einen Moment nicht mehr als ein Geheimnis, sondern als ein Teil meiner selbst offenbart hat. Das werde ich nie vergessen und bestimmt in der letzten Minute meines Atmens noch einmal empfinden.

Bildquellen

Karlheinz Böhm: 1, 2, 5, 8, 10, 11, 12, 13, 14, 15, 16, 17, 18
dpa: 4, 7
Bildagentur P. W. Engelmeier: 3, 6, 9, 19
Volker Krämer/Stern: Abbildung auf Vorsatz